자유로운 미래를 위한 사회학

배규한 지음

박영사

머리말

　21세기는 사회학의 시대다. 이제는 정치적 권력이나 경제적 부(富)를 넘어 누구나 인간다운 삶을 원하기 때문이다. 졸업생들을 만나다 보면 사회학 강의 시간에 배운 내용들이 직장생활은 물론 일상생활에서도 매우 유용하다는 말을 많이 듣는다. 실제로 사회학은 인간과 사회에 관한 지식의 보고이다.

　많은 사람들이 "사회학 책을 좀 읽어 보려는데 너무 딱딱하고 복잡하다"고 한다. 사회학의 관심분야가 워낙 다양하고 광범위하다 보니 "사회학은 공부할수록 더 모르겠다"고 한다. 사회학을 관통하는 핵심주제는 인간·사회·미래이다. 이 책은 세 주제를 중심으로 핵심내용들을 일관되게 정리함으로써, 누구나 사회학의 지혜들을 공유할 수 있도록 쉽게 풀어 쓴 교양서이다.

　인간에 대해 많이 알수록 가정이나 사회생활이 부드러워지고, 사회에 대해 많이 알수록 일과 직업에서 성공할 가능성이 커진다. 개념을 알면 현상이 보이고, 개념을 모르면 그러한 현상이 있는지조차 모른다. 이 책을 읽는 사람들은 인간·사회·미래에 관한 주요 개념들을 이해함으로써, 21세기를 올바르게 살아갈 지혜를 얻을 뿐 아니라 자신의 미래를 설계하고 창조해 나갈 수 있게 될 것이다.

인류역사는 "자유를 위한 투쟁의 역사"라고 한다. 그런데 현대인들은 디지털 원형감옥에 갇혀 오히려 자유로운 삶을 살지 못하고 있다. 21세기에 우리는 어떤 자유를 누릴 것인가? 이 책은 이 시대를 살아가는 모든 사람들이 사회적 자유와 풍요로운 삶을 누릴 수 있도록 사회학적 삶의 양식을 설명하며 널리 알리고자 한다.

이 글은 오랫동안 강의실에서 학생들과 실제로 대화하고 토론했던 내용들이다. 강의에 함께 했던 모든 학생들이 사회학의 지혜를 얻어 훌륭한 사회생활을 해 나갈 것으로 기대하며, 모두에게 그리움과 고마움을 전한다. 아울러 우리 세대와 미래 세대 모든 사람이 사회적 자유를 누릴 수 있길 기원한다.

2021. 3. 1.
대모산 기슭에서
배규한

[읽어두기]

1. 이 책은 학술서적이 아니므로 읽기 쉽도록 일일이 인용과 출처를 밝히지 않았다.
2. 필요시 검색해 볼 수 있도록 주요 학자들의 이름(full name)을 적어 두었다.
3. 글로벌 시대에 맞게 꼭 알아둬야 할 주요 개념들은 영어로 병기하였다.

차　례

PART 02 ▌사회는 어떻게 존속하는가?

[자녀양육의 11가지 원리]
　　① 깊이 사랑하라　　　　　　② 예단하지 말라
　　③ 천성대로 양육하라　　　　④ 질문하게 하라
　　⑤ 스스로 하게 하라　　　　⑥ 오로지 후원하라.
　　⑦ 삶의 뿌리를 튼튼히 가꿔라　⑧ 자녀의 미래는 자녀에게 맡거라

PART 04 ┃ 사회는 어떻게 변하는가?

| chapter 10 | 일탈행동은 개인과 사회의 충돌이다 ·················· 287

| chapter 11 | 집합행동은 어떻게 사회를 바꾸는가? ·············· 305

프롤로그: 사회적 자유와 미래를 향한 여정

1. 21세기는 사회학의 시대다

역사적으로 보면 학문의 발달과정은 시대환경과 밀접히 관련돼 있다. 자연과학의 경우, 신비에 쌓인 자연을 이해하고 그 법칙을 찾아내고자 했던 19세기에는 "물리학"이 발달했고, 산업화 이후 대량생산이 이루어지던 20세기에는 다양한 물질을 다루는 "화학"이 융성했다. 그러나 21세기에는 생명체의 근원을 탐구하는 "생물학", 나아가 컴퓨터와 인간을 결합하는 "인공지능" 분야가 각광받고 있다.

사회과학은 어떨까? 19세기까지는 **정치학**이 발달했고, 20세기에는 **경제학**이 융성했지만, 21세기에는 **사회학**이 각광받을 것으로 전망된다. 왜 그럴까? 인류 역사는 "자유를 향한 투쟁의 기록"이다. 일찍이 헤로도토스는 『역사』에서 그리스의 투쟁이 지니는 "자유를 향한 역사적 의미"에 대해 분석한 바 있다. 그 후

시대환경이 변함에 따라 인류는 끊임없이 다른 형태의 자유를 추구해 왔고, 사회과학도 순차적으로 발달해 왔다.

18세기까지 인류는 **신체적 자유**를 쟁취하기 위해 투쟁했다. 원시 상태에서 인간은 항상 생명의 위협을 느꼈다. 자연재해는 말할 것도 없고 다른 동물들의 위협으로부터 자신을 지키기에 너무나 미약했기 때문이다. 국가는 자연환경으로부터 신체적 자유를 확보하기 위해 자연스레 형성된 제도였다. 그러나 이는 또 다른 형태의 신체적 속박을 초래했다. 고대 노예사회나 봉건제 신분사회는 물론이고, 근대국가에 이르러서도 대중은 오히려 정치제도 때문에 자유를 누리지 못했다.

19세기는 **정치적 자유**를 위한 투쟁의 시기였다. 참정권 또는 선거권 투쟁이 대표적이다. 보통·평등·직접·비밀선거라는 4대 원칙이 보편화되기까지 참으로 긴 투쟁이 이어졌다. 자유와 평등, 민주주의와 기본인권을 얻기까지는 많은 피를 흘려야 했고, 이러한 과정에서 "정치학"이 발달했다.

20세기는 **경제적 자유**를 위한 투쟁의 시기였다. 산업화로 대량생산과 대량소비가 일반화되면서 물질적으로는 풍요의 시대가 도래했다. 그러나 절대적 빈곤으로부터는 벗어났지만, 상대적 빈곤은 더 커졌다. 하층민의 생활은 상대적으로 여전히 가난했고, 계층 간 불평등은 오히려 더 심해졌다. 이러한 고도산업화 과정에서 자연스럽게 생산과 분배의 문제를 다루는 "경제학"이 융성했다.

21세기는 "희망의 세기"가 될 것으로 많은 미래학자들이 전망했다. 과학기술이 펼쳐갈 낙원을 그리는 "테크노피아"라는 말도 유행했다. 그러나 첨단과학기술도 인류의 삶을 획기적으로 바꾸지는 못했다. 21세기가 된 지 20년이 지났지만, 인류는 여전히 자유롭지 못하며, 사회적 차별과 불평등, 스트레스와 정신적 장애 등 새로운 문제에 시달리고 있다. 따라서 21세기에는 물질적 풍요를 넘어 삶의 질과 자아실현의 문제를 다루는 **사회학**이 각광받을 것이다.

역사적으로 보면, 신체적 자유는 물론 정치적 자유와 경제적 자유도 크게 신장되었지만, 사회적 긴장은 오히려 더 커지고 개인의 삶은 더 불안해졌다. 왜 그럴까? **사회적 자유**가 없기 때문이다. 사회적 자유란 개인적 차원에서 보면, 누구나 남의 시선을 의식하지 않고 자신의 가치관에 따라 자유롭게 행동하며 프라이버시를 누릴 수 있는 삶을 말한다. 사회적 차원에서는 이러한 삶의 방식을 당연한 것으로 인식하고 개인의 활동에 아무 제약을 가하지 않는 사회문화적 관용성을 뜻한다.

디지털기술이 사회 곳곳에 스며들면서 사회적 자유에 대한 요구가 커지고 있다. 모든 사람의 생각과 일상이 자신도 모르는 사이에 기록되고 집적된다. 지금 누가 어디서 뭘 하는지 뿐만 아니라, 과거에 어떤 생각을 하고 어떤 말을 했는지 모든 것이 다 드러난다. 과학기술의 편리함을 좇다 보니 어느새 모두가 **디지털 원형감옥**에 갇히게 된 것이다. 이제 인류는 디지털 감시에서 벗어나 프라이버시를 누리며, 디지털 기록에서 잊힐 권리를 요구하고 있다.

한국에는 유난히 사회적 자유가 부족하다. 남의 일에 너무나 관심이 많아 외모나 패션은 말할 것도 없고 경조사 등 모든 일상생활에서 남의 시선을 의식할 수밖에 없다. 최근에는 누구도 도청이나 불법녹음, 몰카 공포로부터 자유롭지 못하다. 누군가에게 항상 감시당하며 자신도 모르는 과거의 기록들로 구속될 수도 있다는 불안감에서 벗어나기 어렵다. 이제 사회적 자유를 위한 새로운 투쟁을 시작해야 할 때이다.

　개인의 행복과 평화로운 공동체를 가능하게 할 사회적 자유는 어떻게 이룰 수 있을까? 신체적·정치적·경제적 자유도 제대로 누리지 못하는데 사회적 자유란 사치라고 생각할지 모른다. 그러나 네 가지 자유가 반드시 단계적으로 이루어지는 것은 아니다. 오히려 사회적 자유가 다른 세 가지 자유를 보장해 줄 수도 있다. 사회적 자유를 이루기 위해서는 먼저 대다수 사회구성원들이 인간존재의 본질과 삶의 의미, 사회질서의 근원과 공동체의 원리 등을 이해하고, 상생의 행동규범을 공유함으로써 함께 사회제도를 바꿔 나가야 한다. 사회적 자유가 보장된 사회만이 새로운 미래공동체를 창조해 나갈 수 있다.

　개인적으로 사회적 자유는 어떻게 얻을 수 있을까? 무엇보다 먼저 인간의 본성과 사회의 본질에 대해 깊이 이해해야 한다. 모든 개인이 인간적 권리를 보장받으며 자신의 가치관에 따라 자유롭고 평등하게 살아가는 이상적인 사회를 향한 여정은 꼭 200년 전에 시작되었다. 사회학의 탄생으로!

2. 사회학은 어떻게 태어났나?

1789년의 프랑스대혁명은 새 시대의 개막이라기보다는 구체제의 몰락이었다. 기존 질서는 급격히 무너지고 새로운 질서는 형성되지 못한 혼돈과 혼란이 상당 기간 지속되었다. 이러한 시기에 **콩트**(Auguste Comte, 1798~1857, 프랑스)가 태어났다. 영화 "레 미제라블"의 배경이 된 당시의 시대적 혼란상을 목도하면서 성장한 콩트는 "어떻게 하면 사회적 무질서와 혼란을 극복하고 새로운 질서와 안정을 이룰 수 있을까?"라는 문제의식을 가졌다.

콩트가 **생시몽**(Claude Henri de Rouvroy Saint-Simon, 1760~1825, 프랑스)을 만난 것은 자신뿐 아니라 세계 사회과학계의 행운이었다. 생시몽은 귀족 출신이지만 계몽주의 사상의 영향을 받으며 성장했다. 18세에 미국 독립전쟁에 참전했다가 미국의 산업발전에 충격을 받고 귀국해 프랑스 혁명에 찬동하였다. 그는 인류 역사가 지배계급과 피지배계급의 갈등을 통해 발전한다고 보고, 당시 봉건영주와 산업세력이 협력하는 새로운 제도를 만들어가야 한다고 주장했다. **유토피아 사회주의** 또는 **공상적 사회주의**라고 불리는 그의 사상은 이후 마르크스와 엥겔스의 사회주의 이념과 존 스튜어트 밀의 사상에도 큰 영향을 끼쳤다.

생시몽의 연구 조수로 일하게 된 콩트는 그와 공동으로 "사회재조직에 필요한 과학적 작전계획"이라는 야심 찬 논문을 발표했다. 공동저자이긴 하지만 이후의 연구 진행과정을 보면 기본 아이디어는 콩트의 것이었음을 짐작할 수 있다. 이 논문의 핵심은 사회를 과학적으로 다시 조직하기 위해, 자연현상의 법칙을 연구하는 물리학처럼, 사회현상의 근본법칙을 탐구하고 찾아낼 **사회물리학**(social physics)을 창립해야 한다는 것이었다. 콩트는 후에 이 논문을 스스로 "1822년의 대 발견"이라고 높이 평가했다.

　그 후 콩트는 생시몽과 결별하고 자신의 연구에 전념하여 위의 논문을 더욱 발전시키고 보완하였다. 그는 인간의 지성으로 과학을 통하여 프랑스 혁명 이후의 사회적 무질서와 혼란을 극복하고 새로운 질서와 안정을 이룰 수 있다고 믿었다. 마침내 자신의 이상을 실현할 기념비적 업적이 될 『실증철학 강의』라는 대작을 1830년부터 1842년에 걸쳐 6권 연작으로 출간했다.

　우선 콩트는 인간의 지식 또는 학문이 3단계의 발전과정을 거치게 된다고 주장했다. 첫 번째 단계는 **신학적 단계**인데, 지식의 근원이 신에게 있다고 믿으며 모르는 것은 모두 신에게 물어보고 의지하는 단계이다. 여기서 인간의 이성은 설 자리가 없다. 역사적으로 보면 중세 이전의 사회는 대개 이 단계에 속한다. 학문발전의 두 번째 단계는 **형이상학적 단계**이다. 이 단계에서는 인간이 지닌 이성의 힘으로 명상이나 논리적 추론을 통해 새로운 지식을 얻을 수 있고 진리를 깨우칠 수 있다고 믿는다. 역사적으로는 대개 르네상스 이후 19세기까지 헤브라이즘 문화에서 헬레니즘 문화로 옮겨 온 시기이다.

　콩트는 사회를 과학적으로 엄밀하게 연구하기 위해서는 학문발전의 세 번째 단계인 **실증적 단계**로 나가야 한다고 주장했다. 실증적 단계의 학문이란 모든 지식을 경험적 관찰과 입증 가능한 증거에 바탕을 두는 지식체계를 말한다. 학문이 실증적 단계에 이르러야 예견 가능한 참된 과학적 지식을 얻을 수 있다고 주장했다. 콩트에 따르면, 실증과학의 가장 바탕에는 수학이 있고, 그 토대 위에 천문학, 물리학, 화학, 생물학 등이 있으며, 이들 위에 사회를 과학적으로 연구하는 실증적 학문이 형성될 수 있다고 보았다. 그 학문이 바로 1822년 논문에서 주장했던 "사회물리학"이라는 것이다.

이처럼 새로운 학문을 체계화하면서 콩트는 사회물리학 대신 고유한 이름도 새로 지었다. 사회(socius)에 대한 진리(logos)를 탐구하는 학문이라는 뜻으로 이들 두 단어를 조합하여 **사회학** (sociologie)이라는 새로운 학문을 주창한 것이다. 그의 주장에 따르면 사회학은 고도로 추상적이고 보편적인 수준에서 사회를 실증적으로 연구하는 학문이다. 사회학을 주창함으로써 콩트는 "실증주의의 시조(始祖)" 또는 "사회학의 비조(鼻祖)"로 불리게 되었다. 그러나 콩트가 사회학을 독창적으로 고안해 냈다기보다는 홉스나 몽테스키외 등 당시 많은 사상가들의 생각을 '사회학'이라는 이름으로 체계화했다고 봐야 할 것이다.

그는 실증과학으로 새로 태어날 사회학의 연구영역을 크게 "사회 정학(靜學)"과 "사회 동학(動學)"으로 나누었다. **사회 정학**은 사회란 쉽게 변하지 않는 본질적 요소를 지니고 있다고 보아 그 구조와 제도, 질서와 안정 등에 연구의 초점을 맞춘다. 반면에 **사회 동학**은 사회란 끊임없이 변화한다고 보고 변동의 원인이나 동력, 그리고 그 과정과 결과 등을 연구하는 영역이다.

사회를 과학적으로 연구할 기초분야로서 사회학을 주창한 것은 콩트의 독창적인 업적이다. 그러나 사회학이 사회연구에 가장 기초적이고 중요한 학문으로 자리 잡기까지는 다른 많은 학자들의 기여가 있었다. **마르크스**(Karl Marx, 1818~1883, 독일)는 **변증법적 유물론**을 통하여 실증적 과학의 창립을 주장하였다. 그의 업적은 콩트가 주장한 사회 동학 연구에 지대한 기여를 하였으며, 지금까지도 사회학의 큰 축을 담당하고 있다. **스펜서**(Herbert Spencer, 1820~1903, 영국)는 사회를 초유기체로 보고, 비교적 단순한 '군사형 사회'에서 복잡한 '산업형 사회'로 진화한다고 주장했다.

뒤르켐(Emile Durkheim, 1858~1917, 프랑스)은 **사회실재론**(사회란 단순한 개인의 합이 아니라 사회적 실재 또는 독자적 실체로 분명히 존재하며, 그것은 개인 밖에서 개인에게 구속력을 행사한다는 견해)을 주장하면서, 사회현상을 사회적 사실로 설명하는 **거시적 접근방법**을 택하였다. 실제로 그는 『자살연구』, 『사회분업론』 등의 저술을 통해 현대 사회과학에서 보편적으로 사용되는 과학적 연구방법을 체계화하였다. **짐멜**(Georg Simmel, 1858~1918, 독일)은 **형식사회학**(formal sociology)을 주장함으로써 초기 사회학의 정체성 확립에 크게 기여하였다.

베버(Max Weber, 1864~1920, 독일)는 **사회명목론**(사회란 이름뿐이고 실재하는 존재는 바로 개인이며, 사회는 개인들의 단순한 집합에 불과하다는 견해)을 주장하면서, 사회현상을 개인의 가치관이나 행위 등으로 설명하는 **미시적 접근방법**을 체계화하였다. 특히 자본주의 사회의 성립과정을 청교도 가치관으로 설명하는『프로테스탄트 윤리와 자본주의 정신』(The Protestant Ethic and the Spirit of

Capitalism)은 불후의 명작으로 꼽는다. 또한 그는 사회현상의 연구과정에서 연구자가 반드시 지켜야 할 **가치중립성**(wertfreiheit)의 개념을 정립함으로써 과학적 연구방법의 토대를 튼튼히 하였다.

마르크스, 뒤르켕, 베버의 연구업적은 현대 사회학에 이르기까지 사회를 바라보는 세 가지 패러다임(2장에서 자세히 설명함)으로 이어지고 있다. 이들 고전 사회학자들 외에도 수많은 학자들의 연구에 힘입어, 사회학은 사회를 연구하는 가장 기초적인 학문으로 정립되었다. 이제 사회학은 단순히 사회현상을 설명하는 차원을 넘어, 새로운 인간행동 양식과 자유로운 삶의 방식, 그리고 구성원 모두가 사회적 자유를 누릴 수 있는 바람직한 사회제도를 모색하기에 이르렀다.

3. 사회학은 관점의 학문이다

사회학을 한마디로 정의하긴 어렵지만, 잠정적으로 "사회의 질서, 안정과 변동, 그리고 제반 사회현상의 발생과 과정 등을 연구하는 학문"이라고 할 수 있을 것이다. 사회학은 개개 인간뿐 아니라 두 사람 사이의 관계에서 시작하여 주요 사회제도에 이르기까지 다양한 상호작용들에서 생겨나는 모든 형태의 사회현상을 연구한다. 예컨대, 인간이란 어떤 존재이며, 사회질서는 어떻게 가능한지, 그리고 사회마다 차이가 있는 여러 유형의 사회구조와 문화는 왜 각양각색의 형태로 형성되고 유지되며, 변화하고 해체되는지 등을 실증적으로 분석한다. 사회학의 연구대상을 좀 더 구체적으로 살펴보면 다음과 같이 정리할 수 있을 것이다.

사회학의 첫 번째 연구대상은 바로 인간이다. 사회학은 인간의 생물학적 기초, 동물적 존재에서 사회적 존재로 바뀌어가는 과정, 개인적 행위의 동기나 사회적 영향, 일상적 삶의 모습 등에 깊은 관심을 가진다.

둘째, 사회학은 개인 간 상호작용에 큰 관심을 가진다. 예컨대, 상호작용에 영향을 미치는 사회적 지위와 역할, 상징적 상호작용에 따른 의사소통 방식, 사회규범에서 벗어난 일탈행위, 소집단 연구 등이다.

셋째, 사회질서는 어떻게 형성되며, 어떻게 안정된 사회가 유지될 수 있는가 하는 문제이다. 사회학은 인간행위의 준거가 되는 가치관, 사회규범, 지식이나 신앙 등이 어떻게 생성되고 전수되는지, 사회질서와 안정을 가능하게 하는 집단과 조직, 그리고 사회제도 등을 연구한다.

넷째, 사회갈등과 다양한 사회문제도 사회학의 주요 연구대상이다. 사회갈등의 근원이 되는 권력과 불평등, 희소자원의 분배를 둘러싼 집단 간 갈등, 사회계층 등에 관심을 가진다. 또한 인구문제, 성 불평등, 도시 교통문제 등 다수 구성원들이 해결돼야 한다고 생각하는 사회문제들도 다룬다.

다섯째, 인구의 규모와 구성, 환경오염과 자연보전, 테크놀로지 발전 등 인간 삶의 토대가 되는 물리적 기반들도 사회학의 주요 연구대상이다.

여섯째, 사회를 변화시키는 요인은 무엇이고, 변동의 과정은 어떻게 전개되며, 그 결과는 어떠할지도 사회학자들의 큰 관심사항이다.

일곱째, 미래에 대한 관심이다. 사회학을 창시한 콩트는 "예견하기 위해 관찰하고, 예방하기 위해 예견한다"는 명언을 남겼다. 사회학은 태어날 때부터 보다 나은 미래사회를 창조하기 위한 학문이었다. 바람직한 사회적 인간, 삶의 양식, 보다 나은 사회제도 등의 연구에 초점을 맞추어 왔다.

위에서 첫 번째, 두 번째처럼 개인에게 초점을 맞추어 연구하는 분야를 흔히 **미시사회학**(micro sociology)이라 부르고, 개인보다는 조직이나 국가 또는 사회전체의 연구에 더 초점을 두는 세번째 이후 분야들을 **거시사회학**(macro sociology)이라고 한다.

사회학의 관심은 넓고도 다양하지만, 사회학의 연구대상은 인간, 사회, 환경, 미래 등 몇 가지 개념으로 압축될 수 있을 것이다. 그러나 사실 이들은 모든 사회현상을 포괄하고 있다고 해도 지나친 말이 아니다. 실제로 사회학의 세부분야를 살펴보면, 가족사회학, 종교사회학, 정치사회학, 경제사회학, 교육사회학은 물론, 사회심리학, 법사회학, 예술사회학, 노동사회학, 비교사회학, 조직사회학, 문화사회학, 문학사회학, 정보사회학, 영상사회학 등 수없이 많다. 마치 아무 현상에나 '사회학'을 갖다 붙이기만 하면 사회학의 한 영역이 되는 것 같다.

도대체 사회학은 이 모든 사회현상을 어떻게 다 연구할 수 있단 말인가? 사회학은 '**영역**(area)'의 학문이 아니라 '**관점**(point of view)'의 학문이기 때문에 가능하다. 다시 말하면, 사회학은 정치 분야를 연구하는 정치학이나 경제 분야를 연구하는 경제학처럼 사회의 어느 특정 영역을 연구하는 학문이 아니라, 제반 사회현상을 바라보는 고유한 시각을 지니고 있다. 예컨대, 조직사회학은 조직을 사회학적 관점에서 연구한다는 뜻이고, 문학사회학은 문학을 사회학적 관점에서 연구한다는 의미이다.

인간은 참으로 이해하기 어렵고 복잡한 존재이다. 이러한 인간들이 모여 사회를 구성하니 사회는 더욱 복잡하며, 수많은 요인들의 인과관계로 얽혀 있다. 대부분 사회현상은 겉으로 보이는 것과 다른 수많은 요인들에 의해 형성된다. 사회학은 상호 모순되기도 하는 수 없이 다양한 사회현상들을 과학적이고 객관적인 시각으로 분석하려는 학문이다. **사회학적 관점**이란 이처럼 복잡하고 다양한 사회현상을 행위자, 사회구조, 역사와 문화 등 다양한 요인들 간의 상호작용을 통하여 총체적으로 분석하려는 입장을 말한다.

많은 사회학도들은 **밀즈**(C. Wright Mills, 1916~1962, 미국)가 개념화한 "**사회학적 상상력**(sociological imagination)"이란 단어를 즐겨 사용한다. 이것은 누구든 세상을 올바로 보고 제대로 이해하려면 어떻게 해야 하는지에 대한 설명이다. 밀즈는 개인적 일상생활과 사회를 구성하고 움직이는 큰 힘들이 사실은 서로 긴밀히 연결되어 있음을 강조한다. 따라서 현재 삶과 사회구조를 역사적인 맥락에서 이해해야 하며, 우리가 흔히 **개인적 문제**(personal troubles)로 치부하는 것들도 사실은 **공적 쟁점**(public issues)임을 인식해야 한다는 것이다. 요컨대, 어떤 사회현상이든 개별적으로 발생하는 것이 아니라 역사적, 문화적, 사회구조적 맥락 속에서 나타나는 것이므로, 사회학자는 항상 겉으로 드러나

지 않는 총체적 맥락을 인지하고 추론할 수 있는 사회학적 상상력을 가져야 한다는 것이다.

사회학적 관점에서 접근한다는 것을 좀 더 세부적으로 살펴보면, 대략 다음과 같은 시각으로 사회현상을 바라보는 것이다. 첫째, 어떤 사회현상이든 사실과 경험적 관찰을 바탕으로 객관적 입장에서 접근한다. 둘째, 엄밀한 과학적 방법에 따라 체계적으로 분석한다. 셋째, 총체적으로 접근하되 겉으로 드러나지 않는 부분까지 들여다본다(insight). 넷째, 기존의 권위나 신비에 의해 묻혀있을지 모를 내밀한 부분을 파헤쳐서(debunking) 본다. 다섯째, 절대적 고정관념이나 편견에 도전하며 항상 상대주의적 입장에서 진실을 추구한다.

4. 사회학은 과학인가?

사회학은 사회현상을 과학적 방법으로 연구하기 위해 창시된 학문이다. 그렇다면, 사회학은 과연 물리학과 같이 엄밀한 과학이 될 수 있을까? 사회학도 자연과학과 같이 자료수집, 검증, 일반화 등 과학적 연구과정을 거친다. 그러나 사회학의 연구대상은 인간이기에 실험이나 통제 등의 자료수집 방법은 사용할 수 없다. 또한 인간은 자율적 존재이므로 예측하기가 어렵다. 따라서 사회학 연구에서는 자연과학에 비해 신뢰도나 정확성은 물론 보편성이 크게 떨어진다. 또한 연구과정에서 연구자의 가치나 선입견을 완전히 배제하기도 어렵다.

그럼에도 불구하고 사회학을 과학이라고 부르는 것은 연구의 결과보다는 목표나 과정이 과학적이기 때문이다. 사회에 관한 일반적 법칙을 찾아내는 것을 목표로 과학적 방법과 절차에 따라 객관적 자료를 수집·분석하는 것이다. 사회현상에 대한 과학적 탐구에는 분명히 한계가 있지만, 그래도 과학적 연구과정을 존중하는 이유는 다음과 같다.

첫째, 연구에 대한 과학적 태도와 방법은 연구자에게 끊임없이 자신의 연구를 뒤돌아보고 점검하는 자아성찰적 비판정신을 갖게 한다. 경험적 자료에 대한 검토, 연구의 **객관성**(objectivity)과 **타당성**(validity), **신뢰성**(reliability)에 대한 검증 등은 자신의 연구를 더욱 엄밀하게 하는 기준이 된다.

둘째, 모든 연구자들이 과학적 방법을 사용하면 동료연구자들 간에 소통과 상호작용을 하기 쉽고, 연구를 공동으로 하기도 쉽다. 이렇게 함으로써 사회에 대한 탐구가 개인적 차원에 그치지 않고 공적 과정으로 이어질 수 있게 되는 것이다.

사회학자는 사회에 관한 법칙들을 밝혀냄으로써 다양한 현상을 설명하거나 예측하고자 한다. 사회학자가 아니라도 누구나 사회학을 조금만 공부하면 인간과 사회 전반에 대한 많은 개념들을 이해할 수 있게 된다. 개념을 모르면 보이지 않는다. 그러나 개념을 알면 새로운 현상이 보인다. 예컨대, 기초적인 사회학적 개념들을 알게 되면, 사회가 어떻게 구성되고, 사회질서는 어떻게 가능한지, 사회적 행위는 어떻게 이루어지며, 사회집단이나 조직은 어떻게 움직이는지, 사회적 불평등은 어디서 오는지, 일탈현상과 사회운동은 왜 일어나는지 깨닫게 될 것이다.

사회학의 주요 개념들을 이해하면 사회변동의 요인은 무엇이며, 사회는 어떻게 변하는지, 미래는 어떤 방향으로 전개될지 전망할 수 있다. 아울러 다수 구성원들이 가지고 있는 여러 가지 사회적 편견과 고정관념을 꿰뚫어 보고 여기서 벗어나 사회를 새로운 시각으로 바라보며, 우리가 원하는 미래를 어떻게 창조해 나갈지 생각해볼 수도 있을 것이다.

사회학을 공부한다는 것은 개인적으로 큰 축복이다. 무엇보다 인간과 사회에 대한 인지능력이 확대된다. 보이지 않던 것을 보게 되고, 생각하지 못했던 것을 생각할 수 있게 되는 것이다. 그리고 사람들이 얼마나 다양한 생각과 편견을 가지고 있는지, 사회는 얼마나 복잡하고 미묘하게 움직이는지 깨닫게 됨으로써, 사회에 대한 다원주의적 사고를 하게 될 것이다. 여러 가지 사회문제들이 왜 발생하는지, 문제를 바라보는 사람들의 시각이 왜, 얼마나 다른지 알게 되면 시대적 고민을 함께 할 수 있게 된다.

사회학은 모든 인간이 자유롭고 평등하며, 안정된 사회질서 속에 살 수 있는 더 나은 미래를 끊임없이 모색한다. 그러므로 사회학의 주된 관심은 인간, 사회, 미래로 압축될 수 있을 것이다. 이 책은 이들 세 가지 주제를 서로 연계해 다룸으로써 보다 많은 사람들에게 신체적 자유, 정치적 자유, 경제적 자유를 넘어 사회적 자유를 누릴 수 있는 지적 토대를 제공하고자 한다.

사회학은 공동체 속 개인의 자유를 추구한다. 그러므로 사회학을 공부함으로써 얻을 수 있는 가장 실제적인 유용성은 "사회적 자유"를 얻게 된다는 것이다. 그럼 이제부터 사회적 자유를

찾아 사회학의 여정을 떠나보자. 먼저 인간은 어떤 존재인지부터
살펴보자.

가장 중요한
세 가지 질문

PART 01

인간은 어떤 존재인가?

어떻게 지금 내가 있는가?

홀로 있는 고요한 순간이면 문득문득 참으로 신기하다는 생각이 든다. "어떻게 지금 내가 있는가?" 이 생각을 처음 한 것은 초등학교 5학년 때였다. 하루 몇 차례 시외버스가 뽀얀 먼지를 날리며 신작로를 달려갈 뿐 전깃불도 라디오도 없던 그 산골 마을 뒷동산에서 파릇파릇 돋아나는 신록을 보다가 문득 그 생각을 한 것이다. 처음엔 "부모님이 낳아 주셨기에 내가 있다"는 정도로 간단히 생각했지만, "어떻게 부모님에게서 하필이면 내가 생겨났는지, 어떻게 이처럼 말하고 움직이며 생각을 하게 됐는지, 자라서는 무엇이 되고, 그러다 죽으면 어떻게 되는지?" 의문은 꼬리에 꼬리를 물고 이어졌다. 사실은 아직도 어떻게 지금 내가 있는지 잘 모른다. 인간 존재는 참 신비롭기만 하다.

생명의 기원

부모의 부모, 할아버지의 할아버지를 거슬러 올라가서, 그럼 최초에 생명은 어떻게 생겨났는가? 누구도 명쾌히 답하기 어려운 이 질문에 대한 가장 오랜 이론은 **창조론**(doctrine of creation)이다. 이것은 한마디로 우주 만물이 어떤 절대적인 존재에 의해 창조되었다는 믿음이다. 창조론에 대한 생각은 고대 메소포타미아나 이집트에도 있었다. 그러나 일반적으로는 기독교 성경의 창세기 1장 1절에 있는 대로 "태초에 하나님이 천지를 창조하시니라"라는 믿음을 가리킨다.

20세기 이후 미국을 비롯한 여러 나라의 교육과정에서 창조론을 가르치는 곳이 늘었고, 과학적 창조론을 주장하는 많은 과학자들은 "창조과학회"를 조직하여 창조의 과학적 타당성을 밝히고자 노력 중이다. 하나님은 하나의 생명체가 아니라 본래부터 스스로 존재하는 존재이므로 그 근원을 알 수는 없지만, 하나님이 생명을 창조했음은 객관적 사실로 인정할 수밖에 없다는 다양한 과학적 근거를 밝히려는 것이다.

창조론은 **진화론**(evolution theory)에 의해 강력한 도전을 받고 있다. 진화론에 대한 생각이 19세기에 처음 나온 것은 아니다. 고대 그리스의 철학자들 중에는 이미 사물의 생성(生成) 과정에 관해 논의한 사람들이 많았는데, 그들 중 아낙사고라스는 사람이 물고기 모양의 조상에서 유래하였다고 주장했다. 이러한 생각은 진화론의 효시라고 할 만하다.

진화사상이 좀 더 분명해진 것은 18세기 중엽 프랑스에서였다. 이 시기에는 지구의 역사나 동·식물의 종(種)의 변화에 관한 저술들이 많이 출간되었는데, 생물은 온도와 먹이 등 환경의 영향에 의해 변한다거나 자연선택의 원리를 예견하는 주장들이 있었다. 인간은 자연의 역사적 변화과정에서 생겨난 산물이라는 주장도 나왔다. 진화론을 체계적으로 처음 제시한 사람은 라마르크이다. 그는 무기물에서 자연 발생한 미소한 원시적 생물이 그 구조에 따라 저절로 발달하여 복잡하게 된다는 전진적(前進的) 발달설과 획득된 형질이 유전함으로써 발달한다는 설을 함께 설명하였다.

진화론을 체계적으로 확립한 사람은 **다윈**(Charles Robert Darwin, 1809~1882, 영국)이다. 그는 《종의 기원(The Origin of Species)》에서 자연선택설을 근간으로 하여 새로운 종이 생기는 메커니즘을 설명하였다. 그는 변이(變異)의 원인 중 하나로 라마르크의 용불용설(用不用說)을 채용했지만, 전진적 발달설은 배격했다. 다윈은 자연선택설을 제창했을 뿐 아니라 진화를 증명하는 생물학상의 사실적인 예도 많이 들어 생물 진화를 사람들에게 확산시키는데 크게 공헌하였다.

진화론은 생물의 진화에 관한 연구에서 시작됐지만 이후 정치, 경제, 사회, 문화, 교육, 산업 등 전 분야에 심대한 영향을 끼쳤다. 한국에는 1880년대부터 일본, 중국의 책들을 통해 진화론이 소개되기 시작했다. 19세기 말에는 진화론의 결함이 차차 드러나면서 관심도 점차 감소되었다. 20세기 초에는 진화의 메커니즘에 관한 여러 설에 회의가 일면서 불가지론(不可知論)에까지 이르게 됐다.

불가지론이란 원래 초경험적인 것의 존재나 본질은 인식 불가능하다는 철학상의 입장을 말한다. 불가지론의 기원은 고대 그리스의 소피스트나 회의론자로까지 거슬러 올라갈 수도 있지만, 신의 본체는 알 수 없다는 중세의 신학사상에서 비롯되었다고 보는 편이 타당할 것이다. 인간이 인식할 수 있는 것은 물체나 현상뿐인데, 신은 현상이 아니기 때문에 알 수 없다는 것이다.

생명의 기원에 관해서도 불가지론이 가능할 것이다. 창조론은 하나님이 모든 생명을 창조했다는 것인데, 인간은 하나님의 본체를 알 수 없으므로 창조론을 믿을 수는 있지만 확인하기는 어렵다. 입증할 수 없기는 진화론도 마찬가지다. 진화의 메커니즘이나 과정에 관한 여러 가설도 논리적으로 그럴듯한 하나의 가설일 뿐 실증적으로 확인할 수 있는 것은 아니다. 생명의 기원이 무기물질에서 우연히 발생했다는 것이나 미미한 생명체가 고등동물이나 인간으로까지 진화했다는 가설을 그대로 믿기는 어렵다. 그렇다면 생명의 기원에 관한 한 불가지론이 오히려 정직한 이론일지 모른다.

성장의 신비

생명의 기원에 대해서는 알 수 없지만, 생명의 유전(遺傳)과 성장 과정에 대해서는 구체적으로 많이 알려져 있다. 유전자, DNA, 게놈(genome) 등은 이제 웬만한 사람들은 다 아는 보편적인 단어가 되었다. 생명에서 생명으로 이어지는 그 과정은 알면 알수록 더욱 신비롭기만 하다. 정자와 난자가 만나 수정란이 되는 과정도 신비롭고, 수정란이 5~7일 후 착상하는 과정도 놀랍다. 본능적 욕망 속에 숨겨진 이러한 생명창조의 과정이 정말 우연히 생겨난 것일까?

임신 후 수정란이 세포분열을 거듭하면서 하나의 개체로 성장해 가는 과정도 신비의 연속이다. 대략 10주 후면 하나의 완전한 개체(태아)로 성장하는데, 수정 순간에 결정된 성의 구별이 가능해지고 태아의 움직임도 활발해진다. 산과학(産科學)이 발달하지 않았던 시절, 태아는 베일에 싸인 신비의 대상이었다. 그러나 산과학의 발달로 태아의 심장박동을 직접 들을 수 있고, 태아의 모습을 4D 입체초음파로 손가락, 발가락은 물론 내부의 장기까지 관찰할 수 있게 되었다.

태아는 20주 정도 지나면 벌써 완전한 몸의 모양을 갖추어 잠도 자고 깨어 있기도 한다. 이 시기에는 외부 소리를 들을 수 있고 명암도 느낄 수 있다고 한다. 30주가 지나면 태아의 키는 약 35㎝, 몸무게는 1~1.2㎏ 정도에 이르며 거의 신생아 모습에 가까워진다. 태아는 편안하고 안전한 엄마 뱃속에서 10개월 동안 무럭무럭 자란 후 우렁찬 울음소리와 함께 세상에 태어난다. 출생 시 몸무게는 2.8~3.7㎏, 키는 약 50㎝이다.

갓난아기의 신체는 약 20조 개, 성인은 약 60조 개의 세포로 구성되어 있다. 현미경으로 보아야 겨우 볼 수 있는 그 조그만 세포에 세포막이 있으며, 필요한 것은 보존하고 불필요한 것은 내보내는 정밀한 문까지 있다고 한다. 또한 세포 하나하나에 여러 개의 방들이 있는데, 방마다 정보처리, 물류센터, 쓰레기 처리, 방역 등 다양한 기능을 수행함으로써 우리의 생명과 건강을 지켜준다는 것이다. 인체의 신비로움이 놀라울 따름이다.

지구의 생명 현상이나 인체의 역동적 모습도 신비하지만, 한 개인이 의젓한 사회구성원으로 성장해 가는 **사회화**(socialization) 과정(5장에서 자세히 설명함)도 놀랍기만 하다. 자라면서 두 발로 걷거나 뛰어다닐 수 있게 되는 신체적 발달과정도 놀랍지만, 정신적인 성장과정은 더욱 신비롭다. 어떻게 핏덩이 같던 존재가 자라서 과학을 탐구하고 우주를 관찰하며, 문학을 논하고 예술을 감상할 수 있게 될까? 어떻게 다른 사람들과 복잡한 상호작용을 하며, 공통의 가치와 규범을 만들어 공유하고 질서정연한 사회를 형성·유지할 수 있을까?

한 개인의 사회화 과정에는 수많은 사람들의 헌신과 도움이 필요하며, 개인은 누구나 다른 사람들이 있기 때문에 존재할 수 있다. 인간은 서로 도움을 주고받는다기보다 남이 없으면 나도 있을 수 없는 존재이다. 인간은 서로 **공생관계**(symbiotic relations)를 통해서만 존재할 수 있는 존재이다.

개인의 일생이란 사회라는 무대 공간에서 펼쳐지는 수많은 배우들 중 하나의 역할이며, 역사라는 사회의 시간 가운데 극히 짧은 한순간에 불과하다. 인간이 살아간다는 것은 사회를 지나는 여행과도 같은 것이다. 그러나 인간은 단순히 지나가는 길손이 아니라 사회에 어떤 흔적을 남기며 간다. 그러므로 인간은 사회의 산물인 동시에 사회의 주체이기도 하다. 수동적 피조물이면서 창조적 권능을 지닌 '인간'은 도대체 어떤 모습의 존재인가?

미미하지만 위대한 인간의 모습

생물학적 존재

공간적으로 보면, 인간은 미세먼지보다 더 작은 미미한 존재이다. 인간은 지구의 어느 한 귀퉁이에 있는데, 지구는 태양계에 속한 하나의 행성에 불과하다. 태양계는 8개의 행성으로 구성되며, 은하계의 일부이다. 은하계는 약 1천억 내지 3천억 개의 태양과 같은 항성들로 이루어져 있으며, 우주는 약 3천억 내지 5천억 개의 은하계로 이루어져 있다. 그토록 넓은 우주에서 작은 점보다 더 작은 지구에 잠깐 머물다 가는 인간은 하찮은 미물에 불과하지 않겠는가?

스티븐 호킹 박사는 "우주가 어떻게 만들어졌는지는 알겠는데 왜 만들어졌는지는 모르겠다"고 했다. 그러나 보통 사람들은 우주가 어떻게 만들어졌는지도 모른다. 과학자들에 따르면, 우주가 형성된 것은 약 150억 년 전이고, 태양과 지구가 생성된 것은 대략 45억 년 전이라고 한다. 지구의 바다에 생명체가 처음 생긴 것은 약 35억 년 전, 육지에 생명체가 출현한 것은 약 4억 년 전으로 추정된다. 그 긴 우주의 역사에서 인간의 조상인 호모 사피엔스가 나타난 것은 불과 20만 년 전이다.

우주의 시간으로 보면, 인간은 찰나를 사는 하루살이처럼 덧없는 존재이다. 장자(莊子)의 외편(外篇)인 지북유(知北遊)에는 **백구과극**(白駒過隙)이라는 사자성어가 있다. "흰 말이 달려가는 것을 좁은 문틈으로 본다"는 뜻인데, 사람의 일생이 그처럼 빠르게 순간적으로 지나간다는 것을 비유한 말이다. 인간이 이처럼 미미한 존재이고, 인생이 그렇게 빨리 흘러가는 것임을 안다면, 물질적이든 인간관계에서든 그처럼 쓸데없는 욕심을 부리거나 집착할 일이 뭐가 있겠는가?

인간의 이원성

아리스토텔레스는 인간을 '사회적 동물'이라 했다. 이후 많은 학자들이 사회적 동물에 빗대어 인간을 '정치적 동물', '경제적 동물', '문화적 동물' 등으로 정의하기도 했다. 인간에 관한 간결하고도 정확한 정의가 모두 '동물'로 표현된 셈인데, 맞는 말이다. 인간은 생물학적으로 동물일 뿐 아니라, 동물처럼 본능에 따라 행동하는 경우도 많다. 그러나 인간은 본능적으로 행동하기보다는 대개 이성에 따른 사회적 행위를 한다. **사회적 행위**란 성장하면서 내면화한 사회적 관습이나 규범, 법규 등에 따르는 행위를 말하는데, 이것은 본능적 욕망보다는 정신적 가치에 기반을 둔 것이다.

인간의 생명은 육체와 정신으로 구성되는 이원적(二元的) 존재이다. 생명을 좌우하는 질병이나 부상 등은 육체에 관한 것이므로 얼핏 생각하면 인간의 생명은 당연히 육체에 있는 것으로 생각하기 쉽다. 그러나 실제로 육체는 정신의 지배를 받고 있다. 정신이 강하면 육체도 온전하지만, 정신이 온전하지 못하면 육체에 이상이 생기기 마련이다. 반대로 육체에 이상이 생기면 정신도 온전하기 어렵다. 인간의 생명은 육체와 정신에 함께 있다.

건강한 육체에 건전한 정신이 깃들고, 건전한 정신에 건강한 육체가 가능하다. 그러므로 인간은 육체에 기반을 둔 동물적 존재인 동시에, 정신에 따라 달라지는 영적 존재이다.

인간의 생명에서 육체와 정신 중 어느 쪽이 더 중요할까? 굳이 하나를 택해야 한다면 정신이다. 생명의 중심을 육체에 두면 물질적 풍요와 감성적 쾌락을 좇아 정신이 약해지고, 결국은 타락하여 추한 존재로 전락하기 쉽다. 반면에 생명의 중심을 정신에 두면, 물질적으로 부족하거나 육체가 약할 때 정신은 오히려 더 강해질 수 있다. 가난과 병마에 시달리는 어려운 시기에 오히려 불후의 명작을 남긴 작곡가나 화가의 삶이 그 증거이다. 인간은 물질적으로 성할 때 동물적 존재로 타락하기 쉽고, 정신적으로 강할 때 영적인 존재로 치열한 삶을 산다.

문명사적 시각

애담 스미스(Adam Smith, 1723~1790)의 『도덕감정론』에 따르면, 인간은 본능적 이기심에도 불구하고 제3의 입장에서 타인을 평가할 수 있는 공감능력을 지니고 있다. 인간은 공감능력을 바탕으로 타인을 평가하면서 스스로 자신을 일깨우고, 자기 행동의 도덕성을 인식하게 된다는 것이다. 인간은 자신에게 공감해줄 외부 관찰자를 원하는 욕구를 지니고 있다. 이러한 공감능력을 바탕으로 이루어진 사회적 관계는 도덕적 판단과 행동의 근원이 되며, 사회를 형성하는 토대가 된다.

인간은 나약하고 미미한 존재지만, 인간사회가 이룩한 현대

문명을 보면 놀랍기만 하다. 도시의 고층 빌딩이나 거대한 공항, 첨단 공장 시설들을 보면, 조그마하고 미약한 인간이 어떻게 이처럼 거대한 시설물을 지을 수 있는지 신기한 생각이 든다. 뿐만 아니라 인간이 만든 컴퓨터나 휴대전화, 로봇과 인공지능을 보면 경이롭기까지 하다.

현대문명만 놀라운 것이 아니라 고대문명에도 불가사의한 일이 많다. 이집트의 피라미드, 바빌론의 공중정원, 페루의 마추픽추, 멕시코의 마야 유적지, 중국 만리장성, 인도 타지마할 등은 현대 과학으로도 설명하기 어려운 놀라운 건축물들이다. 이 모든 것은 인간이 사회를 형성하고 문화를 축적함으로써 가능했던 것이다.

인간은 티끌같이 작으면서도 무한한 우주의 생성과 소멸을 논하며, 찰나를 살면서도 영원을 생각하는 위대한 존재이다. 인간 존재의 신비와 위대함이 그저 놀라울 따름인데, 내가 바로 그처럼 신비하고 위대한 '인간'이다. 명승지에 소풍을 가면 제한된 시간에 모든 걸 다 보려고 애쓰는 것처럼, 유한한 삶의 시간을 낭비하지 말고 경이롭고 신비한 세상을 최대한 누려야 할 것이다.

🗨️ 선하고 악한 인간의 본성

인간은 선한가, 악한가?

이처럼 놀랍고 신비한 인간의 본성은 어떠할까? 이것에 대해서는 고대 중국의 유명한 학설들을 살펴볼 필요가 있다. 유가(儒家)에서는 인간의 도덕적 수양(修養)을 중요한 과제로 삼고 있었으므로 수양의 가능성이나 수단을 결정할 **본성론**(本性論)에 대해 다음과 같은 치열한 논쟁을 전개하였다.

먼저 **맹자**(孟子)는 인간의 본성은 선(善)이라는 **성선설**(性善說)을 주장했다. 맹자에 따르면, 인간은 스스로의 노력에 의해 덕성(德性)으로 높아질 수 있는 천부의 단서(端緖)를 갖추고 있다. 측은(惻隱), 수오(羞惡), 사양(辭讓), 시비(是非) 등의 마음이 바로 4단(四端)이며, 그것은 각각 인(仁), 의(義), 예(禮), 지(智)의 근원을 이룬다. 이런 뜻에서 인간의 본성은 선(善)이라는 것이다. 공자(孔子)의 인도덕(仁道德)은 바로 선한 성에 기반을 둔 것이며, 예질서(禮秩序)의 보편성을 증명하는 정치사상이라고 했다.

반면에 **순자**(荀子)는 사람의 타고난 본성은 악(惡)하다는 **성악설**(性惡說)을 주장했다. 순자는 사람이 태어나면서부터 가지고 있는 감성적 욕망에 주목하여, 모든 인간이 본능대로 행동하도록 내버려 두면 사회는 혼란스러워질 것이라고 보았다. 인간의 본성은 악이므로 외부의 가르침을 통해 올바로 길러주어야 한다고 주장했다. 수양이란 인간의 타고난 품성을 가꾸는 것이 아니라, 후천적으로 사람의 도리나 예의 등을 가르쳐 주는 것이라고 보았다. 순자는 맹자의 성선설에 반대하는 것처럼 보이지만, 그 목적은 맹자와 마찬가지로 사람들에게 수양을 권해 도덕적 완성을 이루게 하려는 것이었다.

성선설이 맞는지 성악설이 맞는지 따지는 것은 어리석은 일이다. 인디언 족이 전하는 이야기에 따르면, 인간의 마음속에는

늘 서로 싸우는 늑대가 두 마리 있는데 하나는 이기심, 불신, 적
개심으로 가득 차 있고, 다른 하나는 자비심, 신뢰, 봉사심으로
충만해 있다고 한다. 이야기를 듣던 손자가 할아버지에게 "결국
둘 중 누가 이기나요?" 물어보면, 할아버지는 "네가 계속 먹이를
주는 쪽이 이기지"라고 대답한다. 사실 인간의 본성은 온전히 선
하거나 악한 것이 아니라, 두 가지가 공존하고 있어 가꾸는 대로
나타나는 것이다.

인간의 본성은 천사와 악마의 중간이다. 즉 인간은 천사처럼
선할 수도 있고 악마처럼 악할 수도 있다. 누구든 어떤 환경에서
어떤 경험을 하며 성장하여, 어떤 의식구조와 정신세계를 형성하
느냐에 따라 천사가 될 수도 있고, 악마가 될 수도 있다. 물론
대다수 사람들은 사회화 과정을 거치면서 천사와 악마의 사이
어디쯤 되는 자아를 형성하여, 건강한 사회인으로 살아간다. 극
단적 사례이긴 하지만, 성장 후에도 사회경제적 환경이 변하고
자신의 처지가 달라지면 천사에서 악마로, 또는 악마에서 천사로
바뀔 수도 있다.

경험과 환경에 따라 다르다

인간은 본능적으로 자신의 생존에 최선을 다한다. 인간이 지
닌 두 마리 늑대는 나름대로의 생존방식을 대표하는데, 어느 쪽
이 더 지배적으로 나타나는가는 성장과정에서의 경험과 자신이
처한 환경에 따라 달라진다. 훌륭한 부모를 만나 부족함이 없는
가운데, 가족의 따뜻한 정을 경험하며 성장한 사람은, 인간을 신

뢰하고 매사에 긍정적이며 남에게 정을 베풀기 쉽다. 그러나 어려운 성장환경에서 자라는 동안, 차별과 멸시를 받거나 크게 사기당한 경험이 있는 사람은, 자신의 생존을 위해 세상을 부정적으로 보고 남을 의심하기 쉽다.

물론 성장환경이 절대적인 영향을 미치는 것은 결코 아니다. 좋은 환경에서 자라도 사악한 사람이 있는가 하면, 불우한 환경에서도 곧고 바르게 자란 사람이 있다. 또한 좋은 환경에서 자란 사람은 지나치게 안정을 추구하거나 틀에 박힌 사고를 하여 진취성이 부족할 수 있고, 어려운 환경에서 자란 사람은 강한 의지와 창의성으로 오히려 새로운 미래를 개척해 나갈 수도 있다. 이러한 결과들은 간접경험의 차이에서 오는 경우가 많은데, 성장환경과 관계없이 어떤 책을 보고 어떤 생각을 하며, 어떤 사람과 교우하고 어떤 교육을 받느냐에 따라 달라질 수 있다는 것이다.

성장과정의 경험뿐 아니라 살아가면서 바뀌는 환경에 따라서도 인간은 얼마든지 변할 수 있다. 예수의 충직한 열두 제자들조차 환경적 여건이 달라지자 어떻게 변했는지 보라. 유다와 베드로는 말할 것도 없고, 다른 제자들도 처음에는 각자 제 갈 길을 갔다. 인간의 성정은 불변하는 것이 아니라, 시간과 공간에 따라 변하기 마련이다. 이러한 가능성을 뒷받침하는 이야기가 레오나르도 다빈치의 걸작 "최후의 만찬"에 그럴듯한 전설로 전해오기도 한다. 다빈치는 13명의 인물 모두 실제 모델을 보며 그렸는데, 예수를 가장 먼저 그리고 마지막으로 배신자 유다를 그리기까지 4년여가 흘렀다고 한다. 우여곡절 끝에 사랑과 배신이 복합된 특이한 표정의 인물을 찾아 그림을 완성했는데, 나중에 알고 보니 유다의 모델이 바로 4년 전에 예수의 모델로 왔던 그 아름다운 청년이었다고 한다. 4년의 세월이 얼굴을 그렇게 바꿔 놓은 것이다. 사실 여부는 확인할 길이 없지만, 적어도 가능할 수도 있는 이야기이므로 지금까지 그럴듯하게 전해져 오고 있을 것이다.

인간은 자신이 전혀 의도하지 않더라도 자연스럽게 자기가 처한 여건에 따라 말과 행동의 방식을 조금씩 달리하는데, 이러한 표현방식을 **정치적 커뮤니케이션**(political communication)이라고 한다. 인간은 누구나 자기도 모르는 사이에 하루에도 수십 번씩 자신에게 유리한 방식으로 조금씩 미화하여 표현하는 정치적 커뮤니케이션을 한다. 어린 시절부터 가까이 지낸 친지나 친구들의 이야기를 듣다 보면, 과거 자신에 대한 이야기를 자연스럽게 조금씩 각색하고 미화하여 이야기하는 것을 느낄 수 있다.

이해관계에 따라 변한다

인간은 참으로 신비롭고 위대한 존재인 동시에, 아주 미미하고 불완전한 존재이다. 인간은 자기가 보고 듣고 만져본 것은 다 객관적 사실(fact)이며, 자기 판단은 확실하다고 철석같이 믿지만, 사실은 정확하게 보거나 듣거나 느끼지 못한다. 인간의 인지능력에는 한계가 있다. 인지능력이 부정확하기도 하지만, 자신의 경험과 사회적 지위나 이해관계에 따라 인식이 달라지며, 자신의 가치관에 따라 판단이 달라지기도 한다.

최근 한국사회에는 북한에 대한 인식의 괴리가 커서 다양한 집단 간은 물론 세대 간 또는 가족 간에도 갈등이 생기는 경우가 많다. 그런데 이들은 서로가 "같은 것을 보고 어떻게 그처럼 다르게 생각할 수 있느냐?"면서 서로 답답하다고 호소한다. 1989년을 기점으로 사회주의 국가들이 몰락하면서 세계적으로 이념 논쟁이 끝났는데도 한국에서는 여전히 첨예하게 대립하고 있다. 그것은 남북분단이라는 특수상황도 있지만, 한국에서 이와 밀접히 관련된 역사적 사건들이 많았기 때문이다. 즉 개인이든 집단이든 특수한 상황에서 서로 처한 여건이 다르고 경험도 달랐기 때문에 자연스럽게 서로 다른 가치관과 인식의 틀을 갖게 된 것이다.

판단의 기준이 되는 가치관이 다르고 현상을 받아들이는 인식의 틀이 다르면, 당연히 이해관계도 달라진다. 인간은 이해관계에 따라 자신의 생각과 행동을 합리화한다. 한국 현대사에서 일제식민지, 독립운동, 해방 직후의 혼란과 분단, 그리고 4·3, 6·25, 3·15, 4·19, 5·16, 10·26, 5·18, 6·10 등의 역사적 사건은 수많은 사람들에게 너무나 다른 경험과 사회적 관계를 갖게 했을 뿐 아니라, 지금까지도 서로 다른 이해관계에 서게 한다. 그 외에도 각자 다양한 사회적 지위와 처한 입장에 따라 이해관계가 달라지면, 생각과 행동도 변한다.

인간은 생각하는 존재이며 그 생각을 통해 늘 자신을 합리화하는 존재이다. 자기가 처한 입장에 따라 자기도 모르게 생각과 판단이 달라지지만, 대부분 자신은 여전히 객관적이고 공정하다고 주장한다. 인간은 자신의 어떤 행위에 대해서도 그럴듯한 논리와 이유를 내세우며 나름대로 합리화한다. 도둑질을 하면서도 '불평등한 세상에 대한 저항'이라고 합리화하거나, 회사 기물을 파괴하고 폭력을 행사하면서도 '사장의 불공정행위' 때문이라고 항변한다. 심지어는 부모를 살해하고도 '심하게 꾸짖고 무시했기 때문에 분노가 폭발한 것'이라고 자신을 변호한다.

4 인간에 대한 올바른 인식

무엇보다 소중한 생명

생명은 무엇보다 소중하다. 생명을 잃으면 누구나 재산이든 권력이든 사랑하는 사람이든 모든 것을 다 잃기 때문이다. 온 우주가 사라져 버리는 것이다. 생명은 개인에게만 소중한 것이 아니라 사회적으로도 중요하다. 인구가 부족하면 사회나 국가도 존속할 수 없기 때문이다. 생명이야말로 사회나 국가의 존립근거이자 존립이유이다. 국민의 생명과 삶을 안전하게 지켜주지 못하는 국가는 존립의 명분을 잃게 된다. 수많은 범죄 중에서 살인을 가장 엄하게 처벌하는 이유도 바로 생명이 무엇보다 중요하기 때문이다.

한국에서는 유명 정치인이나 연예인이 자살했을 때 묘하게 미화하는 분위기가 있는데, 이는 대단히 잘못된 것이다. 자살도 살인과 같이 생명을 빼앗는 것이므로 결코 용서받을 수 없는 범죄행위이다. 그런데 한국의 자살률은 2003년 이후 지금까지 압도적 세계 1위라는 불명예를 이어오고 있다. '2018 OECD 보건통계' 자료에 따르면, 2016년 기준 OECD 회원국의 평균 자살률은 인구 10만 명당 11.6명인데, 한국은 25.8명으로 2위인 라트비아(18.1명)보다 월등히 높다. 한국의 자살률은 2009년 33.8명을 정점으로 하락세로 돌아서긴 했지만, 여전히 매일 평균 36명 또는 40분마다 1명이 자살하고 있다.

　최근 한국의 상황을 보면, 생명을 귀하게 여기지 않는 행태가 출산에서도 나타난다. 통계청 발표에 따르면, 10년 전까지만 해도 연간 47만 명 정도를 유지하던 출생아 수는 매년 감소하여 2020년에 275,815명으로 줄었고, 출산율은 0.84명까지 떨어져 세계 유일의 0점대 국가가 됐다. 더욱이 낙태 통계를 보면 최근 한국인들의 생명경시 사고방식이 얼마나 심각한지 알 수 있다. 낙태시술은 대부분 음성적으로 이루어지기 때문에 정확히 알 수는 없지만, 학계나 산부인과 전문의들의 추정에 따르면 연간 최소 32만 건 내지 최대 60만 건까지 시행될 것이라고 한다. 낙태시술 건수가 출생아 수보다 훨씬 더 많다니 할 말을 잃게 된다.

　인간 존재의 본질과 삶의 참모습에 대한 생각을 조금만 해보면, 누구나 생명은 정말 소중하게 가꾸어야 하고 어떤 일이 있어도 결코 포기할 수 없는 귀중한 것임을 깨닫게 될 것이다. 육아가 힘들다거나 교육비가 많이 든다는 이유로 귀중한 출산을 포기하는 것은 결코 올바른 생각이 아니다. 출산과 육아는 고통이 아니라 삶의 큰 기쁨이며 축복이다. 올바른 삶을 살아가기 위해서는 무엇보다 먼저 생명의 소중함을 깨닫고, 자신의 정체성을 확립함으로써 삶의 뿌리를 튼튼히 내릴 수 있어야 한다.

왜 사는가?

한국의 원로 철학자 중 한 분에게 물었다. "인간은 왜 삽니까?" "재미 보려고 사는 거지." 총알같이 튀어나온 대답에 폭소가 터졌다. "먹는 거 좋아하는 이는 더 맛있는 거 먹으려고, 편한 거 좋아하는 이는 더 좋은 집에 살려고, 구경 좋아하는 이는 더 멋진 경치 보려고, 잘난 척하는 이는 더 잘난 척하려고 등등 모두 자기 하고 싶은 거 더 하려고 사는 거지 뭐." 가까운 사람들이 모인 식사자리이긴 했지만 진지한 철학적 답변을 기대했는데, 원로학자의 농담 같은 응대에 좌석은 더욱 흥겹게 무르익었다.

우스개처럼 들었지만, 나중에 생각해보니 핵심을 짚은 즉답이 아니었나 싶다. 인생이 대단한 것 같지만 인간은 결국 자신의 욕구를 충족시키려고 끊임없이 노력하며 사는 것이다. 인간의 가장 본능적인 욕구는 무엇일까? **매슬로우**(Abraham Maslow, 1908 ~1970)는 **인간 욕구 5단계 이론**을 제시하였다. 인간은 누구나 다섯 가지 욕구를 가지고 있는데, 이들은 단계별로 구분된다는 것이다.

매슬로우의 이론에 따르면, 인간의 가장 기초적인 욕구는 생리적 욕구이다. 이 욕구가 어느 정도 만족되면 두 번째 단계는 안전에 대한 욕구이다. 세 번째는 사랑과 소속에 대한 욕구이고, 네 번째는 존경받고 싶은 욕구이며, 마지막 단계는 자아실현의 욕구이다. 첫 번째, 두 번째 단계는 육체적 욕구이지만, 세 번째 이후는 가치를 어디에 두느냐에 따라서 달라질 수도 있는 정신적 욕구이다.

매슬로우의 이론에 대한 비판도 많지만, 인간행동의 동기를 설명하는 기초를 제시했다는 점에서 아직도 높이 평가되고 있다. 5가지 욕구가 꼭 단계별로 나타나지 않을 수도 있다. 정치적으로 민주화되고 경제적으로 풍요한 사회에서는 자아실현의 욕구가 더 먼저일 수도 있을 것이다. 또한 신에 대한 봉사를 삶의 최우선적 가치로 삼는 사람처럼, 삶의 가치를 어디에 두느냐에 따라 삶의 목적이 본능적 욕구를 초월할 수도 있다. 정신적 존재로서의 인간은 분명 동물과 다른 고귀함을 간직하고 있으며, 이를 추구하면 고귀한 삶을 살 수 있다.

많은 사람들은 자기가 왜 사는지, 무엇을 위해 사는지, 인생을 어떻게 살아갈지에 대해 깊이 생각하지 않는다. 그냥 살기에 바빠서 정신없이 살아간다. 그러나 이러한 질문들은 자기 삶의 뿌리에 관한 것이므로 만사 제치고 진지하게 생각해 봐야 한다. 삶의 뿌리가 미약하면 어려움이 닥쳤을 때 쓰러지기 쉽다. 한국의 자살률이 압도적으로 세계 1위인 것은 혹시 삶의 뿌리를 튼튼하게 가꾸지 못했기 때문은 아닐까?

타인에 대한 감사와 헌신

인간의 삶은 어떻게 가능한가? 종교를 가진 사람은 신의 은총으로 값없이 생명을 얻었고 또 누리고 있다는 확실한 믿음으로 늘 신에게 감사하며 살아간다. 설령 무신론자라 하더라도 우주의 신비와 자연의 오묘함에 대해 조금만 생각해보면, 자신의 존재 자체가 얼마나 감사하고, 삶이 얼마나 큰 축복인지 깨닫게 된다.

지금의 나를 돌아보면, 부모님이 나를 위해 얼마나 큰 사랑과 은혜를 베푸셨는지, 동기간 또는 친지들이 내 삶에 얼마나 큰 힘이 되었는지, 은사님이나 친구들이 나의 성장에 얼마나 큰 도움을 주었는지 금방 알 수 있다.

　세상에는 참 부자도 많고 가난한 사람도 많다. 그러나 부유하든 가난하든 누구나 지금 자신이 소유하고 있는 물건이나 누리는 즐거움을 하나하나 헤아려 적어보면, 자신이 얼마나 많이 소유하고 누리고 있는지 스스로 놀라게 될 것이다. 더욱 놀라운 것은 이들 대부분이 내가 잘나서 또는 나의 노력에 의해 이룬 것이 아니라는 사실이다. 부모님을 비롯한 수많은 사람들의 도움에 의해 값없이 그냥 얻은 것이다. 그런데도 흔히 사람들은 자신이 가진 것은 생각하지 않고, 가지지 못한 것에 대해 상대적 박탈감을 느끼거나 분노한다.

　참으로 감사할 일이다. 우선 생명을 누리는 것에 감사하고, 이 정도로 건강한 것에 감사하고, 오늘의 나를 있게 한 수많은 사람들에게 감사할 일이다. 내가 존재할 수 있는 것은 바로 다른 사람들이 있기에 가능한 것이다. 누구든지 남이 없으면 혼자서는 존재할 수 없다. 그러므로 내가 만나는 모든 사람에게 감사한 마음을 가지고, 나도 그들에게 뭔가 보답해야 한다. 그들이 즐거워야 나도 즐겁고, 그들이 행복하면 나도 행복해지며, 그들이 잘돼야 나도 잘될 수 있는 것이다.

　물질은 나눌수록 작아지지만, 감사와 베풂은 나눌수록 오히려 더 커진다. 세상은 얼핏 보면 온갖 물질로 구성된 것 같지만, 사실은 마음, 사랑, 기쁨, 감사, 봉사, 가치 등 비물질적 요소들이

더 큰 비중을 차지한다. 세상의 물질적 측면만 바라보면 더욱 중
요한 비물질적 측면을 놓치게 된다. 일생에 오직 한번 밖에 방문
할 수 없는 세상인데 모든 면을 골고루 다 볼 수 있어야 하지
않겠는가? 이왕이면 신비하고 아름다운 모습들을 많이 보며 늘
기쁘고 즐겁게 살면 더 좋지 않겠는가?

늘 감사한 마음으로 삶을 즐기며, 주위 사람들에게 조금이라
도 서운해 하거나 미워하지 말며, 그들을 위해 무언가 봉사하고
헌신하도록 노력할 일이다. 눈 깜빡할 사이 지나가는 짧은 인생,
신비로 가득 찬 이 세상에서 즐거운 일만 보고 듣기에도 시간이
부족하다. 그 귀한 시간에 스스로 슬퍼하거나 분노하며 남을 미
워하거나 질시하는 것이야말로 얼마나 무익하고 시간을 낭비하
는 어리석은 일인가!

인간에 대한 실망과 진실

많은 사람들이 살아가면서 겪는 견디기 힘든 일 중 하나는
인간에 대한 실망이다. 사랑했던 연인 또는 철석같이 믿었던 친
구나 동료 등 가까운 사람에게 배신당했을 때 느끼는 실망감은
두고두고 깊은 상처로 남는다. 심지어는 부모나 자식으로부터 회
복하기 어려운 깊은 상처를 받는 경우도 많다. 배신하고 상처를
준 사람은 물론 나쁜 사람이지만, 사실은 특별히 나쁜 사람이 아
니다. 대부분 다른 사람이 보기에는 멀쩡하고 평범한 사람들이
다. 그저 환경이 변했거나 이해관계가 달라져서 돌아선 흔히 있
는 행동이었을 뿐이다.

　　세상에서 흔히 볼 수 있는 일로 큰 상처를 받아 자신을 상하게 한다면, 그건 참으로 어리석은 일이다. 사회적으로 흔한 인간 행위에 그처럼 실망하는 것은 인간의 본성을 이해하지 못했기 때문이다. 인간의 본성을 제대로 안다면 그처럼 괴로워하거나 상처받을 일이 훨씬 적을 것이다. 인간은 과연 어떤 존재인가? 세상에는 참으로 다양한 종류의 인간이 있고, 사는 방법도 제각각이다. 다양한 인간은 종자가 다른 것이 아니라, 성장 과정이 다르고 처한 환경에 적응하는 행태가 달랐을 뿐이다.

　　최근 뉴스만 봐도 세상에는 별별 인간이 다 있다. 수십 년간 한 가족처럼 서로 믿고 의지해 온 대통령을 배신한 최측근은 한국에도 있고 미국에도 있다. 권력을 위해 친형을 죽이는 패륜아, 개인적 복수를 위해 사악한 음모를 꾸미는 사람, 재산 때문에 부모를 죽이는 자식, 자기 영달을 위해 자식까지 죽이는 부모 등 인간으로서는 차마 할 수 없는 일을 하는 인간은 동서고금을 막론하고 수없이 많다. 인간이 어찌 이럴 수 있는가? 그런데 그런 모든 짓들을 할 수 있는 존재가 바로 인간이다.

　　생명이 육체와 정신에 이원적으로 있는 것처럼, 인간은 동물적 존재인 동시에 영적인 존재이다. 동물적 존재로서의 인간은 본능에 따라 움직이므로 얼마든지 짐승과 같은 짓을 할 수 있다. 그러나 인간은 교육과 수양을 통해 영적 존재로 승화될 수 있다. 인간은 동물적 존재로서 악마로 전락할 수도 있고, 영적 존재로서 천사처럼 살아갈 수도 있다. 인간은 상황에 따라 천사에서 악마로, 악마에서 천사로 변할 수 있는 대단히 복합적이고 다면적인 존재이다.

"열 길 물속은 알아도 한 길 사람 속은 모른다"는 속담이 있는데, 참으로 옳은 말이다. 사람의 생각은 바다처럼 넓고 우주만큼 멀리 뻗어 나갈 수 있다. 단순하다는 사람도 겉보기에 그럴 뿐 속으로는 수없이 많은 생각을 한다. 흔히 말이나 행동 등 겉으로 드러나는 걸 보면 사람의 생각을 알 수 있다고 하지만, 그렇지 않다. 어떤 사람도 자신의 모든 생각을 다 드러내지는 않으며, 아무리 글을 잘 쓰는 사람도 자신의 생각을 다 표현할 수는 없다. 거기다 누구나 조금씩은 자신에게 유리하게 말하는 경향이 있다. 또한 사람의 생각은 수시로 바뀐다. 외부의 자극에 의해 생각이 바뀌기도 하지만, 때로는 스스로 생각의 파도에 따라 변하기도 한다. 그러므로 사람의 속마음은 누구도 가늠하기 어렵다.

사람을 믿어야 하지만 인간은 변한다. 사회적 존재인 사람은 신뢰해야 하지만, 생물학적 존재인 인간은 상황에 따라 변할 수 있다. 사회적 존재로서의 사람도 본능에 휩쓸리거나 환경이나 이해관계가 달라지면 언제든지 동물적인 본성으로 되돌아갈 수 있다. 그러므로 어떤 종류의 인간을 만나든지 놀라거나 실망할 필요가 없다. 인간이 원래 그런 존재이거니 하고 자연스럽게 이해하되, 상처받거나 동화되지 말고 스스로 삶의 중심을 지켜야 한다. 인간이 변하고 주위 모든 것이 변하니, 영원히 변치 않는 것을 종교에서 찾는 것이다. 인간은 믿고 의지할 존재가 아니라 그냥 여행의 동행자일 뿐이다.

인간에게 실망하거나 서운해 하는 또 다른 이유는 대부분 상대방의 가치판단이나 행동의 기준이 자기와 같다고 믿기 때문이다. 인간은 한없이 다양한데 남들도 자신의 기준에 따라줄 것으로 기대해서는 안 된다. 자기 기준에서 보면 도저히 이해할 수 없는 일이지만, 다른 관점에서 보면 얼마든지 판단이 달라질 수 있다. 가치관이나 인식의 틀, 이해관계나 목적이 다르면 얼마든지 다르게 생각하고 다르게 행동할 수 있는 것이다.

또한 대부분 사람들은 "자신은 늘 옳다"고 믿지만, 이것도 착각이다. 인간은 불완전한 존재이다. 인간의 기억은 부정확하고, 상황인식과 판단은 가치관과 이해관계에 따라 달라진다. 그러니 같은 것을 보아도 서로 다르게 받아들이는 것이 당연하다. 진실은 대개 다양한 사람들의 생각이 어우러지는 가운데 어디에 있는데, 모두가 자기만 옳다고 우기면 서로 충돌하게 된다. 나와 다른 다양한 의견을 들으면서 진지하게 토론하는 과정을 통해서만 진실에 다가설 수 있다.

나만 옳다는 독선적 생각은 대단히 위험하며, 나와 다른 사람의 생각에 귀 기울이는 다원주의적 사고가 중요하다. 나와는 다른 사람을 만날 때 자신을 돌아보면 현인이고, 화를 내면 소인이다. 문명수준이 높은 사회일수록 차분한 토론이 이어지며, 낮은 사회일수록 요란한 논쟁이 벌어진다. 한국사회에 유독 이념논쟁이 치열하고 갈등이 많은 것은 우리에게 다원주의적 사고가 부족하기 때문은 아닐까?

사회란 어떤 곳인가?

🗨 사회란 무엇인가?

"사회"는 일상생활에서 가장 흔히 사용되는 단어 중 하나이다. 그러나 정작 사회의 개념이 뭐냐고 물어보면 누구도 선뜻 대답하기 어렵다. 그것은 사회라는 말이 일상생활에서 워낙 다양한 의미로 사용되고 있기 때문이다. 사회라는 단어가 실제로 어떻게 사용되고 있는지 몇 가지 용례를 살펴보자.

첫째, 사회는 개인과 대비되는 개념으로서 "개인들의 집합"이라는 의미로 사용된다. 흔히 "사회란 혼자 사는 곳이 아니다"라는 말을 하는데, 이때 사회는 다수의 개인들로 구성된 집합임을 뜻한다. 즉 사회란 여러 사람이 모여 함께 살아가는 모습을 의미한다.

둘째, 사회는 공동체와 대비되는 개념으로서, 어떤 목적이나 이익을 추구하기 위해 의도적으로 모인 사람들의 집단 또는 그것을 지배하는 조직 원리를 지칭하는 개념으로 사용될 수 있다. 이때 사회는 **퇴니스**(Ferdinand Tönnies)가 말한 **공동사회**(Gemeinschaft)와 대비되는 **이익사회**(Gesellschaft)를 의미한다. 처음 하는 직장생활의 어려움에 부딪쳐 당황하는 사회 초년생에게 선배가 "사회란 비정한 곳이야"라며 충고할 때의 의미가 바로 이것이다.

셋째, 사회는 분석적 차원에서 비교적 독립된 어떤 단위를 나타내는 데 쓰이기도 한다. 예컨대, 동양사회, 농촌사회, 미국사회 등은 거주 지역을 지리적으로 구분하고 있다. 민주주의사회, 전체주의사회 등은 정치적 구분이고, 자본주의 사회, 공산주의 사회 등은 경제적 구분이며, 미개사회, 문명사회 등은 문화적 차원의 구분이다.

넷째, 역사적으로 어떤 특정 시대를 지칭하기 위해 사회라는 개념을 사용하기도 한다. 예컨대, 고대사회, 중세사회, 근대사회, 현대사회 등은 역사상 어느 특정 시기를 나타내는 말이다.

다섯째, 사회라는 용어는 역사상의 특수한 의미로 사용되기도 한다. "시민사회의 성립"에서와 같이 어떤 전체적 속박으로부터 해방된 자율적 개인들의 생활영역을 나타내는 경우가 여기 해당된다. 이때 사회란 국가나 정부의 공적 영역과 대비되는 민간 영역을 의미한다.

이와 같이 '사회'라는 말은 전후 문맥에 따라 여러 가지 의미로 쓰일 수 있다. 사회라는 개념이 이처럼 다양한 의미로 사용되는 것은 사회가 그러한 속성들을 모두 내포하고 있음을 의미한다. 즉, 사회는 개인들의 집합체이고, 각자 자기 이익을 추구하

며, 상대적으로 독립된 단위이고, 시대적 특성을 보여주며, 개인
들의 자율적 영역이라는 특징을 지닌다.

사회학적 관점에서 일반적으로 사용되는 **사회**의 개념을 정의
한다면 "상호의존 관계에 있는 인간들의 집합체"라고 할 수 있을
것이다. 물론 이것이 포함하는 의미는 사회의 본질을 파악하는
관점에 따라 여전히 다양하게 해석될 수 있다. 요컨대, 사회는
대단히 다의적이고 복합적인 개념이다. 사회란 수많은 개인들이
수없이 다양한 고리로 얽히고설킨 복잡한 관계망이다. 그러므로
사회를 단순하게 보고 특정한 의도를 가지고 개혁하려 덤비다간
전혀 예상치 못한 역작용에 낭패를 당하기 쉽다.

❷ 무엇이 사회를 만드는가?

인구

사회가 성립되기 위한 첫 번째 요소는 사람이다. 그런데 사회
라고 부를 만한 단위가 되려면 최소 몇 명이나 있어야 할까? 이
론적으로는 2명 이상이면 된다. 실제로 영어에서는 소규모 단체
들에 흔히 사회(society)라는 이름을 붙이기도 한다. 그러나 통상
사회라고 할 때는 외부 지원 없이 독립적으로 최소한의 생활을
영위할 수 있는 독자적 단위를 의미한다. 사회의 대표적인 단위
는 국가(또는 나라)이다.

인구(population)는 사회 구성에 가장 기본적인 요소이며, 사

회적 속성이나 존재양식은 인구규모에 따라 달라진다. 인구의 양적, 질적 특성이 그 사회의 모습을 결정하는데 중요할 뿐 아니라, 인구가 부족하면 사회 자체가 존속할 수 없기 때문이다. 인구가 1억 이상이면 경제적으로나 정치적으로 독립적이고 안정된 나라를 이룰 수 있다고 한다.

세계에서 가장 큰 나라는 14억의 인구를 가진 중국이다. 세계에서 가장 작은 나라는 씨랜드(Sealand), 그다음은 바티칸 시국(Vatican City)이라고 하지만, 이들은 국가라고 하기에는 뭔가 많이 다른 특별한 경우이다. 유엔 회원국 중에서 인구가 가장 적은 나라는 모나코(Monaco)로서 37,800명이다.

인구규모로만 보면 대한민국은 세계 27위의 큰 나라이며, 장차 통일이 되어 남북한 인구를 합한다면 7천 800만 명으로 세계 20위쯤 될 것이다. 인접한 중국이나 러시아의 조선족까지 포함하면 인구 1억 정도의 한민족 경제권을 형성할 수도 있다. 그러나 안타깝게도 최근 초저출산이 계속되면서 한국의 인구는 2020년부터 감소하기 시작했다.

자연환경과 사회환경

인간이나 사회의 모습에 가장 결정적인 영향을 미치는 것은 환경적 요인이다. 개인의 특성을 결정하는 데는 유전자 등 생물학적 요인도 중요하지만, 출생 후 성장기는 물론 이후 삶의 과정에서는 후천적 환경의 영향을 더 많이 받는다. 인간은 생존하기 위해 어떻게든 환경에 적응해 나가야 하기 때문이다. 인간은 살아가는 과정에서 다양한 삶의 양식을 터득하고, 이러한 양식이 여러 세대에 걸쳐 전승되면서 고유한 사회모습을 형성하게 된다.

인간을 둘러싼 환경은 크게 자연환경과 사회환경으로 구분된다. **자연환경**은 인간에 의해 형성된 것이 아니라 인간 삶을 규정하는 주어진 제약들이다. 예컨대, 지형, 고도(高度), 삼림자원, 강과 바다. 지하 및 해상자원, 계절의 변화, 기온, 일조량, 강수량, 강설량, 지진, 폭풍우 등이다. 자연환경은 인간의 의·식·주 등 생활 전반에 결정적인 영향을 미친다. 주거 형태나 의복, 음식은 지역에 따라 다른데, 이러한 차이는 모두 주어진 자연환경에 적응하는 과정에서 만들어진 것이다.

사회환경이란 삶에 영향을 미치는 여러 가지 요인들 중 인간이 만들어낸 것들을 말한다. 예컨대, 각종 물질문명과 테크놀로지, 여가·오락 및 커뮤니케이션 방식, 국제관계 등은 모두 인간이 만든 환경이다. 사회마다 다른 다양한 가치관과 규범, 주거양식과 의복 유형, 사회제도 등은 개인의 사회화 과정과 일상생활에 거의 절대적인 영향을 미친다. 이러한 온갖 사회 환경을 한마디로 **문화**라고 부른다. 흔히 사회는 인간들의 집합체라고 하지만, 개개인의 단순한 집합은 아니다. 다수의 개인이 모여 하나의 사회를 이루려면 공통의 문화와 공동체 의식을 가지고 있어야 한다.

문화는 새로운 구성원의 사회화 과정과 내용에 결정적인 영향을 미친다. 인간을 생물학적 존재에서 사회적 존재로 변화시켜 주는 **사회화**는 곧 문화의 습득 또는 전승 과정이다. 세대에서 세대로 이어지는 동안 구성원들은 문화를 내면화하면서 거기에 나름대로의 창의적 변용을 가미한다. 변화의 범위나 속도는 시대에 따라 또는 사회마다 다르지만, 낡은 것을 버리고 새것을 보태는 인간의 문화적 재창조는 끊임없이 이루어진다.

의식구조와 테크놀로지

의식구조와 테크놀로지, 그리고 조직과 제도는 크게 보면 문화의 일부지만 사회에서 특별히 중요한 의미를 지니므로 각각 별도로 살펴본다.

문화에 가장 큰 영향을 미치는 것은 구성원들의 의식구조와 테크놀로지이다. 역사적으로 보면, 인간의 생각과 상상이 새로운 테크놀로지를 낳고, 새로운 테크놀로지는 다시 인간의 의식을 변화시켜 왔다. 어느 사회의 의식구조는 곧 사회적 성취욕구의 수준을 결정하여 사회발전 정도에 큰 영향을 미친다. 의식구조는 분석적으로 보면 가치관, 인지성향, 태도 등으로 구분해 볼 수 있다.

가치관이란 삶이나 어떤 대상에 대해 무엇이 좋고, 옳고, 아름답고, 중요한 것인지 판단하는 기준을 말하는데, 이는 개인마다 다르고 사회마다 다르다. **인지성향**이란 개인이 자신의 기존 지식으로 외부환경을 해석하고 또 외부환경에 따라 자신의 기존 지식을 변형시키는 성향을 일컫는 말이다. 인지성향이 다르면 같은 현상을 보더라도 서로 다르게 인식한다. **태도**는 일상생활 과정에서 다른 사람이나 어떤 대상 혹은 사회적 쟁점에 대해 갖는 마음가짐이다. 가치관과 인지성향을 바탕으로 태도가 형성되고 구체적 행위양식이 나타나게 된다.

테크놀로지의 어원은 그리스어인 테크네(techne)인데, 이는 인간 정신의 외적인 것을 생산하기 위한 실천을 뜻한다. 그러므로 테크놀로지란 기본적으로 특정 분야의 지식을 실용화하는 방법론 또는 실제적 목적을 위해 과학지식을 공학적으로 적용하는 방법론을 말한다. 나아가 과학적 지식을 이용해 개발된 기계 장치 및 도구, 또는 공학적 장치의 조직 및 관리 방법 등을 지칭하기도 한다.

조직과 제도

사회란 오랜 세월에 걸쳐 수많은 개인과 개인의 지속적인 상호작용(interaction)을 통해 형성된다. **상호작용**이란 작용과 그에 대한 반작용이 한데 묶여서 이루어지는 "행위의 주고받음"을 뜻한다. 이것이 반복해 이루어지다 보면 어떤 규칙 또는 질서가 나타내게 된다. 상호작용에 참여하는 사람들 사이에 형성되는 일정한 유형을 **사회적 관계**(social relationship)라고 한다. 사회적 관계는 곧 남자와 여자, 남편과 아내, 형과 동생, 사장과 직원, 교수와 학생 등과 같은 **사회적 지위**(social status)를 낳게 된다.

사회적 상호작용이 규칙적으로 반복되는 과정에서 공유하게 된 행위의 기준을 **규범**(norm)이라고 하며, 상호 관련된 수많은 규범의 유형화된 체계를 **사회제도**(social institution)라고 한다. 사회제도에 따른 목적을 달성하기 위해 의도적·체계적으로 형성된 개인들의 집단을 **사회조직**(social organization)이라고 한다. **사**

회구조(social structure)는 사회조직의 틀이 전반적으로 뚜렷하고 체계적인 뼈대를 갖춘 모습을 말한다.

사회 속의 개인은 각자 별개로 존재하는 것이 아니라, 위와 같이 복잡한 양상으로 모두가 수많은 조직과 제도 속에 긴밀하게 서로 연결되어 있다. 사회의 특성이란 개개인의 퍼스낼리티(personality)뿐만 아니라 이들이 서로 연결된 짜임새의 모습을 말한다. 국가의 발전은 개인 역량은 물론 사회제도와 조직이나 구조가 얼마나 치밀하고 효율적으로 작동하는가에 달려 있다. 미래에 한국이 선진국으로 도약하려면, 새로운 시대에 부응하는 인간형을 길러내고, 미래사회에 적합한 조직과 제도와 구조를 창안해 나가는 것이 무엇보다 중요하다.

③ 사회를 보는 세 가지 패러다임

사회실재론과 사회명목론

사회는 실제로 존재하는가? 이 질문에 대해서는 두 가지 상반된 이론이 있다. 많은 학자들은 "사회란 개인들로 구성되지만 단순한 개개인의 합을 넘어서는 독립적인 실체로 존재한다"고 주장한다. 이러한 이론을 **사회실재론**(social realism)이라고 한다. 사회실재론에 따르면, 사회는 개개인의 특성과는 전혀 다른 새로운 특성을 지닐 뿐 아니라 사회적 실재로서 구성원들의 삶을 규정하고 좌우하는 구속력을 행사한다는 것이다. 이러한 이론은 개인을 초월하여 집단을 중시하는 집단주의의 토대가 될 수 있다.

　이와 반대로 "사회란 단지 개인들의 집합체를 부르는 이름일 뿐, 사회라는 실체가 존재하는 것은 아니다"라고 보는 이론을 **사회명목론**(social nominalism)이라고 한다. 사회명목론은 실제로 존재하는 것은 개인뿐이며 사회란 구성원들 전체를 통틀어 부르는 이름에 불과하다고 주장한다. 이것은 사회에 대한 개인의 우월성을 강조함으로써, 사회구조적 특성이 개인의 행위를 제약하거나 개인에게 영향을 미친다는 것을 인정하지 않는다. 이러한 이론은 개인주의와 자유주의의 토대가 된다.

　이처럼 대조적인 두 가지 이론에는 모두 일견 타당한 측면이 있다. 개인은 분명히 자율적 존재로서 사회로부터 독립적으로 행동하고 있지만, 실제로는 누구든지 항상 다른 사람과의 관계를 의식하면서 스스로 자신이 속한 사회의 구조적 제약 안에서 행동한다. 요컨대, 개인과 사회는 상호 분리하여 생각할 수 없는 근원적 관련을 맺고 있다. 개인이 있어서 사회가 있는 것도 아니고 사회가 있어서 개인이 있는 것도 아니다. 그러므로 개인 또는 사회 어느 한쪽만을 실체로 인식하는 극단적 태도는 사회의 본질을 올바로 이해하는 데 유용하지 못하다. 오히려 개인과 사회를 서로 떨어질 수 없는 관계로 인식하고 이들이 서로 어떻게 영향을 주고받는지 파악하는 것이 더 중요하다.

　이론은 경험적 관찰에서 형성되는데, 사회현상에 대한 사람들의 경험은 저마다 모두 다르다. 그러므로 각 사람마다 사회를 보는 입장이 다를 수밖에 없는데, 어떤 사람이 사회를 보는 입장을 그 사람의 **시각**(perspective) 또는 **관점**(point of view)이라고 한다. 수많은 사람들의 집합체인 사회는 대단히 다양하고 복잡하므로 관점에 따라 여러 가지 다른 모습으로 보이기 마련이다. 그러나 사람들은 대부분 자신의 경험과 지식을 바탕으로 이해한 사회 현상을 객관적 실재(reality)라고 믿는다. 각각의 관점에서 보는 사회는 모두 나름대로 사실적인 일면을 지니고 있지만, 그것이 곧 전체적인 객관적 실체는 아니다.

어떤 관점에서 보느냐에 따라 사회를 설명하는 서로 다른 다양한 이론적 체계들이 있는데, 이러한 이론적 체계를 학문적 패러다임이라고 한다. **사회적 패러다임**(social paradigm)이란 "사람들의 견해와 사고방식을 근본적으로 규정하는 인식의 체계 또는 틀"을 말한다. 보는 틀에 따라 사회는 전혀 다른 모습으로 보이며, 연구하는 방법도 달라지게 마련이다. 지금까지 사회현상들을 이해하거나 설명하고자 했던 수많은 이론들을 개관해 보면, 사회체계론, 갈등론, 상호작용론이라는 세 가지 주요한 **학문적 패러다임**으로 대별할 수 있다.

사회체계론적 패러다임

사회체계론적 패러다임은 우선 사회를 객관적 실체로 인식한다. 사회란 수많은 개인들이 각자 맡은 역할을 잘 수행할 수 있도록 상호 유기적으로 통합되고 안정된 구조라고 본다. 사회는 모든 구성원들 공통의 이해관계를 달성하기 위한 가치합의에 바탕을 두고 있으며, 모든 구성원들은 구조화된 틀 가운데서 각자 차지하는 지위에 따라 기능적으로 움직이고 있다는 것이다.

　사회체계론적 시각에서 보면, 사회도 하나의 객관적 실체이므로 자연과학과 동일한 방법으로 객관적인 법칙성을 탐구하는 것이 가능하다. 그러나 이때 경험적 연구과정에 연구자의 가치를 개입시키지 않고, 사실과 가치를 구분하며, 중립성을 유지하는 것이 무엇보다 중요하다. 사회현상을 과학적으로 엄밀히 분석하기 위하여 흔히 추상적 개념을 객관적으로 측정할 수 있도록 **조작화**(operationalize)하고 계량화하며, 경험적 관찰 자료들을 통계적으로 분석하는 방법을 주로 사용한다.

　이러한 입장은 콩트나 뒤르켕(Emile Durkheim) 이래 **실증주의적·경험주의적**(empirical) 사회과학으로 전통을 이어오고 있으며, 사회의 안정과 질서를 연구하는 데 유용하다.

갈등론적 패러다임

　갈등론적 패러다임은 사회를 가치합의에 바탕을 둔 실체라기보다는 이해집단 간의 총체적인 역사구조로 파악한다. 그러므로 사회구조에 대한 통계적 분석보다는 사회 내 개인 및 집단들 간의 경쟁적 갈등 현상에 초점을 맞추어 사회현상을 설명하고자 한다. 누구나 원하지만, 누구나 가질 수는 없는 희소자원의 불평등한 분배로 인해 갈등이 발생하며, 구체적으로는 소작농 대 지주, 노동자 대 자본가 등 사회적 지위(social status)의 차이에 따른 집단 간 갈등이 일어난다는 것이다. 그러므로 사회는 늘 불안정하고 끊임없이 새로운 균형을 찾아 변하고 있다고 본다.

　갈등론적 패러다임에 따르면, 사회현상을 본질적으로 이해하기 위해서는 겉으로 드러난 안정된 모습만 보아서는 안 되며, 그 속에 내재된 여러 현상 간의 역학관계 및 의미의 유관 적합성을 파악해야 한다. 그리고 사회체계를 구성하는 데 미치는 집단 간의 영향력 관계를 올바로 인식하는 것이 중요하므로, 갈등론적 패러다임은 어떤 것이 바람직한지 규범적 이론을 중시한다. 사회를 연구하기 위해서는 집단 간 역학관계에 대한 변증법적 분석과 역사적이고 총체적인 접근법을 사용한다.

이러한 입장은 주로 마르크스(Karl Marx)의 전통을 이어받은 **비판적**(critical) 사회학의 바탕을 이루고 있으며, 사람들이 왜, 어떻게 하여 사회규칙을 어기거나 바꾸려고 노력하는지 설명하는 데 유용하다.

상호작용론적 패러다임

상호작용론적 패러다임은 사회현상을 객관적 실체라기보다 상호주관적 의식의 세계로 보고, 사회구성원들이 서로 주고받는 상호작용과정으로서의 사회생활에 초점을 맞추어 사회를 연구한다. 사회는 실체가 없는 것이므로 구성원들이 공통적으로 규정하고 있는 사회적 상황이 어떤 것인지를 분석한다. 상호작용론에 따르면, 사회현상을 설명하기 위해서는 관련 행위자들의 의식과 그들 사이의 사회적 상호작용 과정을 이해하는 것이 중요하다.

상호작용론적 패러다임은 사회현상을 이해하거나 설명하려고 할 때 무엇보다도 행위자의 가치와 의미해석을 중시하며, 관찰자의 객관성을 강조한다. 따라서 사회현상을 분석하고 규명하기 위하여 주로 참여관찰과 같은 질적, 비조작적, 불개입적 방법 등을 사용한다.

이와 같은 입장은 베버(Max Weber)의 학문적 전통을 이어받은 **해석적**(interpretative) 사회학을 대표하는 것으로서, 사회생활의 규칙이 형성되는 방식들을 이해하는 데 특별히 유용하다.

위에서 설명한 세 가지 패러다임의 주요 논점들을 정리해 보면 <표 2-1>과 같다.

표 2-1 사회를 보는 세 가지 패러다임 비교

시각 구분	사회체계론	갈등론	상호작용론
존재론적	사회실재론	이해갈등	사회명목론
인식론적	과학주의	집단간 역학관계	상호작용
가치론적	가치중립성	규범적 이론	행위자의 가치
연구대상	사회구조/법칙	사회적 불평등	주관적 의식
연구방법	통계적 방범	변증법적 방법	동기/의미해석

사회를 보는 올바른 시각

사람들이 어떤 사회현상의 본질이나 원인에 대해 논쟁하는 것을 보노라면, 마치 여섯 맹인이 코끼리의 상아 · 코 · 배 · 귀 · 다리 · 꼬리 중 어느 부분을 만져보았느냐에 따라, 각각 코끼리를 창·뱀·벽·부채·기둥·로프와 같다고 서로 다르게 주장했다는 인도의 우화를 연상하게 된다. 만약 코끼리가 가만히 서 있지 않고 움직이고 있었다면, 맹인들의 주장은 훨씬 더 복잡했을 것이다. 각 부위 근육의 움직임과 흔들림은 그들을 더욱 혼란스럽게 했을 것이기 때문이다.

대부분 사람들은 자기가 세상을 가장 객관적이고 정확하게 잘 알고 있다고 믿지만, 사실 인간의 인식능력은 불완전하다. 또한 세상의 한쪽 측면에서 어느 한 부분만을 보면서 그것이 전체 세상인 양 착각하기 쉽다. 같은 방 안에 있더라도 어느 쪽 창문을 통해서 내다보느냐에 따라 다른 경치를 보게 되는 것처럼, 관점에 따라 사회현상은 다르게 보일 수 있다.

사회명목론과 사회실재론의 논쟁이란 사회를 인식하는 방법론적 차원의 문제일 뿐, 실제 사회의 존재에 대해서는 별 의미를 갖지 못한다. 사회실재론이 주장하듯이 인간의 행동은 분명히 사회구조에 의한 제약을 받고 있다. 그러나 인간의 행동에 따라 사회구조가 바뀐다는 사회명목론의 주장 또한 사실이다. 중요한 것은 어느 이론이 맞느냐가 아니라, 각 이론이 인간과 사회를 서로 다른 관점에서 설명하고 있음을 인식하는 일이다. 양자는 대립적인 이론이 아니라 사회를 이해하는 데 다른 측면을 상호보완적으로 설명하고 있음을 깨닫는 것이 중요하다.

인간의 태도나 행동은 대단히 복잡하고 미묘하여 진실로 이해하기 어렵다. 그러한 인간들의 상호작용으로 이루어지는 사회현상은 더욱 복잡하고 파악하기 어렵다. 그러므로 관점에 따라 동일한 현상이 전혀 다르게 보일 수도 있다. 사회는 거시적으로 보면 안정돼 있고, 미시적으로 보면 끊임없이 변하고 있다. 사회는 대단히 복합적이기 때문에 있는 대로 보기 어렵고, 보는 대로 보이기 쉽다. 즉, 사회는 어떤 패러다임으로 보느냐에 따라 얼마든지 다르게 보일 수 있다.

사회는 구성원들의 가치합의에 따라 질서정연하고 안정돼 있다고 생각하면, 당연히 그렇게 보인다. 그러나 사회는 갈등이 많고 끊임없이 변하는 곳이라 생각하고 보면 또한 그렇게 보인다. 왜냐하면 모든 사회에는 합의와 갈등, 안정과 변화가 늘 함께 있기 때문이다. 비유컨대, 푸른 안경을 쓰고 세상을 보면 모든 게 푸르게 보이고 붉은 안경을 쓰고 보면 모두 붉게 보이지만, 사실 세상은 푸르거나 붉지만 않으며 다양한 색깔을 지니고 있는 것이다.

보수적이란 본래 안정을 중시하여 조심스럽고 신중한 성향을 말하고, **진보적**이란 늘 진취적으로 새로운 것을 시도하려는 성향을 말한다. 보수는 안정을 추구하여 발전성이 적고, 진보는 새로운 변화를 추구하다 실수하기 쉽다. 양자에 모두 장단점이 있으니 서로 진지하게 토론하며 상호영향을 주고받을 수 있어야 한다. 그런데 최근 한국에서는 양극단 세력이 득세하여 상호배타적이며 서로 적대시하고 있다. 나라가 발전하려면 극단 세력이 아니라 다원주의적이고 균형 잡힌 사고를 하는 건전한 사람들이 다수가 되어 목소리를 낼 수 있어야 한다. 서로가 상대방의 말에 귀 기울이며 왜 나와 다르게 생각하는지 진지하게 자신을 성찰하는 지혜가 필요하다.

18세기 계몽주의 사상의 두 거장인 철학자 데이비드 흄(David

Hume, 1711~1776)과 경제학자 애덤 스미스(Adam Smith, 1723~ 1790)의 아름다운 우정은 많은 사람들에게 감동을 준다. 흄은 무신론자이고 보수적인 토리당을 지지한 반면, 스미스는 기독교인이고 진보적인 휘그당 지지자였다. 그러나 두 사람은 서로 존중하며 흄이 사망할 때까지 27년간이나 아름다운 우정을 나누었다. 종교도 다르고 이념도 다른 두 사람이 평생 우정을 나눌 수 있었던 것은 서로가 다름을 존중했기에 가능했을 것이다. 그들의 우정은 서로의 사상을 더욱 영글고 탄탄하게 하며 서로의 삶을 풍요롭게 했다.

　사회학은 사회를 과학적으로 연구하는 학문이지만, 사회를 연구할 때 어느 쪽을 중시해야 할지 이론적 딜레마는 곳곳에 잠복해 있다. 사회와 개인, 구조와 행위, 합의와 갈등, 가치와 물질, 안정과 변화, 보수와 진보, 우파와 좌파, 성선설과 성악설, 선천적 특성과 후천적 사회성 등 사회를 바라보는 수많은 상반된 시각들이 있는데, 어떤 경우에도 어느 쪽은 맞고 다른 쪽은 틀린 것이 아니다. 각 이론은 사회의 서로 다른 측면을 강조하고 있으므로 다양한 시각으로 사회를 균형 있게 총체적으로 파악할 수 있어야 한다. 사회학은 복합 패러다임의 과학(a multiple paradigm science)이다.

미래는 어떻게 창조되는가?

시간이란 무엇인가?

시간의 개념과 종류

아우구스티누스(Aurelius Augustinus, 354~430)는 『고백록』에서 "만일 아무도 내게 묻지 않는다면 나는 시간이 무엇인지 알고 있다. 그러나 물어오는 사람에게 설명하려고 하면 나는 시간이 무엇인지 모르게 된다"라고 했다. 시간은 우리 일상생활에 너무나 당연한 것이지만, 시간이 무엇인지 설명하는 것은 정말 쉽지 않다.

사전에는 시간이란 "과거와 현재와 미래가 종으로 무한하게 유전(遺傳)하여 연속하는 것, 곧 사물의 현상이나 운동"이라고 설명돼 있다. 즉, 시간이란 과거에서 현재로, 그리고 미래로 일정한 빠르기로 무한히 연속적으로 이어지는 흐름이다. 또는 "사물의 변화를 인식하기 위한 개념"이라고 정의하기도 한다. 사실 연속적 흐름 속에서 사물의 위치나 상태의 변화에 대한 비교가 없다면 시간은 별 의미가 없을지 모른다.

그리스어에는 시간을 나타내는 단어가 몇 개 있는데, 그중 하나가 **크로노스**(chronos)이다. 이것은 흔히 우리가 아는 일반적 의미의 시간, 즉 가만히 있어도 흘러가는 자연적인 시간이다. 크로노스는 '시간의 냉혹한 아버지'라고 불리는 크로노스신과 동일시된다. 크로노스 신화는 모든 것을 집어삼키는 시간에 대한 두려움과 시간에 잡아먹히는 인간의 무력함을 보여준다. 시간에 대한 이러한 두려움 때문에 역사적으로 수많은 권력자들이 시간을 잡으려 했지만, 누구도 시간을 잡을 수는 없었다.

시간을 나타내는 그리스어 가운데 **카이로스**(kairos)라는 단어도 있는데, 이는 "적절한 순간 또는 기회"를 뜻한다. 기회의 신 카이로스는 발과 어깨에 날개를 달고 있는데, 이탈리아 토리노 박물관에 있는 카이로스의 조각상에는 다음과 같은 글이 새겨져 있다. "앞머리가 무성한 이유는 사람들로 하여금 내가 누구인지 금방 알아차리지 못하게 하고, 나를 발견했을 때는 쉽게 붙잡을 수 있도록 하기 위함이다. 뒷머리가 대머리인 이유는 내가 지나가고 나면 다시는 붙잡지 못하도록 하기 위함이다. 발에 날개가 달린 이유는 최대한 빨리 사라지기 위해서이다. 저울을 들고 있는 이유는 기회가 앞에 있을 때는 저울질 하여 정확히 판단하라는 의미이다. 날카로운 칼을 들고 있는 이유는 칼같이 결단하라는 의미이다. 나의 이름은 '기회'이다."

시간을 나타내는 또 다른 단어인 **호라**(hora)는 하루의 때를 나타내며, 복수형인 호라이(horai)는 계절의 변화를 담당하는 신의 이름으로 사용된다. 그러므로 호라는 인간을 치료하고 회복하는 시간을 의미한다. 크로노스는 인간이 잡을 수 없는 허무한 시간이지만, 카이로스와 호라는 기회와 치유의 손을 내미는 시간으로서 인간에게 다가오는 선물과도 같은 것이다.

크로노스는 수동적인 시간이고, 카이로스는 능동적인 시간이다. 우리는 흔히 "시간 나면 전화할 게~" 또는 "시간 날 때 한번 들릴 게~" 등의 말을 한다. 이것은 흘러가는 시간을 주체로 두고 내가 그 흐름에 맞추겠다는 수동적인 의미이다. 반면에 "오후에 전화할 게~", "내일 시간 내서 들릴 게~"라는 말은 흐르는 시간에 맞추는 것이 아니라 능동적으로 시간을 관리하는 것이다. 카이로스의 시간에서 적절한 순간이나 기회를 포착하면, 그냥 흘러가 버릴 크로노스의 시간을 의미 있는 시간으로 바꿀 수 있다.

시간은 "나는" 것이 아니라 "내는" 것이다. 크로노스의 시간은 누구에게나 똑같이 하루 24시간이지만, 시간을 어떻게 관리하느냐에 따라 하루 12시간을 사는 사람도 있고 30시간을 사는 사람도 있다. 누구에게나 일생은 100년 전후지만, 50년을 사는 사람도 있고 500년을 사는 사람도 있고 수천 년을 사는 사람도 있다. 크로노스의 시간에 사느냐 카이로스의 시간을 사느냐, 그 선택은 행위자 자신의 몫이다. 지금 이 순간에도 카이로스는 바람처럼 우리 곁을 흘러가고 있지만, 오직 준비한 사람만이 그 기회의 시간을 잡을 수 있다.

세 가지 시간

어느 시인이 노래한 것처럼, 시간은 까마득한 역사의 흐름 속에 잠깐 나타났다가 순식간에 다시 역사의 어둠 속으로 사라져 간다. 시간은 눈에 보이지도 않고 잡히지도 않는다. 다만 사라질 뿐이다. 시간은 한 방향으로만 이동하며, 지나간 시간은 결코 다시 돌아오지 않는다. 역사로 기록될 뿐이다. 지나가 버린 시간을 통틀어 **과거**라고 한다. 아직 다가오지 않은 또는 앞으로 다가올 시간을 **미래**라고 한다. 지나가지도 않았고 다가오지도 않은 지금, 이 시간은 **현재**이다.

우리의 삶에는 세 가지 시간이 있는 것 같지만, 엄밀히 말하면 시간의 흐름에는 과거와 미래가 있을 뿐 현재는 없다고 볼 수 있다. '현재'는 과거와 미래를 잇는 어느 한순간의 이름일 뿐, 실재하는 시간이 아니기 때문이다. 역사의 어둠 속에 묻힌 과거는 다시 돌아올 수 없으며, 한번 시간의 역사에 기록된 사실은 결코 바뀌지 않는다. 과거는 절대로 바꿀 수 없고 현재는 찰나에 불과하므로, 결국 인간이 영향을 미칠 수 있는 시간은 미래뿐이다. 우리가 가장 관심을 가져야 할 시간도 바로 미래이다.

앞에서 말한 대로 시간의 의미는 "상태의 변화에 대한 비교"를 통해 드러난다. 그러므로 과거, 현재, 미래의 개념을 단순히 시간적 차원에서만 생각해서는 안 된다. 여기에 현상적인 의미가 더해져야 한다. 일상적으로 과거, 현재, 미래라고 할 때는 시간적 흐름 속에서 어느 위치를 나타낼 뿐 아니라 '어떤 시점에서의 현상이나 상태'를 뜻하는 것이다. 즉, 우리가 통상 말하는 '미래'는 다가올 어떤 시점을 지칭하는 것이 아니라, 그 시점에서의 삶의 상태를 말하는 것이다. 그러므로 일반적으로 정의하자면, 미래란 '아직 오지 않은 어떤 시간 또는 그때의 현상이나 상태'를 의미한다.

미래에 대한 관심이나 연구는 대개 시간적 차원에 현상적 차원이 더해진 미래를 대상으로 한다. 예컨대, 22세기에 대한 관심은 단순히 다음 세기의 도래에 관한 것이 아니라, 다음 세기에 맞이하게 될 인류의 생활환경이나 사회제도, 국제관계 등에 대한 것이다. 이러한 미래는 단순히 시간의 흐름에 따라 저절로 다가오는 객관적 대상이 아니라, 그 시간을 살아갈 행위자들이 현재 어떠한 주체적 의지를 가지고 있으며, 무엇을 선택하느냐에 따라 달라진다.

과거에 집착함은 어리석음이다. 과거는 이미 확정된 상태이므로 어떻게 할 수도 없는데 거기에 집착하는 것은 시간과 감정의 낭비일 뿐이다. 다만 미래의 교훈으로 삼기 위해 과거를 분석하고 반성하는 것은 의미 있는 일이다. 현재에 탐닉함은 어둠함이다. 현재는 순식간에 지나가는 찰나일 뿐인데, 여기에 탐닉하면 미래의 기회를 놓치게 된다. 미래를 구상함은 지혜로움이다. 미래는 인간이 영향을 미칠 수 있는 유일한 시간일 뿐 아니라, 오늘의 생각과 행동이 자신의 미래를 결정하기 때문이다.

② 미래란 무엇인가?

미래의 종류

미래를 예언하는 것이 가능할까? 점쟁이나 심령술사 등은 자신이 믿는 귀신에게 물어보거나 초능력으로 미래를 알아맞힐 수 있다고 한다. 그러나 그것은 사람을 호도하는 것일 뿐 사실은 가능하지 않다. 왜냐하면 미래는 확정된 것이 아닌데, 아직 결정되지도 않은 미래를 예언할 수는 없기 때문이다. 그러나 미래의 개념을 분석적으로 보면 어느 정도는 예측할 수 있는 미래도 있다. 통상 구분하지 않고 사용하지만, 미래의 개념에도 몇 가지 다른 차원이 있다. 미래는 그 실현가능성에 따라 결정론적 영역, 확률론적 영역, 불확정의 영역 등으로 구분될 수 있다.

첫째, **결정론적 영역**이란 뉴턴(Isaac Newton)의 고전역학이 적용되는 물리현상처럼 어떤 법칙에 의해 설명될 수 있는 영역이나, 장기적으로 계속되는 추세에서처럼 어느 정도 지속성을 예측할 수 있는 영역을 말한다. 예컨대, 계절의 변화 또는 지진이나 해일, 태풍 등은 물리적 법칙에 따른 예측이 가능하다. 이것은 **있음 직한 미래**(probable future)이며, 경험이나 객관적 자료 등 여러 가지를 근거로 판단해 볼 때, 현실로 나타날 가능성이 매우 큰 미래이다.

둘째, **확률론적 영역**이란 분명하지는 않지만, 상황의 전개에 대한 확률분포가 어느 정도 알려져 있는 영역을 말한다. 예컨대, 일기예보나 사람의 평균수명, 교통사고 등이 여기에 속할 것이다. 이것은 **있을 수 있는 미래**(possible future)로서, 가능성은 다를 수 있지만, 확률적으로 분명히 일어날 가능성이 있는 미래이다.

결정론적 영역과 확률론적 영역은 과거에서 현재, 그리고 미래의 시간 축으로 이어지는 연속성의 세계이다. 즉, 지나간 시간이 현재 또는 미래에 영향을 미치는 영역으로서, 예측과 전망의 대상이 될 수 있다. 지금까지 어떻게 변하여 왔는지 면밀히 관찰하고 분석함으로써 어떤 추세나 법칙을 찾아내면 미래를 예측할 수 있는 것이다.

셋째, **불확정의 영역**에 속하는 미래는 전혀 결정되지 않았기 때문에 예측할 수 없는 미래이다. 미래는 수많은 변수가 작용하여 만들어지는 결과물이다. 인간사회의 미래는 관련되는 변수가 너무나 많기 때문에 대부분 불확정의 영역에 속한다. 이 경우 행위자는 다만 자신이 원하는 대로의 미래가 이루어지기를 바랄 뿐이다. 이것은 어떤 특별한 근거 없이 행위자가 그렇게 되면 좋겠다고 생각하는 **바람직한 미래**(preferable or desirable future)이다.

'불확정의 영역'이란 과학적으로 예측하기 어렵고 인간이 영향을 미칠 수도 없는 미래영역이다. 이것은 확률론적 접근이 의미가 없거나 확률분포가 알려져 있지 않은 영역으로서, 미래가 오히려 현재에 영향을 미치는 불연속성의 세계이다. 예컨대, 천년왕국의 도래를 확신하고 있는 사람들은 현재의 삶이 아무리 고달파도 희망을 잃지 않으며 삶의 보람을 느낄 것이다. 미래에 혹시 일어날지도 모르는 사고에 대비하여 사람들은 현재 보험에 가입한다. 이러한 경우, 열심히 믿었기 때문에 천년왕국이 도래한다거나, 보험에 가입하였기 때문에 사고가 일어나는 것은 아니다. 즉, 현재가 미래에 영향을 미치는 것이 아니라 반대로 미래가 현재에 영향을 미치는 것이다.

미래를 전망한다고 하면서도 미래의 개념을 분명히 이해하지 못하면, 이러한 개념의 함정에 빠지기 쉽다. 자신이 보기에는 일어날 수밖에 없고 가장 바람직한 미래가 사실은 전혀 일어날 가능성조차 없는 미래이거나 바람직하지 않은 미래일 수도 있는 것이다. 바람직한 미래는 주관적 판단에 의한 것이므로 행위자의 판단기준이나 가치관에 따라 아주 다르게 그려질 수 있다. 예컨대, 자신의 전 재산을 걸고 도박을 하는 두 사람은 서로의 승리를 '있음 직한 미래'라고 상반되게 생각하고 있을 것이다. 조국의 독립을 위해 목숨을 바치는 투사는 '있을 수 있는 미래'의 조그마한 가능성을 바라보고 있는 것이다. 독재자는 자신의 강력한 통치 아래 국가가 안정을 이룩하는 것이 곧 발전이며 '바람직한 미래'라고 확신하고 있을 것이다. 그러나 민주화운동을 하는 사람의 입장에서 보면, 오히려 독재자의 몰락이 바람직한 미래가 될 것이다.

미래전망의 원리

미래연구의 대상은 구체적 현상이 아니라, 미래의 어떤 시점에 추정되는 상태이다. 그렇다면 확정되지도 않은 상태를 전망하는 것이 과연 가능할까? 결정론적 영역과 확률론적 영역의 미래는 타당하고 신뢰할 수 있는 객관적 자료를 분석함으로써 어느 정도 예측가능하다. 얼마나 충실한 자료를 확보하느냐가 관건인

데, 과거의 자료를 가지고 어떻게 미래를 전망할 수 있을까? 미래를 전망하는 기법은 학자들에 따라서 다양하고, 널리 쓰이는 기법들만 해도 수십 가지나 된다. 그러나 수많은 기법들의 바탕에 깔린 미래전망의 기본적 원리는 크게 세 가지로 요약될 수 있다.

미래연구의 첫 번째 원리는 과거, 현재, 미래를 하나의 시간축 위에 연속되어 나타나는 현상이라고 보는 **연속성의 원리**(The Principle of Continuity)이다. 그러나 이 원리가 모든 것이 변하지 않고 그대로 남아 있다거나 반복된다는 정태적 시각을 의미하는 것은 아니다. 오히려 변하는 것이 더 많지만, 그 변화는 과거의 어떤 추세에 따라 연속해서 이루어질 것으로 가정하는 것이다. 이것은 미래학자들이 미래를 전망할 때 흔히 사용하는 가장 보편적이고 기본적인 원리이다.

연속성의 원리에 입각하여 미래를 예측하는 방법을 **추세외삽적 예측**(extrapolative forecasting)이라고 한다. 이것은 과거부터 현재에 이르기까지의 시계열분석 자료에 입각하여 미래의 변화를 투사하는 기법이다. 추세외삽적 예측은 과거에 관찰된 추세가 미래에도 계속될 것이라는 지속성과 규칙성을 가정하는 것이다. 여기서는 분석에 사용되는 자료가 얼마나 장기적이고 충실한가 하는 점이 무엇보다 중요하다. 예컨대, 10년 후를 전망하기 위해서는 지난 5년의 자료를 분석하는 것보다 지난 30년의 자료를 바탕으로 전망하는 것이 더 정확할 가능성이 크다.

미래 연구의 두 번째 원리는 **유추의 원리**(The Principle of Analogy)이다. 즉, 모든 현상에는 발생의 인과적 연관성과 순서가 있으며, 제반 현상 간의 인과관계 및 발생 순서를 관찰하면 미래에 일어날 사건이나 현상을 예측할 수 있다고 보는 것이다. 예컨대, '갑'이라는 현상이 일어나고 이어서 '을'이라는 현상이 나타났는데 이 두 가지 현상 간에 인과관계가 있었던 것으로 밝혀졌다면, 미래에 '갑'과 유사한 현상이 일어날 때는 곧 '을'과 유사한 현상이 뒤따를 것으로 예측할 수 있다는 것이다.

유추의 원리를 이용하여 미래를 예측하는 방법이 바로 **이론적 예측**(theoretical forecasting)이다. 이것은 실증 가능한 어떤 법칙이나 일반화된 이론에 근거하여, 유사한 상황에서 인과법칙을 적용함으로써 미래를 예측하는 방법이다. 추세외삽적 예측이 귀납적 방법에 따라 미래를 예측하는 것이라면, 이론적 예측은 일반적 원리나 법칙에 따라 미래를 추론하는 연역적 절차를 취하는 것이다.

그러나 불확정의 영역에 속하는 미래는 과거의 자료 분석으로 전망하기가 어렵다. 이 경우에 많이 사용되는 방법이 바로 세 번째 원리인 **직관적 예측**(intuitive forecasting)이다. 추세외삽적 방법과 이론적 방법이 경험적 자료나 이론에 의존하는 반면, 직관적 예측은 주관적 판단에 따라 미래를 전망하는 방법이다. 이것은 귀납법이나 연역법에 의한 추론이 아니라, 연구자의 통찰력에 의존한다. 인간의 두뇌는 슈퍼컴퓨터와도 같아서 끊임없이 입력되는 수많은 자료를 자신도 모르는 사이에 분류하고 종합함으로써, 본능적 지각능력과 창조적 분석력을 가지고 있다. 한 분야를 오래 연구한 전문가는 그 분야에 관한 수많은 자료를 보며 연구결과를 축적해 왔기 때문에 특별한 직관력을 가질 수 있는 것이다. 직관적 예측에 의한 대표적 연구로는 토플러(Alvin Toffler)의 《권력이동》(Power Shift)을 들 수 있다.

불확정 영역의 미래는 외부적 여건보다 행위자의 가치와 선택에 따라 크게 달라질 수 있다. 그러므로 이 경우에는 미래를 예측하거나 전망하기보다 행위자들의 생각과 행동을 어떻게 바꿀 수 있느냐가 중요하다. 즉, 외생적 요인을 분석해 추세를 파악하기보다 구성원들의 의지와 노력으로 어떠한 미래를 만들어 나갈 것인지 기획하고 설득하는 일이 더욱 중요하다. 미래연구에 특별히 관심을 가져야 할 이유도 바로 여기에 있다.

미래는 어떻게 연구하는가?

미래에 대한 관심

과거는 실재하는 어떤 상태를 말하므로 사실의 영역에 속하지만, 미래는 실재가 아닌 관념의 세계이다. 미래에 대해서는 희망이나 의지 또는 개연성을 말할 수 있을 뿐, 확실한 지식이 있을 수 없다. 그럼에도 불구하고 인간이 가장 관심을 가져야 할 중요한 시간은 바로 미래다. 인간이 관심을 가지면 바꿀 수 있는 상태는 미래밖에 없기 때문이다.

미래에 대한 인간의 관심은 아주 오래전부터 있어왔다. 인간은 다른 동물과 달리 사고할 수 있는 능력을 지니고 있다. 이것은 인간을 만물의 영장이 되게 하는 뛰어난 능력인 동시에, 삶에 불안과 고뇌를 가져다주는 요인이기도 하다. 시간을 초월하여 생각은 할 수 있는데 앞을 내다볼 수 있는 능력은 없기 때문이다.

미래에 대한 관심과 소망은 일찍이 고대 철학자들에게서도 찾아볼 수 있다. 특히 플라톤은 《공화국》에서 "정의란 무엇이며, 어떻게 성취될 수 있는가?"라는 질문을 제기하고 해답을 추구하면서, 철인왕이 지배하는 이상적 사회를 그렸다. 이것은 그 후 수 세기에 걸쳐 계속된 이상향(Utopia)과 디스토피아(Dystopia)에 관한 논쟁의 시작이었다.

기독교는 미래에 관한 인간의 사고에 세 가지 중요한 영향을 미쳤다. 첫째는 미래에 대한 **계시론적**(apocalyptic) 접근을 하게 했다. 《요한 계시록》은 주로 이 세상과 앞으로 도래할 세상을 엄격히 구분해 대비시키면서 생생한 상징들로 가득 찬 미래를 보여주었다. 이러한 계시적 내용은 현세에 대한 부정, 운명론, 잡다한 세속적 일로부터의 탈피 등과 같은 정서를 낳았으며, 대파국 이후의 기적적 구원에 대한 소망을 갖게 했다.

둘째, 미래에 대한 **목적론적**(teleological) 사고를 하게 했다. 미래는 우주에 내재한 원초적 목적에 따라 정해진 목표를 향해 나아가고 있는데, 그 목적은 바로 창조주의 뜻일 수 있다는 것이다. 인간의 운명은 태어날 때부터 예정되어 있지만, 누구도 자신의 운명을 알 수는 없으므로 신의 뜻에 합당하도록 경건하게 성실히 살아가면 된다고 했다.

셋째, 미래에 대한 **예언자적**(prophetic) 접근이다. 구약시대의 선지자들은 미래의 엄청난 재앙을 선포하면서도 그것은 인간이 얼마나 하나님을 믿고 그 뜻에 부합하는 행동을 하느냐에 따라 달라질 수 있다고 예언하였다. 그들은 미래를 아직 확정되지 않은 영역으로 묘사함으로써, 현재 인간의 행위들을 변화시키려는 의도를 강하게 지니고 있었다. 그들은 미래란 결정되어있는 것이 아니라, 인간들 스스로 형성해 나가는 것임을 알고 있었던 것 같다.

미래에 관한 고대 서구의 이러한 사상들은 체계적인 학문으로 발전하지 못하고 로마제국의 몰락과 함께 꺾이고 말았다. 중세의 암흑기 동안 미래로 향한 모든 관심들이 지상보다는 하늘로 향하게 됐기 때문이다. 이 시기에는 문화적 변동의 속도도 느렸고, 문명의 변화에 대한 관심도 미약하였다.

미래에 대한 인간의 관심은 14세기 르네상스 이후 되살아나게 된다. 특히 식민지 개척과 신대륙 발견은 미래연구에 대한 기대를 더욱 높여주었다. 토마스 모어(Thomas More)의《유토피아》는 플라톤의《공화국》과 함께 현대 미래학의 발전에 중요한 역할을 한 유토피아적 시각을 형성하였다. 1620년경에 저술된 베이컨(Francis Bacon)의《새로운 아틀란티스》는 벤살렘(Bensalem)이라는 상상의 섬에 과학에 바탕을 둔 이상적인 공동체를 그린 것으로서, 인간문제의 해결에 헌신하는 연구소를 묘사했다.

18세기 이후 서구 사회를 휩쓴 진화론과 진보 사상은 미래에 대한 관심과 연구를 더욱 증폭시켰다. 머셔(Sebastien Mercier)는 1770년에 이미《서기 2440년》이라는 책을 출간했으며, "현재는 미래를 잉태하고 있다"는 그의 말이 유행어가 될 정도로 큰 반응을 불러일으켰다. 오늘날까지도 미래연구의 고전으로 일컬어지는 콩도르세(Marquis de Condorcet)의《인간정신의 진보에 관한 역사적 고찰》은 19세기와 20세기의 사회발전 과정을 상당 부분 정확히 맞췄을 뿐 아니라 21세기까지도 전망하였다.

미래연구의 중요성

미래에 대한 관심과 연구는 모든 과학의 본질적 목적이라고 해도 과언이 아니다. 각기 대상으로 하는 현상은 다르지만, 모든 과학의 목적은 어떤 법칙을 발견함으로써 예측력을 높이는 데 있기 때문이다. 미래에 대한 인간의 관심은 거의 본능적이다. 미래를 알 수 없으니 한편으로 불안하면서도 다른 한편으로는 새로운 희망을 가질 수 있기 때문이다. 과거를 연구하는 것도 단순히 일어났던 일을 설명하기 위해서가 아니라 미래를 예측하기 위해서이다.

미래는 결정되어있는 것이 아니므로 정확하게 예언할 수는 없다. 그러므로 미래연구의 목적은 어느 부분에 대한 구체적 예언(prediction)이 아니라 사회의 전반적인 모습을 예견(forecasting)하는 것이다. 앞에서는 미래를 결정론적 영역, 확률론적 영역, 불확정의 영역으로 나누어 설명했지만, 실제로 미래사회는 이들 다양한 영역들의 상호작용을 통하여 만들어진다. 그러므로 미래사회 연구란 가능한 부분적 예측을 근거로 전체를 전망하는 것이다.

미래의 일은 관련 행위자들이 믿고 실천하는 대로 이루어질 확률이 높다. 미래는 인간의 행위와 관계없이 저절로 전개되는 객관적 대상이 아니라, 행위자의 의지와 선택에 의해 만들어지는 것이기 때문이다. 즉, 미래사회는 부분적으로는 인간에 의해 창조되는 것이다. 미래연구가 중요한 이유도 바로 여기에 있다.

미래연구는 미래사회라는 건축물을 짓기 위한 설계도에 비유될 수 있을 것이다. 설계도에 나타나는 하나하나의 벽돌이나 건축자재는 인간의 행위나 정책적 선택과 같다. 실제 건축과정에서 모든 자재선택이나 건축공법이 완벽하게 설계대로 될 수는 없다. 때로는 유사한 다른 자재로 대체되기도 하고, 설계 자체가 변경되기도 한다. 그러나 처음부터 설계도 없이 그때그때 상황에 적절히 대응하면서 건축하는 방식과 미흡한 설계도라도 가지고 시작하는 경우를 비교해 본다면, 어느 쪽이 더 나은 건축물을 완성할 수 있을지는 자명하다. 미래연구가 아무리 어렵고 정확성이 떨어진다고 하더라도 건축의 설계도와 같으므로 그 중요성을 결코 과소평가해서는 안 된다. 그러나 설계도가 아무리 훌륭해도 건축이 뒤따르지 않으면 종잇조각에 불과한 것처럼, 아무리 훌륭한 미래연구라 하더라도 정책적으로 채택되지 않거나 사회적 합의가 이루어지지 않으면 아무 소용이 없다.

미래연구의 결과는 그 자체로서 정책방향을 제시해 주고, 구체적 정책과제 도출을 가능하게 하는 바탕이 된다. 또한 의사결정권자를 움직이거나 다양한 이해관계 집단들을 설득할 수 있는 근거가 되기도 한다. 20세기 중반 이후 미래연구에 대한 관심이 고조되고, 여러 나라에서 미래연구에 국가적 차원의 지원을 아끼지 않고 있는 것은 바로 미래연구의 중요성을 잘 보여주고 있다. 미래연구는 국가적 차원에서뿐 아니라, 개인적 차원에서도 대단히 중요하다. "사회변동의 전체 흐름을 인지하고 있느냐 전혀 모르고 있느냐" 하는 것은 "자신이 가는 길의 방향을 알고 가느냐, 모르고 가느냐?"와 마찬가지이기 때문이다.

아직 구체화되지 않은 불확정의 미래를 어찌 연구의 대상으로 삼을 수 있는가? 역설적으로 들릴지 모르지만, 미래는 실재현상이 아니라 확정되지 않은 가능성의 세계이기 때문에 미래에 대한 연구가 더욱 중요하다. 미래연구는 현재 행위자의 선택이나 행위에 따라 미래가 달라질 수 있다는 신념에서 출발한다. 그리고 오늘의 결정이 내일 어떤 결과를 초래할지 체계적으로 탐색할 수 있게 해 준다. 이러한 과정을 통해 우리가 원하는 미래를 창조해 나갈 수 있다.

미래연구의 중요성에도 불구하고 미래를 연구하는 것이 결코 쉬운 일은 아니다. 무엇보다도 미래는 불확정의 영역이어서 구체적 사실보다 확실하게 알 수 없는 부분이 더 많기 때문이다. 시간적 연속선 위에서 있을 법한 미래를 연구한다고 하지만, 전혀 기대치 않았던 사건이나 불연속적 변화도 얼마든지 있을 수 있다. 최근의 역사적 경험만 보더라도, 실제로 제2차 세계대전이나 동·서독의 통일, 구소련의 해체 등 세계를 뒤바꿀 만한 큰 사건들조차 사건이 일어나기 직전까지 전혀 예측되지 못했던 것이다.

미래연구에서 또 다른 어려움은 '바람직한 미래'를 그리는 연구가 자칫하면 현실을 호도하는 장밋빛 미래로 흐를 수 있다는 점이다. 미래연구가 선동이나 현실호도 등의 정치적 목적이나 특정집단의 이해관계에 이용될 수도 있고, 실제로 그러한 사례가 없지도 않다. 경우에 따라서는 본의 아니게 연구자의 가치판단이 개입되어 주관적·편파적 연구로 전락할 수도 있다. 그러나 이처

럼 현실적 어려움이 크다고 하여 미래연구를 백안시하거나 도외
시해서는 안 된다. 가끔은 잘못된 미래연구도 나오겠지만, 전체
적으로는 미래연구가 새로운 미래창조에 대단히 중요하기 때문
이다.

미래연구의 의의와 영역

오늘날처럼 사회변동의 속도가 빠르고, 변화의 폭이 크며, 미
래가 불안정할수록 미래연구는 더욱 중요하다. 미래연구는 단순
히 미래 어느 시점의 상태를 예측하기 위한 것이 아니다. 미래연
구는 가능한 여러 가지 **대안적 미래들**(alternative futures)을 보여줌
으로써, 바람직한 미래에 대한 구성원들의 합의를 도출하고, 이
러한 미래를 이루기 위한 전략과 구체적 방안들을 모색하는 수단
이다. 다시 말하면, 어떤 정책을 선택하고 자원배분을 어떻게 하
느냐에 따라 사회 환경이 어떻게 달라지고, 행위양식과 제도를
어떻게 바꾸느냐에 따라 성원들의 삶의 모습은 어떻게 변할 것인
지 다양하게 분석함으로써, 현재 취해야 할 최선의 선택이 무엇
인지 보여주는 것이다. 그러므로 미래연구의 가장 큰 의의는 예
측이 아니라 탐색, 선택, 합의, 전략수립에 있다.

미래연구는 개인이나 국가적 차원에서 이루어질 수도 있고,
세계적 차원에서 가능한 미래들을 예측하여 최선의 선택(desirable
future)이 이루어지도록 할 수도 있다. 미래연구는 원하는 미래를
이루어낼 수 있도록 자원동원 및 성원들의 노력을 극대화하기
위한 것이다. 미래연구의 목적은 예측이 아니라 대안모색에 있으

므로 정확한 예언이 아니라도 괜찮다. 전반적 변동의 추세를 알려주고, 가능하고 바람직한 미래의 상태를 그려주며, 실현을 위한 전략과 구체적으로 해야 할 일들을 제시해 줄 수 있다면, 그 자체로서 중요한 의미를 지닐 수 있는 것이다.

미래연구가 유용할 수 있다는 근거는 개인적 의사결정 과정을 생각해보면 쉽게 알 수 있다. 한 개인이 진학이나 취업 등 중요한 문제를 면밀히 분석하고 치밀한 계획을 세워 실천하면, 아무 계획 없이 할 때보다 훨씬 더 좋은 결과를 얻을 수 있다. 설령 미래전망이 치밀하지 못하거나 여건 및 의지가 부족해서 계획대로 실천하지 못하더라도, 계획 없이 살아가는 것보다는 훨씬 더 성공적일 가능성이 크다. 한 집단이나 국가적 차원에서는 더욱더 그러하다.

미래연구의 중요한 의의를 정리해 보면 다음과 같다. 첫째, 과거와 현재의 일반화된 경향이나 추세를 찾아냄으로써 예측의 수준과 질을 높인다. 둘째, 미래를 예측함으로써 예기치 못한 돌발 사태에 대비하고 이에 대응할 수 있는 지식을 제공한다. 셋째, 사회구성원들로 하여금 상상력과 창의력을 자극하는 미래지향적 사고의 틀을 갖게 한다. 넷째, 가능한 미래들을 찾아내어 비교·평가함으로써 성취 가능한 바람직한 미래의 모습을 제시한다. 다섯째, 바람직한 미래에 관한 사회구성원들의 공감대를 형성하고, 이를 구체화시킬 수 있는 방안을 모색할 수 있게 해준다.

미래의 어떤 현상을 다루든지 접근방법이나 태도에 따라 그 내용들을 구분해 보면, 미래에 대한 관심영역은 크게 세 가지로 나누어질 수 있다. 첫째는 **미래조사**(futures research)이다. 이것은 주로 계량적이고 분석적인 방법을 사용하여 미래를 탐구하거나 예측하고 계획하는 일이다. 둘째는 **미래연구**(futures studies)이다. 여기서는 미래를 전반적으로 조망하거나 개념들을 분명히 함으로써, 바람직한 미래상을 제시하고 성원들 간에 공감대를 넓히는 것을 중요시한다. 셋째는 **미래운동**(futures movement)으로서, 보다 나은 미래를 형성해 나가는 데 목적을 두는 실천적인 사회운동의 영역이다.

한국의 미래준비

한국과 일본을 잘 아는 어느 기자가 양국을 비교하면서 일본인들은 과거보다 미래에 더 관심을 가지는데, 한국인들은 과거에 더 집착하는 것 같다고 쓴 적이 있다. 일상적인 대화도 그렇지만, 서점에 가보면 일본에는 미래 관련 서적들이 더 많은데 한국에는 과거 관련 서적들이 훨씬 더 많다는 것이다. 이 기자의 분석이 얼마나 정확한지 모르겠지만, 최근 한국의 뉴스를 보면 정말 미래 관련 기사는 드물고 과거 이야기로 가득 차 있다.

문명사적 전환기를 맞이하여 선진국들은 디지털혁명에 대비하고 새로운 미래질서를 구축하느라 분주한데, 한국은 수십 년 전, 심지어는 수백 년 전 과거의 잘잘못을 따지는 데 집착하여 미래를 놓치고 있다. 10년, 20년 후의 미래에 대해서는 큰 관심을 보이지 않고, 역사학자들이 다루어야 할 과거의 일들을 쟁점화하여 국가적으로 그 일에 엄청난 자원과 에너지를 소모하고 있다.

나라가 발전하려면 다원주의적이고 미래지향적 사고를 하는 사람들이 다수가 되어야 한다. 국가의 안위와 국리민복을 다루는 정치에서는 더욱 그러하다. 미래를 준비하지 않는 민족에게 미래는 없다.

④ 미래학은 과학인가?

미래에 대한 인식의 변화

인간은 옛날부터 미래를 알 수 있는 방법을 찾아내려고 노력했다. 전통적인 미래예측 방법들 중 하나는 수정 구슬을 통하여 미래를 들여다보는 마법사 또는 신(神)을 불러 앞일을 묻는 심령술사나 무당에게 의지하는 것이었다. 그 외에도 별을 보고 점을 치는 점성술, 손금을 보고 그 사람의 장래를 예언하는 수상술, 두개골의 형상을 보고 사람의 운명을 점치는 골상학, 생년월일로 일생을 내다보는 사주 등이 널리 알려져 왔다. 수점(numerology)이나 새(鳥)점, 트럼프 점, 화투 점 등도 흔히 이용되어온 방법들이다. 그리스 시대에는 **오라클**(oracle)을 통하여 미래를 알 수 있다고 믿었다. 오라클이란 신이 미래를 나타내 보여주는 장소 또는 이러한 예언을 알려주는 사람(예언자)을 뜻한다.

19세기 이후 과학에 바탕을 둔 미래소설들이 많이 나오긴 했지만, 미래에 대한 체계적 연구의 중요성이 인식되기 시작한 것은 20세기 이후이다. 특히 1929년 미국의 후버(Herbert Hoover)

대통령이 위촉한 국가자원위원회(National Resources Committee)
가 천연자원 및 인적 자원 개발에 관한 일을 시작하면서 미래에
대한 관심이 높아졌다. 그리고 세계적인 대공황 이후, 사전에 적
절히 대비했더라면 증권시장의 폭락과 같은 파국은 피할 수도
있었을 것이라는 인식이 확산되면서 미래에 대한 연구가 학문적
관심을 끌기 시작했다.

　　미래연구가 사회적으로 널리 주목받게 된 계기는 제2차 세계
대전 중 미국이 추진한 **맨해튼 프로젝트**(Manhattan Project)가 성공
적인 결실을 맺은 것이었다. 이것은 아인슈타인의 상대성이론에
입각하여 원자탄을 개발하기 위한 연구였는데, 연구와 개발을 통
해 단기간에 큰 성취를 이룰 수 있음을 입증하였던 것이다. 여기
서 이른바 **연구개발**(R&D, Research and Development) 개념이 나타
나게 되었다.

　　머지않아 기업들도 연구개발 개념을 도입하여 R&D 부서
(think tank)를 설치하기 시작했다. 1946년 더글라스 항공사(Douglas
Aircraft Company)의 The Rand Corporation(Rand를 풀어서 읽으면
바로 R & D이다)을 필두로, 대기업들은 앞다투어 새로운 제품을
개발하기 위한 연구개발 부서를 만들고, 고급인력과 전문가들을
투입했다. 이러한 연구개발 부서들은 실제로 보다 나은 제품을
개발해 내는데 큰 성과를 거두었다. 특히 Rand는 모든 분야의
기술발전에 관해 깊이 연구하였으며, 델파이기법, 시나리오법 등
의 미래연구 방법을 개발해 냄으로써 이후 미래학의 발달에도
크게 기여하였다.

　　미국의 케네디(John F. Kennedy) 대통령은 1961년부터 국립

우주항공국(NASA)을 설립하고 우주개발에 착수했다. NASA는 1969년에 인간을 달에 착륙시키는 기념비적인 업적을 이루었다. 원자탄 개발과 인간의 달 착륙은 일회적 사건으로 끝난 것이 아니라, 인류의 운명과 일상생활을 바꾸어 놓은 혁명적 변화의 시작이었다. 이후 R&D는 미래를 바꿀 수 있는 개념으로 널리 알려졌으며, 미래학의 확산에 크게 기여하였다.

학자들은 미래에 대해 연구할수록 미래영역이 다양한 분야들 간에 상호 연관되어 있음을 알게 되고, 다양한 학문영역 간의 협조가 중요함을 깨닫게 되었다. 1961년 프랑스에서 **쥬브넬**(Bertrand de Jouvenel)을 중심으로 Futurible 협회가 창립되었으며, 1966년에는 미국 워싱턴에서 **세계미래학회**(World Future Society)가 결성되어, 「The Futurist」를 발간하는 등 미래연구를 위한 본격적인 활동을 시작했다. 특히 1968년에 세계 47개국의 과학자, 사업가, 정치인 등 100명이 결성한 **로마클럽**(The Club of Rome)은《성장의 한계》(The Limits to Growth, 1972)라는 보고서를 출간함으로써, 미래연구를 본격적인 궤도에 올려놓았다.

미래연구가 특별히 1960년대에 들어와서 활기를 띠게 된 데는 사회적 · 학문적 환경의 변화가 크게 작용했다. 우선 사회적으로 보면, 이 시기는 갖가지 시민운동이 일어나면서 변혁에 대한 인간능력의 한계를 경험한 역동과 동요의 시대였다. 선진국에서는 월남전, 학생소요, 노사분규 등으로 위기의식이 고조되었으며, 제3세계 국가들은 빈번한 쿠데타, 급격한 산업화 등을 겪으면서 미래에 대한 불안과 희망을 동시에 가지게 되었다. 세계적으로 불안감과 발전의지가 공존하던 양면적인 시대적 성격이 미래연구의 필요성을 더욱 절감하게 했던 것이다.

학문적으로 보면, 1960년대는 인공위성 개발의 부산물로 컴퓨터 산업이 발달하면서 통계적 분석기법에 큰 진전을 이룩한 시기였다. 컴퓨터의 계산능력에 힘입어 수많은 변수들 간의 복잡한 인과관계를 분석할 수 있게 되었을 뿐 아니라, 각종 모델 및 시뮬레이션 기법을 개발함으로써 예측력을 크게 향상시킬 수 있었다. 덕분에 미래연구는 점성술이나 예언의 차원을 넘어, 과학적 또는 확률적 전망 수준으로 발전하게 되었다.

미래학의 출발

미래에 대한 과학적 연구가 학문적으로 체계화되기 시작한 것은 1960년대 이후지만, 미래의 세계를 단순한 흥밋거리가 아닌 학문의 영역으로 다룰 수 있다는 생각은 훨씬 더 거슬러 올라갈 수 있다. 1822년에 사회학을 창시한 콩트는 사회학의 과제를 "예견하기 위해 관찰하고, 예방하기 위해 예견한다(Voir pour prevoir, prevoir pour prevenir)"고 규정함으로써, 사회학의 미래지향적 성격을 분명히 하였다. 1902년에 영국의 웰스(H. G. Wells)는 학자들이 '미래'를 체계적으로 연구해야 한다고 강조했다.

최초로 미래연구를 하나의 독립된 학문영역으로 명명하고자 했던 사람은 사회학자인 길필란(S. C. Gilfillan)이었다. 그는 1907년에 미래를 연구하는 학문을 '미래의 사건들'이라는 그리스어에 어원을 둔 'mellontology'라는 이름으로 부를 것을 제안하였다. 그는 "선사시대 문화의 다양한 측면을 연구하는 고고학자들이 있는 것처럼 미래에 맞이하게 될 문명에 대해 전반적으로 연구하는 사람들이 필요한데, 이들을 'mellontologists'라고 부를 수 있을 것이다"라고 하였다. 그러나 그의 주장은 당시에는 큰 호응을 얻지 못했다.

미래학이란 용어가 비교적 널리 쓰이기 시작한 것은 나치 하의 독일을 떠나 미국으로 망명한 정치학자 **플레히트하임**(Ossip K. Flechtheim)이 'futurology'란 용어를 사용하면서, 대학에 미래의 사회와 문화에 대한 강의 개설을 제창한 1943년부터이다. 그는 미래학을 특별히 새로운 지식의 세계라기보다는 철학, 정치학, 교육학, 예측학 그리고 기획까지도 포함하는 다양한 지식들이 새롭게 종합되는 영역으로 보았다. 미래학은 역사학에서처럼 연대기적으로 자세한 사실을 다룰 수는 없으므로, 고도의 일반화와 해석, 그리고 사유에 크게 의존해야 할 것이라고 했다. 그러므로 미래학은 문화인류학이나 사회학, 사회철학 등과 긴밀한 관련을 지녀야 한다고 주장했다.

미래학의 연구영역은 자연과 사회 현상의 전 분야라고 볼 수 있을 것이다. 실제로 미래학은 기존의 학문들을 나누던 개념으로는 구분하기 어렵다. 미래학은 고유한 학문영역이라기보다는 각 영역에서 모두 그 분야의 미래연구를 가능하게 하는 하나의 방법론 내지는 관심이라고 할 수 있다. 또한 미래연구는 학문적 차원에서뿐 아니라 미래에 관심을 가지는 사람이면 누구든지 자기 분야에서 실용적으로 접근할 수 있다. 세계적인 미래학자들도 대부분 본래부터 특별히 '미래학'을 전공한 것이 아니라, 사회학, 정치학, 경제학, 역사학 등 각자 전공영역에서 미래지향적 시각과 미래에 대해 강한 관심을 가졌던 사람들이다.

미래학은 과학이다

미래에 대한 관심은 고대부터 있어왔고, 앞에서 살펴본 것처럼 미래를 점치기 위한 다양한 방법이 사용되어 왔기 때문에, 어떤 사람들은 미래학자를 예언가나 복술가와 유사한 수준으로 생각하기도 한다. 그러나 미래학자들이 예언가나 복술가들과 근본적으로 다른 점은 미래를 결정되어있는 것으로 보지 않는다는 것이다. 오히려 미래란 구성원들의 의지와 노력에 따라 달라질 수 있는 것으로 본다. 또한 예언가나 복술가들이 주로 개인이나 특정 사안의 장래에 초점을 맞추는 반면, 미래학자들은 전반적인 문명의 미래에 관심을 가진다.

미래가 과학적 분석의 대상이 될 수 있느냐 하는 데 대해서는 이견이 있을 수 있다. 미래란 아직 오지 않은 시간의 상태로서 확정되지 않은 영역이기 때문이다. 또한 미래연구에는 간과된 변수나 현상 또는 변수 간의 상관관계가 무수히 많기 때문에, 가능한 모든 대안적 미래를 연구한다는 것은 사실상 불가능하다. 실증과학적 입장에서 본다면, 불확정 영역인 미래는 연구의 대상이 될 수 없으며, 미래연구란 결국 하나의 지적 탐험에 불과하다고 볼 수도 있다.

실제로 미래연구가 독립적 학문이 될 수 있는지에 대해서는 학자들마다 견해가 다르다. 독립적인 학문이 될 수 없다는 주장은 주로 연구대상 자체가 확정되어 있지 않다는 것과 미래연구란 여러 학문분야가 중복되는 영역이라는 점에 근거를 두고 있다. 그러나 미래란 불확정의 다양한 대안이 존재하기 때문에 오히려 연구할 가치가 있으며, 여러 가지 기초과학에 바탕을 둔 응용분야들도 통상 학문영역으로 인정되는 관행에 비추어 본다면 **미래학**이라는 이름을 사용해도 무방할 것이다.

　미래연구를 학문적 차원으로 보는 것은 그 대상의 구체성이 아니라 바로 연구방법의 과학성 때문이다. 미래학자들은 합리적이고 과학적인 연구방법을 사용한다. 여기서 '과학'이라 함은 체계적이고 객관적인 자료수집의 결과로 가설을 수립하고, 이것을 실험이나 관찰에 의해 검증하는 연구방법을 의미한다. 따라서 미래에 대한 '과학적 연구'란 신(神)의 이름을 차용하거나 직관적 또는 신비한 능력에 의존하여 미래를 예언하는 것이 아니라, 경험적 자료나 구체적 관찰에 의하여 미래를 전망하는 것을 뜻한다. 이러한 학문의 성격상 미래연구는 다분과적 학문활동인 동시에 하나의 방법론이라고 볼 수도 있다.

　미래학은 아직 학문적으로 초보단계에 있기 때문에 충분한 이론적 체계를 지니고 있지 못하며, 방법론적으로도 미숙하고 명칭도 하나로 확정되지 못하고 있다. 미래에 대한 연구는 앞에서 언급한 mellontology나 futurology라는 이름 외에도, 학자에 따라 future studies, futures analysis, futures research, futuristic research, prognostics, futuribles, futuristics, futurism, futurics, fustory, futury, futory 등 여러 가지 이름으로 불려왔다.

　스웨덴의 1974년 미래연구 정부보고서(Future Studies in Sweden)는 미래연구가 전문가나 학자들만의 관심사는 아니라는 것을 강조하기 위하여 future studies라는 보다 일반적인 명칭을 사용하는 것이 바람직하다고 주장했다. 미국 의회에서는 가능한 여러 가지 미래들을 비교·분석한다는 의미에서 주로 futures analysis 라는 이름을 사용한다. 그리스어로 앞선 지식(fore-knowledge)을 뜻하는 prognostics라는 이름은 주로 동유럽에서 많이 사용되고 있다. futurible은 가능한 여러 가지 미래 중의 하나를 뜻하며, fustory, futury, futory 등은 미래의 역사(history)를 뜻하는 조어이다.

세계미래학회는 미래를 연구하는 학문의 명칭에 대해 회원들을 대상으로 조사한 결과를 바탕으로 futuristics를 사용하도록 권고하면서, **미래학**을 "인간생활과 세계에서의 가능한 변동들을 찾아내어, 비교·분석하고 평가하려는 활동의 한 분야"라고 정의했다. 다시 말하면, 미래학은 확정된 상태를 설명하거나 분석하는 것이 아니라, 앞으로 전개될 역사를 조심스럽게 내다보고자 하는 과학이다.

사회는 어떻게
존속하는가?

PART 02

문화는 사회 성립의 토대이다

1 문화는 사회의 내용물

문화의 개념

1960년대 한국에서는 "문화"라는 단어가 유행처럼 쓰이기 시작했다. 문화주택은 서양주택의 구조와 외관을 따라 생활하기 편리하도록 지어진 신식 주택(modern house), 문화촌은 문화주택 들로 형성된 새로운 마을을 일컫는 말이었다. 문화연필은 연필심 이 연하고 부드러워 침을 묻히지 않아도 글씨가 잘 써지는 연필 이고, 문화인은 신식 교육을 받아 표준말을 쓰며 양복(장)을 입고 교양 있는 사람, 문화생활은 새로운 전자제품들을 누리며 음악과 미술을 즐기는 삶의 방식을 나타내는 말이었다. 한마디로 문화는 서양식이고 근대적이며, 편리하고 세련되고 좋다는 의미였다. 지 금도 일부 사람들은 자연 상태의 원시적 생활에 비해 발전되고 세련된 삶의 양태를 나타내는 "문명"과 비슷한 의미로 오용하기도 한다.

자연이든 사회든 아는 것만큼 보인다고 한다. 아지랑이가 무엇인지 모르면 아지랑이는 안 보인다. 미세먼지의 개념을 알면 미세먼지가 보인다. 길가에 핀 풀꽃도 이름을 알고 나면 더 잘 보이고 예뻐 보인다. 계층이라는 개념을 알고 나면 다양한 형태의 불평등과 차별이 보이기 시작한다. 문화도 마찬가지다. 문화의 개념을 알면 우리 삶의 구석구석이 새롭게 보인다. 길을 걸어가는 사람들의 모습도 예사로 보이지 않고, 지하철에 타고 있는 사람들의 행태도 흥미롭게 보인다.

문화란 무엇인가? 어떤 사회학자가 문화에 대한 개념 정의들을 중요한 것만 추려 봤는데도 300개가 넘었다고 한다. 거의 학자마다 다르게 정의하고 있는 셈이다. 문화란 그만큼 다양하고 복합적인 개념이며, 관점에 따라 다르게 보일 수 있다. 이처럼 수많은 정의들을 한마디로 요약한다면, 문화란 "상징적, 제도적, 물질적 모든 측면을 포함하는 삶의 유형 또는 생활양식"이라고 할 수 있을 것이다. 문화란 일상생활에서 보이는 모든 행위양식과 의식(儀式)의 체계이며, 지식, 믿음, 느낌, 가치관, 규범, 가족, 정치, 교육, 경제, 종교 등 상징적이고 제도적인 것은 물론, 테크놀로지라든가 도구, 의식주 수단 등 물질적인 것까지 다 포함하는 인간 삶의 형태 또는 생활양식 일체를 말한다.

문화는 한 사회구성원들이 오랜 세월에 걸쳐 지속적으로 상호작용하는 가운데 서로 공유하고 같이 따르게 된 삶의 방식이다. 그것은 나약한 인간이 거친 자연환경에서 생존하기 위해 일상생활에서 함께 노력해온 산물이기도 하다. 그러므로 원시사회든 현대사회든 각각 그들의 문화를 가지며, 서양이든 동양이든 그 사회 나름대로의 문화를 갖고 있다. 요컨대, 다른 집단과 구별되는 사람들의 단위 모임인 "사회"를 그릇에 비유한다면, "문화"는 그 그릇에 담긴 내용물이라고 할 수 있을 것이다. 사회는 문화를 통하여 형성되고, 또 문화라는 내용이 있으므로 유지될 수 있다. 그러므로 사회의 수만큼 문화가 있고, 사회의 단위를 어떻게 보느냐에 따라 문화도 그만큼 더 세분화될 수 있다.

문화의 특성

문화의 개념을 좀 더 잘 이해하기 위해서는 문화가 어떠한 특성을 지니고 있는지 살펴보면 좋을 것이다.

첫째, 문화는 인간이 만든 것이다. 인간이 살아가는 데는 두 가지 환경이 있다. 그중 자연환경은 인간에게 주어진 환경이고, 사회환경은 인간이 자연환경에 적응해 살아남기 위해 만든 것이다. 우리가 살아가는 환경에서 인간이 만든 모든 것을 통틀어 한마디로 문화라고 한다.

둘째, 문화는 사회적으로 공유하는 것이다. 문화는 어떤 한 개인이 만드는 것이 아니라 수많은 사람들이 일상생활을 통해 다양한 형태로 상호작용을 반복하는 가운데 형성된다. 그러므로 그 결과인 문화는 당연히 여러 사람이 공유하게 되는 것이다. 구성원 대다수가 공유하고 따르면 문화가 되고, 다수에게 공유되지 않는 유형은 자연스럽게 사라져 간다.

셋째, 문화는 아주 오랜 세월에 걸쳐 축적된 것이다. culture 라는 용어는 라틴어의 cultura에서 파생하였는데 이것은 원래 경작(耕作)이나 재배(栽培)를 뜻하는 단어였다. 사람들은 수렵·채취·어로시대에서 농경시대로 넘어오면서 한곳에 정착해 살기 시작했고, 그때부터 일정한 삶의 양식, 곧 문화가 형성되었음을 알 수 있다. 오늘의 문화는 수천 년 세월에 걸쳐 끊임없이 생성되고 변화하면서 축적되어 온 결과물이다.

넷째, 문화는 사회화과정을 통해 학습되고 전승된다. 어떤 사회든 계속 존립하기 위해서는 가치와 행동양식을 공유하는 구성원을 지속적으로 충원할 수 있어야 한다. 그것은 사회화과정을 통해서 이루어진다. 개인은 생존을 위해 공통의 문화를 배워야 하지만, 사회는 존속하기 위해 구성원들에게 공통의 문화를 전수해 주어야 한다. 사회화는 개인적 차원에서 보면 문화의 학습과정이지만, 사회적 차원에서는 문화를 전승해주는 과정이다.

다섯째, 문화는 다양한 영역 간 체계성을 지닌다. 문화는 생활의 모든 영역을 포괄하고 있으므로 서로 다른 영역 간에 일관성이 없으면 혼란을 초래할 수 있다. 어느 영역에서든 모두 따를 수 있도록 유형화된 행위양식의 질서 또는 규칙성에 관한 일반적 경향을 **문화체계**라고 한다.

여섯째, 문화는 보편성을 지닌다. 문화는 인간이 자연환경에 적응하여 살아가는 과정의 소산이므로 어디에서나 비슷한 양상을 띤다. 의복이나 식사, 주거생활 등을 생각해보면, 어디에 살고 있든지 거의 비슷한 문화를 가지고 있음을 쉽게 알 수 있다. 이것은 인접한 나라뿐 아니라, 멀리 떨어진 나라의 경우에도 마찬가지이다. 그것은 어디에 있든지 지구라는 같은 환경에 살고 있기 때문이다.

일곱째, 문화는 다양성을 지닌다. 문화는 보편적이면서도 지역에 따라 또는 개인에 따라 서로 다양한 모습을 보인다. 어느 나라에서나 의복을 입고, 매일 식사를 하며, 집을 짓고 살지만, 의복과 식사와 집의 형태는 나라마다 다르다. 지구환경이 지역에 따라 다르기 때문에 적응방식이 조금씩 다른 것이다. 지역에 따라 다를 뿐 아니라 같은 나라에서도 개인마다 다르다. 이것은 사람마다 사회적 지위가 다르고 가치관과 취향이 다르기 때문이다.

여덟째, 문화는 끊임없이 변한다. 사람들의 지혜가 자라고 테크놀로지가 발달할수록 자연환경에 대한 인간의 적응방식도 새로워지기 때문이다. 또한 사람들이 같은 문화를 학습하고 따르더라도 모두가 꼭 같은 방식으로 받아들이지는 않는다. 서로 조금씩은 받아들이는 방식이 다르고 또 개인의 창의적 아이디어가 더해지기도 한다. 수많은 사람들이 상호작용을 하는 과정에서 낡은 것은 도태되고 새로운 방식이 보태지면서 문화는 늘 변하는 것이다. 변화의 속도나 질적인 폭과 깊이는 시대와 사회에 따라 다르지만, 문화는 언제 어디서나 계속 변한다.

② 문화의 기능

문화는 모든 인간사회 모습과 활동의 내용이며, 사회의 성립과 존립을 가능하게 하는 기반이다. 문화가 개인이나 사회에 어떤 기능(function)을 하는지 살펴보면, 문화가 개인의 생존과 사회유지에 얼마나 중요한지 잘 알 수 있다. "기능"이란 단어는 사회과학은 물론 자연과학이나 일상생활에서도 널리 쓰이지만, 그 의미는 매우 다양하다. 사회학적으로 기능은 흔히 "어떤 현상이 다른 대상에 미치는 영향"이란 뜻으로 사용되며, 여기서는 일단 '역할', '작용' 등의 뜻으로 사용한다.

개인적 차원

우선 개인에 대한 문화의 기능을 살펴보면 다음과 같다.

첫째, 문화는 개인의 여러 가지 생리적, 심리적, 사회적 욕구들을 충족시킬 수 있는 수단과 방법을 제공해 준다. 예컨대, 인간은 생존하기 위해 적절한 음식을 섭취해야 하는데, 문화는 무엇을 먹어야 할지, 어떻게 조리해서 먹을지 알려준다. 또한 인간에게는 다른 사람과 교감하거나 인정받고 싶은 심리적 욕구가 있는데, 문화는 사람을 어떻게 사귀고 어떻게 상호작용을 잘 할 수 있는지 알려준다. 근면·검소하게 저축하여 부자가 되거나 어떤 자격증을 따는 등 사회적으로 성취하고 존경받을 수 있는 여러 가지 수단과 방법도 문화가 알려준다.

둘째, 문화는 개인의 인성을 형성해 준다. 인간은 동물과 같은 존재로 태어난다. 신체가 성장하면서 사회화과정을 통하여 생존에 필요한 여러 가지 지식을 습득할 뿐 아니라, 자신의 고유한 **인성**(personality)을 형성해 나간다. 자연환경과 사회환경에 적응할 수 있는 여러 가지 신체적, 정신적 역량을 학습하고 축적해 가는 동안 자연스럽게 자신의 참된 모습(identity, 正體性)과 대외 적 이미지를 형성하게 된다. 문화는 사회화 과정을 통하여 동물 적 존재인 인간을 사회적 존재로 바꿔 놓는다.

　셋째, 문화는 현상을 인지하거나 상황을 판단하는 틀을 제공 해 준다. 즉, 인간이 경험할 수 있는(empirical) 영역은 물론 경험 할 수 없는(non-empirical) 영역까지 모든 현상을 인지하고 판단 하는 시각을 제공해 준다. 예컨대, 태양이나 지구의 움직임에 대 해 과거에는 모두 천동설을 믿었지만, 지금은 누구나 지동설을 믿는다. 이것은 태양이나 지구의 움직임이 바뀐 것이 아니라, 과 학의 발달에 따라 문화가 달라진 것이다. 어떤 문화에서는 남녀 간 불평등이나 인종차별 같은 사회현상을 분명히 인지하지만, 어 떤 다른 문화에서는 전혀 인지하지 못한다. 인과응보나 사후세계 등에 대한 인식도 문화에 따라 달라진다. 갑자기 낯선 문화권에 들어가면, 경찰이 자신을 도우려는 것인지 단속하려는 것인지, 또는 낯선 사람이 자신을 배려하려는 것인지 속이려는 것인지 상황을 올바로 판단하기 어려울 수도 있다.

　넷째, 문화는 가치관과 평가의 기준을 제공한다. 충, 효, 자 유, 평등, 정의, 사랑, 성공, 자아실현 등 인생에서 무엇이 중요한 지, 그리고 무엇을 위해 살아야 할지 등에 대한 가치관을 제공해 준다. 그리고 어떤 것이 귀하고 천한 것인지, 무엇이 아름답고 추한 것인지, 무엇이 올바르고 그른 것인지 판단하는 기준도 문 화에 따라 달라진다. 좋은 배우자의 조건이나 미인의 기준도 문 화가 변하면서 시대에 따라 달라진다.

다섯째, 문화는 개인의 일상생활뿐 아니라 사회생활에서 행하는 모든 행위의 양식과 규범을 제공한다. 사람은 아침에 일어날 때부터 저녁에 잠자리에 들 때까지 수없이 많은 행동을 하는데, 매번 스스로 판단해서 하는 것이 아니라 문화에서 정해진 유형에 따라 대부분 거의 자동적으로 행동한다.

사회적 차원

문화는 앞에서 살펴본 바와 같이 개인의 생존을 위해 필요할 뿐 아니라, 사회의 존속을 위해서도 반드시 필요하다. 사회적 차원에서 문화의 기능은 다음과 같다.

첫째, 문화는 구성원의 지속적 재생산이 가능하도록 한다. 가족제도가 바로 그 기능을 담당한다. 사회의 형성·유지·발전에 가장 중요한 요소는 사람이다. 아무리 발전한 사회라도 인구가 계속 감소한다면 유지될 수 없기 때문이다.

둘째, 문화는 동물과 같은 존재로 태어난 아기를 여러 가지 능력을 갖춘 독립적이고 사회적인 인간으로 키워준다. 이러한 사회화과정에 가장 중요한 제도는 가족, 교육, 미디어 등이다.

셋째, 문화는 사회화과정을 통해 사람들에게 공통의 생각이나 평가기준 및 행동양식을 갖게 함으로써, 자연스럽게 서로 친근함을 느끼고 동류의식을 갖게 된다. 올림픽 경기를 관람할 때 우리 선수들에게 열광하거나 외국 여행 중에 한국 사람을 만나면 그냥 반가운 느낌이 드는 것은 공통의 문화를 소유하고 있기 때문이다.

넷째, 문화는 사람들이 살아가는데 필요한 여러 가지 재화의 생산과 분배가 효율적으로 이루어질 수 있게 한다. 이러한 기능은 경제제도를 통해 이루어진다.

다섯째, 문화는 사회질서를 가능하게 한다. 도심에 수많은 사람과 자동차들이 움직이지만, 충돌이나 혼란은 거의 일어나지 않는다. 서로가 공유한 문화의 규칙에 따라 상대방의 행동을 이해하고 예측할 수 있기 때문이다. 공식적인 법 제도 외에도 모든 구성원들이 수많은 규범과 관습을 공유하고 있으므로 사회질서가 유지되는 것이다. 문화는 끊임없이 변하지만 언제나 질서와 안정을 옹호하며, 이를 교란하려는 사람이나 행위에 대해서는 다양한 방법으로 통제력을 행사한다.

🗨 문화의 다양한 모습

문화의 개념은 워낙 광범위하고 다양하므로 한꺼번에 바로 이해하기 어렵다. 문화를 몇 가지 차원에서 분류해 보면 문화의 다양한 모습을 좀 더 쉽게 이해할 수 있을 것이다.

내용에 따른 분류

문화를 일상생활에서 가장 쉽게 구분하는 기준은 물질적이냐 비물질적이냐 하는 것이다. 그리고 비물질적 문화는 다시 제도적 문화와 상징적 문화로 나누어 볼 수 있다.

물질적 문화는 사람들이 고안하여 사용하는 모든 도구나 물질적 제품을 말한다. 의복, 음식, 주택, 가구, 필기구, 컴퓨터, 자동차, 기계, 텔레비전, 총, 대포 등 물질로 만들어진 것이면 뭐든지 물질적 문화라고 한다. 그리고 이러한 물건들을 사용하는 방법과 제작기술도 물질적 문화에 포함된다.

제도적 문화란 관습, 전통, 규범, 법, 사회제도 등 주로 사회적 행위의 양식이나 평가기준이 되는 내용들이다. 예컨대, 민습(folkways), 규범(norm), 원규(mores), 법(law), 사회제도(social institution) 등이 여기에 속한다.

민습(民習)이란 개인이 선택할 수 있으며, 위반하더라도 사회적 제재가 경미한 행동양식을 말한다. 예컨대, 오른손 사용, 수저 사용법, 복장 등과 같은 것인데, 혹시 위반하더라도 크게 문제되지는 않으며 기껏해야 가벼운 조롱이나 찌푸림 정도로 그친다. 민습은 오랜 세월에 걸쳐 많은 사람들의 반복적 행동으로 형성된 것이며, 대부분 개인은 자라는 동안 거의 무의식적으로 습득하게 된다. 개인에게는 습관, 집단에서는 관습 같은 것이다.

규범은 사회적 상호작용이 규칙적으로 반복되는 과정에서 공유하게 된 행위의 기준이다. 그러나 규범은 위반 시 민습보다 더 강한 제재를 받게 되는 행동의 구체적 지침들이다. 예컨대, 도로 무단횡단, 부모학대, 배우자 구타, 동료 배신에 관한 것 등이다. 모든 구성원들이 어떻게 수많은 규범들을 지킬 수 있을까? 우선 어떤 행동 기준이 사회적으로 공유된 가치와 믿음에 따라 정당화(legitimation)된다. 정당화 과정을 거치면서 모든 구성원들은 그

행동기준이 옳고 지켜져야 한다고 공감하게 된다.

규범을 위반할 경우에는 엄격한 **사회적 제재**(sanction)가 이루어지고, 모든 구성원들은 그 제재가 정당하다고 받아들이면서, 정당화와 제재의 내용을 모두 **내면화**(internalization)하게 된다. 이렇게 내면화된 규범은 누가 감시하거나 강요하지 않더라도 스스로 지키게 되는 것이다. 새벽 시간 아무도 없는 벌판 사거리 빨간 신호등에서 서 있는 것은 빨간 신호등에서는 반드시 멈춰야 한다는 규범을 내면화하고 있기 때문이다. 물론 규범을 내면화했다고 해서 그대로 다 지키는 건 아니지만, 지키지 못할 때면 최소한 양심의 가책이라도 느끼게 된다.

원규(mores)란 사회의 존립을 위해 반드시 지켜야 할 중요한 원칙이며, 위반 시 규범보다 훨씬 더 가혹한 제재를 받게 된다. 예컨대, 살인, 도둑질, 중혼(重婚)의 금지나 근친상간 금기(incest taboo) 등이다. 원규를 위반했을 때는 사회적 비난뿐 아니라 엄격한 법적 제재가 가해진다.

법(law)이란 규범이나 원규 중에서 공공이 지켜야 할 부분들을 공식적으로 규정해 놓은 내용들이다. 법은 공공의 이익을 위해 꼭 지켜야 할 최소한의 내용들을 선별하여 위반 시 공식적 제재를 가하도록 정해놓은 중요한 규범들이다. 반드시 순차적으로 이루어지는 것은 아니지만, 민습에서 규범이 출현하고, 규범에서 원규가 출현하며, 이들은 다시 법과 제도로 발전한다.

사회제도(social institution)란 상호 관련된 수많은 규범들의 유형화된 체계이다. 예컨대, 가족에 관련된 수많은 규범들의 체계를 가족제도라고 한다. 교육에 관련된 수많은 규범들의 체계는 교육제도이다.

상징적 문화란 가치, 신념, 언어, 문자, 지식 등과 같이 주로 관념적인 내용들을 말한다. 가치는 삶이나 어떤 대상에 대해 무엇이 좋고, 옳고, 아름답고, 중요한 것인지 판단하는 기준이 된다. 가치는 신념이나 행동을 지배하는 중요한 감정인데, 이는 개인마다 다르고 사회마다 다르다. 개인은 어떤 가치를 중요시하느냐에 따라 외부환경을 해석하는 인지성향이 달라지고, 어떤 대상이나 사회적 쟁점에 대해 갖는 태도도 달라진다. 가치관과 인지성향을 바탕으로 태도가 형성되고 구체적 행위양식이 나타나게 된다.

물질적, 제도적, 상징적 문화는 서로 독립적으로 존재하는 것이 아니라, 상호 긴밀히 연계되어 있으며 일관된 체계를 형성하고 있다. 상징적 문화의 특성에 따라 제도적 문화와 물질적 문화가 만들어진다. 반대로 물질문화가 변하면 제도적 문화와 상징적 문화도 변화하여 상호 일관성을 유지하게 된다. 최근 디지털 기기들이 확산되면서 개인의 가치관이나 행동양식뿐 아니라 언어 사용이나 사회제도까지 변하는 것을 쉽게 볼 수 있다.

채용범위에 따른 분류

문화는 습득하여 사용하는 사람들이 누구인가에 따라 보편문화, 특수문화, 선택문화 등으로 구분될 수 있다. 우선 **보편문화**란 한 사회의 성원 대다수가 사용하고 따르는 문화를 말한다. 이것은 한 사회 전체에 통용되는 문화로서, '전체문화' 혹은 '주류문화'라고도 부른다. 한국의 보편문화로는 한국어, 한글, 단군신화, 태극기, 효도, 연장자 우대, 온돌, 김치, 비빔밥 등을 들 수 있다.

특수문화란 성별, 연령별, 계급별, 직업별 등 사회의 일부 집단이 채택하고 사용하는 문화를 말한다. 우리가 흔히 말하는 여성문화, 청년문화, 노동문화, 상류층문화, 교수문화 등이 여기에 속한다. 특수문화가 나름대로 특성을 지니며 보편문화와 별 충돌 없이 공존할 때는 **부분문화**(또는 하위문화, subculture)라고 한다. 그러나 어떤 특수문화가 그 사회의 보편문화와 대립하거나 갈등을 일으킬 때는 **대항문화**(또는 反문화, counter-culture)라고 부른다.

조선시대 수입된 천주교는 당시 보편문화 시각에서 보면 용납될 수 없는 대항문화였다. 1960년대 미국의 히피문화도 대항문화였다. 그러나 세월이 흐르면서 천주교는 한국의 대표적인 종교로 자리 잡았고, 히피문화는 많은 사람들의 생활양식으로 수용되었다. 그러므로 부분문화가 대항문화인지 아닌지는 시대나 장소에 따라 달라는 것이다. 프랑스 대혁명 당시 부르주아 문화는 왕족과 귀족이 지배했던 보편문화에 반대한 대항문화였지만, 혁명 후에는 오히려 새로운 보편문화로 자리 잡았다.

선택문화란 헤어스타일, 외투모양, 필기구 종류, 여가이용, 개인적 기호나 취향처럼 개인이 선택적으로 취할 수 있는 문화를 말한다. 과거 전통사회에서는 문화가 안정되고 정체돼 있었으므로 보편문화와 부분문화가 대세였다. 그러나 개인의 자유를 중시하고 개성을 존중하는 현대사회에서는 선택문화가 우세하다. 그만큼 사회가 다양해진 것이다.

형성과정에 따른 분류

문화가 형성된 시기나 주도 세력에 따라 민속문화, 전통문화, 대중문화, 고급문화 등의 개념을 사용하기도 한다.

민속문화(folk culture)란 원시시대부터 기록되지 않은 생활관습 등을 통해 역사적으로 전승돼 온 기층민들의 부분문화이다. 민속문화는 주로 외래문화의 영향을 적게 받는 농어촌 지역에 전승돼 오고 있으며, 그 나라의 고유성을 간직하고 있다. 민속문화는 현대로 올수록 점차 사라져 가므로, 각 나라에서는 특정 지역을 보존구역으로 지정하거나 민속문화를 재현하는 마을을 만드는 등 보존하기 위해 노력하고 있다.

전통문화(traditional culture)는 어떤 나라에서 오래전부터 형성되어 전해 내려오는 그 나라 고유의 문화를 말한다. 한국처럼 단일민족 국가일 경우에는 '민족문화'라고도 한다. 오랜 세월에 걸쳐 형성되고 전해 내려온 것이라는 점에서는 민속문화와 비슷하지만, 전통문화는 기층민의 문화가 아니라 전체가 공유한 그 나라의 보편문화이다. 한국의 전통문화로는 한복이나 궁중 문화, 부모봉양, 선생님 존경, 웃어른에 대한 존댓말 등을 들 수 있다.

대중문화(mass culture)는 신문, 라디오, 텔레비전 등과 같은 대중매체의 영향으로 대중이 공유하게 된 문화를 일컫는다. 대중문화는 흔히 고급문화와 대비되는데, 이때 대중문화는 '대량 생산된 수준 낮은 문화'라는 의미로 쓰인다. 민속문화와 대비될 때는 '매스미디어에 의해 대량생산되고 상품화된 문화'라는 의미로 쓰이며, 전통문화와 대비될 때는 '서구문화 유입의 산물'이란 함의를 지닌다. 영어로는 popular culture라고도 하는데, 이때는 '다수의 사람들이 향유하는 문화'라는 약간 다른 뉘앙스의 뜻으로 사용된다.

고급문화(high culture)란 고도의 지적 능력을 지닌 예술가가 생산해 낸 창작물로서 세련된 형식과 내용을 갖추고 예술성을 지닌 문화를 말한다. 예컨대, 클래식 음악이나 오페라, 유명 화가의 작품 등이다. 과거에는 주로 지적 수준이 높고 비싼 비용을 지불할 수 있는 소수만 누릴 수 있는 문화였다. 그러나 최근에는 테크놀로지 발달과 경제적 수준의 향상으로 대중들도 고급문화를 향유할 수 있게 되었다.

문화는 어떻게 변하는가?

사회는 연속성을 유지하기 위해 구성원들에게 지속적으로 문화를 전수하고, 구성원들은 환경에 적응하고 생존하기 위해 그 문화를 학습한다. 수많은 사람들이 살아가는 사회가 질서정연하고 안정된 모습을 보이는 것은 바로 문화를 공유하고 있기 때문이다. 만약 문화의 전수와 학습이 완벽하게 이루어진다면 문화는 거의 변하지 않을 것이다. 그러나 실제로 문화는 끊임없이 변하고 있다. 다만 사람의 일생에 비해 문화의 변화 속도가 늦고 원인도 다양하기 때문에 살아가는 동안 잘 느끼지 못할 뿐이다. 문화는 어떻게 변하는 것일까?

첫째, 문화는 내재적 변동요인에 의해 변한다. 자체 내의 어떤 원인에 의해 끊임없이 조금씩 변하는데, 그 과정은 변이, 시안, 발견, 발명 등으로 설명될 수 있다. 생물학에서는 같은 생물종이라도 유전과정 또는 환경의 영향으로 형질이 완전히 같지 않은 것을 **변이**(variation)라고 한다. 문화의 전승 또는 학습과정에서도 이러한 변이현상이 나타난다.

시안(試案)이란 원래 시험적으로 또는 임시로 만든 계획이나 의견을 말한다. 어떤 구성원이 기존 문화와는 다른 새로운 시도를 해 봄으로써 새로운 행동양식이 만들어질 수도 있다. 발견이나 발명은 어느 구성원이 새로운 행동양식을 찾아내거나 창의적으로 만들어내는 것을 말한다. 이러한 과정을 통해 자연스럽게 문화가 조금씩 변하는 것이다.

둘째, 접촉에 의한 변화이다. 문화는 다른 문화와의 접촉과정에서 새로운 문화를 차용해 오기도 하고 전파해 주기도 한다. 한 문화와 다른 문화가 만나 서로 영향을 주고받는 과정을 **문화접변**(acculturation)이라고 하는데, 이때 각 문화는 수용, 반동, 동화 등의 형태로 상호영향을 미친다. 수용(受容)이란 다른 문화를 그대로 받아들이는 것이며, 반동(反動)이란 거부하는 것을 의미한다. 동화(同化)란 다른 문화가 서로 같게 되는 것을 말한다.

해방 이후 서구문화가 들어오면서, 한국문화는 양복이나 운동화, 헤어스타일 등 많은 것을 수용하였다. 거실에 카펫을 까는 문화는 일부 받아들였지만, 카펫에 신발을 신고 들어오는 것은 거부하였다. 피자나 커피는 불고기 피자나 믹스커피처럼 자연스럽게 한국적 형태로 동화되었다.

　셋째, 문화체계 상의 구조적 일관성을 회복하기 인해 문화가 변하기도 한다. 미국의 사회학자 옥번(William Ogburn, 1886~1959)은 **문화지체이론**(Cultural Lag Theory)을 주장했다. 문화지체란 두 문화요소 간의 변동속도가 다르기 때문에 일어나는 부조화 현상을 말한다. 대개는 테크놀로지 발달에 따른 물질문화의 변화 속도를 비물질문화가 따르지 못하기 때문에 발생한다. 예컨대, 기술발달에 따라 인터넷은 빠르게 확산되지만, 사이버공간에서의 에티켓이나 관리규정 등이 확립되는 데는 오랜 시간이 걸린다. 이러한 문화지체 현상은 문화체계의 일관성 유지를 위해 변화가 늦은 영역의 변화를 독촉하게 된다.

　넷째, 문화변동의 폭이나 속도에 가장 큰 영향을 미치는 요인은 새로운 테크놀로지의 등장이다. 그것은 농경기술이 삶의 양식을 어떻게 바꿔 놓았는지, 산업기술이 세상의 모습을 얼마나 바꿨는지, 최근 디지털 기술의 등장이 삶 자체를 어떻게 바꾸고 있는지 보면 쉽게 알 수 있다. 그러나 테크놀로지는 또 인간의 가치나 상상의 산물이기도 하다. 인간의 의식과 테크놀로지는 상호영향을 주고받으며 변해간다. 다양한 테크놀로지 분야 간에 발달의 격차가 생기기도 하는데, 이러한 현상을 **기술지체**(technological lag)라고 한다.

🅢 문화에 대한 올바른 이해

　문화에 대한 설명을 마무리하면서 흔히 잘못 생각하기 쉬운 세 가지 쟁점을 살펴보고자 한다. 지금까지 문화에 대해 전반적인 이해를 했지만, 문화를 보는 기본적인 시각 자체가 잘못되면 오해로 흐를 수 있기 때문이다.

보편성과 다양성

　문화는 보편적(universal)이면서 동시에 다양하다(diverse). 문화의 보편성이란 세계 모든 지역, 모든 민족의 문화가 공통적인 내용과 특성을 지니고 있다는 뜻이다. 예컨대, 모든 문화는 의식주에 관한 것, 구성원의 재생산과 사회화, 역할분화와 자원배분체계, 의사소통방식, 사회 공통의 목표와 목표달성의 수단, 질서유지와 폭력의 통제, 긴장해소와 여가활동 등을 포함한다. 이처럼 문화가 보편적인 이유는 행위자가 똑같은 인간이고, 동일한 지구환경에 적응해야 하기 때문이다.

　문화의 다양성이란 모든 지역, 모든 민족의 문화는 나름대로의 고유한 특성을 지니고 있다는 뜻이다. 위에 열거한 모든 문화에 공통적인 내용들은 크게 보면 동일한 것 같지만, 내용을 들여다보면 사회마다 각기 다 다른 모습임을 알 수 있다. 의식주의 양식도 사회마다 다르고, 사회화 방식도 다르며, 의사소통의 수단도 다르고, 여가활동의 유형도 각양각색이다. 문화마다 이러한 차이를 보이는 것은 우선 구체적인 지구환경이 조금씩 다르기 때문이다. 또한 민족마다 적응력과 창의력에 차이가 있고, 최초의 선택 및 개선과정이 다르기 때문이다.

문화의 보편성과 다양성이 나라 간에만 해당되는 개념은 아니다. 한 문화권 내에서도 문화는 보편적이면서 동시에 다양하다. 앞에서 살펴본 보편문화와 특수문화의 개념을 상기해 보면 쉽게 이해할 수 있을 것이다. 역사적으로 보면, 한 사회의 인구가 많아지고 복잡해질수록 선택가능성의 폭이 넓어지고 행위유형도 다양해진다. 그러나 최근에는 테크놀로지 발달로 대중매체의 영향력이 커지고 세계가 글로벌화되면서 문화적 다양성이 줄어들고 있다는 견해도 있다.

절대성과 상대성

모든 문화는 상대적인 것이며, 어떤 절대적인 기준에 따라 우월과 열등, 또는 옳거나 그르다는 것으로 평가할 수 없다. 문화는 그 사회의 환경과 역사적 맥락 속에서 오랜 세월에 걸쳐 형성된 것이므로, 그 문화의 가치나 내적 기준에 따라 이해되어야 한다. 이러한 신념을 **문화적 상대주의**(cultural relativism)라고 한다. 문화적 상대주의가 문화를 바라보는 올바른 태도이긴 하지만, 그렇다고 자기 문화를 부정하면서까지 남의 문화를 수용해야 한다는 뜻은 아니다. 다만 다른 문화에 대한 선입견이나 편견을 갖지 말고, 존중하고 이해하려는 태도를 가져야 한다는 뜻이다.

문화적 상대성을 올바로 인식하지 못하면 자민족 중심주의에 빠지게 된다. **자민족 중심주의**(ethnocentrism)란 자신이 속한 인종적, 민족적, 문화적 집단의 우주관과 가치가 다른 집단보다 우월하다는 믿음을 말한다. 이처럼 그릇된 인식은 세계사에 많은 비극을 초래하기도 했다. 유럽인들은 자신들의 문화가 아메리카 원주민들의 문화보다 우월하다고 믿었기 때문에 원주민들을 문명화하는 것을 당연하다고 생각하여 피로 얼룩진 식민지화 과정을 정당화했다. 또한 히틀러는 게르만 민족의 위대성을 믿으며 열등하다고 여긴 유대인들을 대량으로 학살했다. 세계에는 지금도 자기들의 문화가 모든 문화의 표준이 되어야 한다고 생각하는 사람들이 많다.

사실은 어떤 사회, 어떤 집단이든 어느 정도의 **집단정체감**(group identity)이나 자존감을 갖고 있다. 우리도 삼천리 금수강산, 5천 년 찬란한 문화, 동방예의지국, 평화를 사랑하는 백의민족 등으로 자랑스럽게 여긴다. 이처럼 자민족중심주의는 집단 구성원들에게 소속감과 동류의식을 고취하고, 사회통합을 이루는 데 기여하기도 한다. 결국 어느 정도까지가 집단정체감 수준인가 하는 점인데, 다른 문화에 대한 이해와 관용을 잃어버리거나 폐쇄적이고 배타적인 태도로까지 발전하면 곤란하다.

과거에는 자민족 중심주의가 식민지 침탈로 이어졌는데, 제2차 세계대전 이후에는 문화제국주의 형태로 부활하기 시작했다. **문화제국주의**(cultural imperialism)란 단순히 자기 문화를 우월한 것으로 인식하는 차원을 넘어 문화를 상품으로 판매하면서 다른 나라에까지 적용시키려는 태도를 말한다. 주로 미디어를 통해 문화적 침탈이 이루어지므로 '미디어제국주의'로 부르기도 한다.

이것은 지구적 차원에서 인류의 보편적인 **세계문화**(world culture)를 형성해 간다고 긍정적으로 볼 수도 있다. 그러나 약소국의 문화가 강대국 문화에 침탈되고 훼손됨으로써 문화적 다양성이 사라지고 문화적 종속관계가 형성된다고 부정적으로 보는 사람들이 더 많다.

자민족중심주의와는 반대로 **문화적 사대주의**(flunkeyism)에 빠질 수도 있다. 이것은 주체성 없이 무조건 외국 문화를 좋아하고 자기 문화는 비하하는 태도를 말한다. 사대(事大)란 본래 큰 것을 섬긴다는 뜻이지만, 그 뜻이 바뀌어 대외의존적 성향 또는 강한 나라를 섬기는 태도로 더 많이 사용되고 있다. 한국에서 사대주의는 조선시대 이래 중국과의 외교관계에서 보여준 한국인의 특성을 뜻하는 개념으로 사용되어 왔으나, 최근에는 미국 등 서양문화에 대한 태도를 비판하는 데 사용되기도 한다. 한편 한국의 사대주의는 역사적으로 강대국의 틈바구니에서 생존을 유지하기 위한 외교적 지혜였다고 긍정적으로 해석하는 시각도 있다.

자민족중심주의나 문화적 제국주의가 국가 간의 문제만은 아니다. 같은 문화권 내에서도 특정 집단이 다른 집단의 문화를 지배하거나 침탈하는 일이 일어날 수 있다. 문화적으로 구별되는 다른 집단이 지배집단에 의해 단일한 민족적 실체 또는 민족경제로 강제 편입되는 것을 **내부적 식민주의**(internal colonialism)라고 한다. 특히 다양한 민족으로 구성된 국가들이나 상이한 종파로 구성된 중동국가들, 그리고 토착민과 이주민으로 구성된 남미국가들에서 이러한 현상이 많이 나타난다.

서로 다른 집단의 부분문화를 이해하고 존중하는 **문화적 다원주의**(cultural pluralism)를 수용함으로써 문화의 다양성을 높이는 것이 바람직하다. 경직되고 변화가 적은 사회일수록 보편문화가 지배적이며, 특수문화와 선택문화의 비중이 커질수록 사회는 자유롭고 유동적이며 다양해진다. 그러나 특수문화와 선택문화가 지나치게 우세하거나, 특히 대항문화가 강해지면 보편문화의 일관성과 영향력이 약화되어 사회가 불안정해질 수도 있다. 사회안정을 위해서는 지속적으로 대항문화와의 대립적 부분을 줄이고 흡수해 나감으로써 문화의 건전한 발달을 이루어야 한다.

문화결정론과 인간주의

문화는 인간이 만든 것이지만 인간을 만들기도 한다. 사회적 차원에서 보면 문화는 구성원들에게 거의 절대적인 영향력을 지니고 있다. 아기가 태어나 성인이 되기까지 가치관이나 태도, 행동양식, 지식까지 거의 모든 것을 자신이 속한 문화로부터 받아들이게 된다. 자아완성이란 한마디로 문화를 내면화하는 것이며, 이때 문화가 독립변수이고 행위는 종속변수이다. 성인이 된 후에도 문화는 인간의 일거수일투족(一擧手一投足)을 모두 지배한다. 누구나 아침에 일어나 저녁 잠자리에 들 때까지 거의 모든 일상행동을 문화의 틀 안에서 한다. 심지어 잠자는 모습이나 죽은 후 장례식까지도 문화에 따라 이루어진다.

사회학주의를 주장했던 뒤르켐(Emile Durkheim)은 자연스럽게 문화결정론을 제창하였다. **사회학주의**(sociologisme)란 사회적 사실은 개인적 특성으로 환원될 수 없는 고유한 속성을 지니고 있으므로 사회학에 의해 독립된 연구대상으로 연구되어야 한다는 입장이다. **문화결정론**(cultural determinism)이란 개인의 행동은 자신이 소속된 문화에 의해 거의 절대적으로 결정된다고 보는 이론이다. 상징체계로서의 문화는 개인을 초월한 하나의 외재적 존재이며, 개인은 문화 앞에서 무력하다는 것이다. 이 경우 인간의 모든 행동은 문화에 대한 반응일 뿐이며, 인간은 문화의 감옥에 갇힌 수인(囚人)과 같다.

인간 존재의 현실적 의미를 그 구체적인 모습에서 파악하고자 하는 **실존주의**(existentialism) 입장에서 보면 문화결정론은 인간의 존엄성을 폄훼하는 이론이다. 인간정신은 어디까지나 개별적인 것이고 개인의 주체성이 진리이며, 따라서 인류는 개별적인 '나'와 '너'로 형성되어 있다는 것이 실존주의 사상의 핵심이기 때문이다. 실존주의적 시각에서 보면, 인간은 자기가 어떤 존재인지, 어떤 존재여야 하는지 알지 못하며, 그것은 각자가 스스로의 결단에 의해 선택할 수밖에 없다. 인간이 자신을 발견하고 자아를 형성하려면 사회와 문화의 멍에로부터 벗어나기 위해 끊임없이 노력해야 한다. 인간은 사회든 문화든 어떤 외재적 실재에 의해 피동적으로 움직이는 것이 아니라 독립적 주체로서 스스로 삶의 의미를 찾아가는 존재이다.

인간주의(또는 인본주의)는 외재적 문화의 절대적 영향력과 실존적 인간의 자율성을 조화롭게 바라본다. **인간주의**(humanism)는 개별적 존재로서, 또 사유체계의 근원으로서 인간의 존재를 중시하고, 인간의 능력과 품성과 생각을 소중하게 여기는 사상이다.

인간주의는 신이 세상을 지배한다는 **신본주의**(the God-oriented), 모든 대상에 영(靈)적인 능력이 있다고 믿는 **애니미즘**(animism), 자연의 원리에 따라 살아야 한다는 **자연주의**(naturalism)에 반대한다. 인간주의적 시각에서 보면, 인간은 문화의 수인(囚人)인 동시에 문화의 창조자다. 인간은 사회화의 결과로 사회문화적 환경에 순응하지만, 그 과정에서 스스로 선택하고 결정하면서 항상 문화에 변화의 흔적을 남기는 자율적 존재이기 때문이다.

사회화는 사회 존속의 통로이다

사회화가 사람을 만든다

사회화란 무엇인가?

아기가 태어나 자라는 과정을 보면 참으로 신기하다. 처음 태어난 아기는 눈도 뜨지 못한 채 울거나 젖을 먹거나 잠만 잔다. 100일이 지나면 방긋방긋 웃기도 하고 밤에 잠을 자며 제법 사람 같아진다. 이때까지는 본능에 따르는 동물과 별 차이가 없다. 그러나 아기는 첫돌이 지나면 뒤뚱뒤뚱 걷고 말하기 시작하며, 그때부터 빠른 속도로 성장한다. 그리곤 어느 날 갑자기 자기주장을 하며 독립하려고 한다. 놀라서 보면 어느덧 엄마 아빠보다 키도 더 크고 아는 것도 더 많은 의젓한 청년으로 성장해 있다.

우리나라 건국신화에는 곰이 사람으로 변하는 이야기가 있다. 하늘의 임금인 환인의 아들 환웅이 태백산에 내려와 세상을 다스렸는데, 어느 날 곰과 호랑이가 찾아와 사람이 되게 해 달라고 간청했다. 환웅은 그들에게 어두운 동굴 속에서 100일 동안 쑥과 마늘을 먹으며 지내라고 한다. 호랑이는 참지 못해 곧 뛰쳐나가 버렸지만, 곰은 잘 참고 버티어 21일 만에 사람으로 변하여 환웅과 결혼해 단군을 낳았다고 한다. 그 동굴 속 기간을 통하여 동물이 사람으로 변한 것이다.

상징적으로 보면, 위의 동굴 속 기간은 바로 사회화 시기와 비슷하다. **사회화**(socialization)란 동물적 존재로 태어난 인간이 사회적 존재로 성장해 가는 과정이다. 이 과정에서 사회생활에 필요한 기본적인 행동양식, 가치와 규범, 사회적 역할 등을 내면화하게 된다. 사회화란 개인적 차원에서 보면 생존에 필요한 제반 문화를 학습하면서 다른 사람들과는 다른 자신의 고유한 인성(personality)을 형성해 가는 과정이다. 그러나 사회적 차원에서 보면 그 사회의 문화를 전수해 줌으로써 사회 존속에 필요한 성원을 양성하고 사회로 통합시키는 과정이다. 사람의 됨됨이를 나무랄 때 흔히 "사람이면 다 사람이냐, 사람이라야 사람이지"라고 한다. 여기서 첫 번째 '사람'은 그냥 생물학적 인간을 뜻하고, 뒤의 세 번은 사회적 상호작용이나 역할을 제대로 잘하는 사회적 존재로서의 사람을 뜻하는 것이다.

퍼스낼리티(品性 또는 人性)란 바로 사람다운 사람의 개별적인 모습을 의미한다. 인성을 형성해 가는 과정에서 유전(heredity)과 환경(environment) 중 어느 요인이 더 중요하게 작용하는지에 대해서는 계속 논쟁이 있어왔다. 유전자가 결정적 영향을 미친다면 사회화 과정의 중요성이 줄어들고, 환경이 더 결정적이라면 사회화 과정이 그만큼 더 중요해진다. 최근에 대부분 학자들은 어느 한쪽이 결정적인 영향을 미친다기보다는 두 가지 요인이 상호작용하면서 함께 영향을 미치는 것으로 인식하고 있다. 굳이 우열을 따지자면 대개는 환경이 더 큰 영향을 미친다고 보는 편이다.

모든 동물들 중에서 사회화 과정은 인간에게만 있다. 그것은 인간이 동물이면서도 다른 동물들과는 다른 다음과 같은 특징들을 지니고 있기 때문이다. 이러한 인간의 특징과 사회화 과정을 잘 이해하면 부모로서 자녀를 양육하는 데 큰 도움이 될 것이다.

첫째, 인간에게는 본능이 결핍되어 있다. 동물들은 집을 짓거나 환경에 적응하는 복잡한 행동까지도 본능에 따라 할 수 있지만, 인간에게는 본능적 행동양식이 거의 없다. 인간은 거친 자연환경에서 살아남기 위해 적합한 행동유형을 배워야만 한다.

둘째, 인간은 사회적 접촉에 대한 강한 욕구를 지니고 있다. 인간은 신체적 조건이 약한 편이므로 누군가와 함께 있으며 서로 의지하고 싶어 한다. 다양한 실험 결과에 따르면 이것은 의식적인 행동이 아니라 인간의 생물학적인 기본욕구라고 한다.

셋째, 인간은 다른 어떤 동물보다 성장 기간이 길다. 신체적으로 충분히 성장하고 스스로 생존할 수 있으려면 최소한 10여 년 이상을 필요로 한다. 그 긴 기간을 부모나 다른 사람이 부양해주지 않으면 살아남을 수가 없다. 이처럼 긴 양육 기간이 포괄적인 사회화를 가능하게 하는 것이다.

넷째, 인간은 뛰어난 학습능력을 지니고 있다. 심리학자들이 동물들 중 가장 학습능력이 뛰어난 침팬지에게 아기와 꼭 같이 학습을 시키는 실험을 해보았다고 한다. 1년 정도까지는 침팬지가 아기와 비슷하게 따라왔지만, 그 이후 아기는 비약적으로 발전하는 데 비해 침팬지의 학습은 거기서 멈추었다고 한다.

다섯째, 인간은 언어능력을 지니고 있다. 동물들도 나름대로 의사소통을 한다는 보고도 있지만, 지극히 단순한 수준이라 상징을 사용하는 인간의 언어에는 비할 바가 못 된다.

여섯째, 인간은 지식을 사회적으로 공유하고 축적하며 세대를 넘어 전승한다. 이것은 언어뿐 아니라 문자를 사용할 수 있기에 가능한 일이다. 인간은 분명히 동물들과는 다른 지적 능력을 지니고 있다.

사회화의 대행자

사회화는 혼자서 할 수 있는 것이 아니다. 누군가와의 상호작용을 통해서만 가능하다. 혼자서 사회화가 가능한지 실험해 볼 수는 없지만, 유추해 볼 수 있는 몇 가지 사례가 있다. 깊은 숲속에서 짐승들과 같이 살다 발견된 소년이 있었고, 다락방에 홀로 갇혀 지내다 발견된 소녀도 있었다. 이 소년과 소녀 모두 모양은 사람이지만 행동은 짐승에 가까웠으며, 발견된 후 조금씩 사회화 과정을 겪기 시작했지만 얼마 살지 못했다고 한다. 사회화과정은 본능에 따라 이루어질 수 없으며, 반드시 주관하는 기관(또는 대행자(agency))이 있어야 함을 보여주는 사례이다.

사회화를 주관하는 첫 번째 대행자는 **가족**(family)이다. 가족은 사회화 과정의 첫 단계에서 함께 생활하며 오랜 시간을 같이 보내기 때문에 가장 중요한 사회화 기관이다. 가족은 아기가 태어날 때부터 독립할 때까지 보통 20여 년 이상 함께 살며 삶에 필요한 다양한 내용들을 가르쳐 준다. 아기는 잼잼, 도리도리, 걸음마부터 시작하여 언어, 가치관, 인식의 틀, 태도, 도덕, 규범 등 살아가는데 필요한 거의 모든 것을 가족 내 상호작용을 통해 배운다. 부모가 다 계시는지, 형제자매가 몇 명인지, 조부모가 계시는지 등은 사회화에 중요한 영향을 미친다. 가족이 없을 경우에는 친척이나 수용시설이 가족의 역할을 대신하게 된다.

두 번째 대행자는 **동년배집단**(peer group)이다. 어린이가 자라서 친구들과 어울려 놀 나이가 되면 동년배집단이 사회화에 중요한 역할을 하게 된다. 친구들과의 놀이를 통하여 자연스럽게 사회적 지위와 역할을 익히며, 또 친구들과의 교류를 중시하여 친구들의 평가에 신경을 많이 쓰게 된다. 특히 사춘기가 되면 부모나 가족보다 친구의 영향력이 더 커진다. 어떤 친구들과 어울리느냐에 따라 가치관이나 행동양식도 달라진다.

셋째, **학교**(school)도 사회화의 중요한 대행자이다. 학령기 이후 아동은 집에서 보내는 시간보다 학교에서 보내거나 학교 관련 활동을 하는 시간이 더 많아진다. 사회화 과정에서 그만큼 학교의 역할이 커지는 셈이다. 학교는 가치나 규범 등 기본적인 내용 외에 전문지식이나 특수한 기술을 체계적으로 가르치며, 공식적 평가나 진학 등의 동기부여 장치를 통해 다른 어떤 사회화 대행자보다 큰 영향을 미친다.

넷째, **매스미디어**(mass media) 또는 **뉴미디어**(new media)이다.

현대사회에서는 누구나 태어날 때부터 텔레비전, 라디오, 신문 등 매스미디어에 노출된다. 초등학생이 되어 문자를 깨치고 컴퓨터를 사용할 수 있게 되면 인터넷이나 SNS 등 뉴미디어의 영향을 크게 받는다. 미디어가 지니는 마력과 권위 때문에 대부분 사람들은 거의 무비판적으로 받아들이는 경향이 있다. 특히 디지털 기술이 발달할수록 뉴미디어의 영향력은 더욱 커지는데, 그 내용은 검증되거나 다듬어진 것이 아니므로 사회화 과정에 혼란을 일으킬 수도 있다.

다섯째, 직장이나 군대 등 **사회조직체**이다. 일정 기간의 교육 과정을 마치면 대개 어떤 조직체에서 일하게 되는데, 대부분의 조직은 신입자를 그 조직에 적합한 구성원으로 만들기 위한 절차를 가지고 있다. 직장에서는 신입직원 오리엔테이션이나 현장학습(on the job training) 기간을 거치게 하며, 군대에서는 훈련소를 거치게 한다. 이러한 과정을 통하여 그 조직에 적합한 인재로 사회화되는 것이다. 직장생활을 오래 하면 그 조직이나 직업에 맞는 독특한 퍼스낼리티를 형성하게 된다.

여섯째, **지역사회**나 **정부기관** 등이다. 사회화는 위와 같은 개별 영역에서만 이루어지지 않는다. 개인은 물론 가족이나 동년배 집단, 학교, 미디어, 조직체 등은 모두 지역사회나 정부기관의 제도적인 틀 안에서 운영된다. 지방정부나 중앙정부는 다양한 법이나 규정 또는 재정적 지원 등을 통하여 사회화에 직·간접적으로 영향력을 행사한다.

사회화의 시기별 유형

편의상 위에서는 주요 사회화 대행자를 구분하여 설명했지만, 사회화가 특정 주관 기관에 따라 단계적으로 이루어지는 것은 아니다. 사회화는 출생부터 전 생애과정을 통하여 다양한 개별적 경험과 변하는 환경에 의해 연속적으로 이루어지며 죽을 때까지 계속된다.

시기를 일률적으로 구분하기는 어렵지만, 대개 사회생활에 필요한 기본적인 내용을 익혀 독립적인 사회구성원이 되기까지의 과정을 **일차적 사회화**(primary socialization)라고 한다. 일차적 사회화는 짧게 보면 초등학교 졸업할 때까지, 길게 보면 고등학교 졸업할 때까지 기간에 이루어진다. 대략 이 기간에 자아(self)를 형성하며, 가치관이나 행동양식, 정체성(identity), 삶의 방향 등 자신의 고유한 퍼스낼리티를 거의 다 형성하게 된다. 그러나 그 이후에도 개인은 다양한 형태의 삶을 통해 끊임없이 새로운 문화를 받아들이거나 자아를 다듬어간다. 이러한 과정은 **이차적 사회화**(secondary socialization)라고 한다.

평생을 통하여 사회화를 계속하다 보면, 때로는 이전에 습득했던 내용을 버리고 다른 내용을 받아들여야 할 경우도 생긴다. 예컨대, 학교를 졸업하고 직장에 취직하거나 군에 입대했을 때, 또는 다른 나라로 이민 갔을 때는 이전과 다른 내용을 새로 습득해야 할 수도 있다. 이러한 경우 이전의 사회화 내용을 지우는 것을 **탈사회화**(desocialization)라 하고, 이전과 다른 내용을 습득하는 것을 **재사회화**(re-socialization)라고 한다. 때로는 군에 입대하기 전에 또는 이민 가기 전에 군대문화나 이민 갈 나라의 문화를 미리 익힐 필요도 있는데, 이러한 것은 **예기적 사회화**(anticipatory socialization)라고 한다. 더 높은 사회적 지위나 계층으로 올라가기 위해 자신의 생각이나 행위양식을 바꾸고자 노력할 때도 예기적 사회화를 할 수 있다.

② 사회화에서 무엇을 배우는가?

기본행동과 가치관

인간은 사회화 과정에서 어떤 내용들을 배우는가? 이 질문은 사실 설명할 필요도 없을지 모른다. 태어나 살아가면서 배우는 모든 것이 사회화과정을 통해 이루어지기 때문이다. 태어나서 지금까지 배운 모든 것, 그리고 앞으로 배울 모든 것들을 분류해 보면, 다음과 같은 몇 가지 범주로 나누어 설명할 수 있을 것이다.

첫째, 사회적 존재로서 인간이 갖춰야 할 기본적인 **기율**(basic disciplines)을 배운다. 예컨대, 서서 걷는 것, 양손과 양발을 적절히 구분해 사용하는 방법, 낮에는 깨어 있고 밤에는 잠자는 수면습관, 하루 세 번 식사하는 습관과 식사방법, 다른 사람과 인사하거나 원만하게 상호작용하는 방법, 내 물건과 남의 물건을 구분해 사용하는 사리분별 등 사람다운 행동을 하는데 필요한 기본적인 모든 것을 사회화과정에서 배운다.

둘째, 살아가는데 필요한 다양한 **기술**(skills)을 배운다. 여기서 기술이란 신체의 어느 부분을 효과적으로 사용할 수 있는 능력을 말한다. 예컨대, 손으로 각종 도구나 컴퓨터 등 기계를 사용하는 방법, 두 발을 다양하게 사용하는 방법, 발을 굴려 높이 뛰거나 자전거를 타는 방법, 구구단을 이용해 쉽게 암산하는 방법, 스마트폰 사용법, 다양한 과학적 연구방법 등 수없이 많은 다양한 기술들을 배우고 익힌다.

셋째, **자기정체성**(identity)을 확립한다. 즉, 사회화 과정을 통해 자신의 존재에 대한 의식을 형성한다. 인간이란 무엇이며 나는 어떤 존재인지, 삶의 목적은 무엇이며 왜 살아야 하는지, 나의 특성은 무엇이며 무엇을 잘하고 무엇을 못 하는지, 가족들과의 관계에서 또는 사회 안에서 나는 어떤 위치에 있는지 등 자신의 올바른 모습을 정립해 간다. 사람의 생명은 육체와 정신에 있는데, 자기정체성은 정신적 생명의 뿌리가 된다.

넷째, 다양한 **관념문화**를 배운다. 겉으로 보이는 인간의 성장은 주로 육체와 물질문화를 통해 이루어지지만, 정신과 관념문화를 통한 성장도 그에 못지않게 중요하다. 언어나 문자 등과 같은 다양한 상징, 자유와 평등, 정의와 불의, 정직과 성실 같은 수많은 가치, 사회적 규범과 법률 체계, 음악과 미술에 대한 심미감 등의 관념문화를 배우면서 사람은 정신적으로 성숙해 간다.

다섯째, 사회화는 미래에 대한 포부 또는 **열망**(aspiration)을 심어 주기도 하고 제한하기도 한다. 가족이나 교사와 같은 대행자와의 상호작용을 통해서 또는 직접경험이나 영화, 독서 등과 같은 간접경험을 통해 미래 자신의 모습에 대한 열망이나 삶의 목표 등을 형성하게 된다. 미래에 대한 기대수준이나 성취욕구 등도 사회화과정에서 자연스럽게 형성된다. 사회화 과정에서의 작은 경험이 의외의 큰 결과로 이어지는 경우도 많다. 예컨대, 부모로부터 "노래를 잘하니 가수가 되면 좋겠다"거나, 선생님으로부터 "말을 잘하니 변호사가 될 것"이라는 칭찬을 마음속 깊이 기억한 어린이는 자라면서 그러한 꿈을 키우고 실제로 이루는 경우가 많다.

미래는 자신의 믿음과 선택에 따른 행동이 누적된 결과이므로 미래에 대해 어떤 열망을 갖게 되면 실제로 그렇게 이루어질 가능성이 크다. 열망은 스스로 그렇게 이루어지도록 하는 힘을 발휘하므로 이러한 현상을 **자기실현적 예언**(self-fulfilling prophecy)이라고 한다. 반대로 사회화과정에서 "난 머리가 나빠서 어쩔 수 없어" 등과 같은 부정적 이미지를 형성하게 되면, 실제로 그렇게 부정적으로 되기 쉽다. 말은 하는 대로 이루어지는 마력을 지니고 있다. 긍정의 말은 사람을 살리는 말이 되고, 부정의 말은 사람을 죽이는 말이 된다. 그러므로 자신에게나 남에게나 항상 말을 긍정적이고 신중하게 해야 한다.

사회적 지위와 역할

사회화과정에서 배우는 내용들이 다 중요하지만, 굳이 가장 중요한 것 하나만 말하라면 아마도 "지위와 역할"일 것이다. 이것은 개인이 사회구성원으로 살아갈 때 꼭 알아야 할 중요한 개념이고, 사회가 형성되고 유지되는데 가장 핵심적인 내용이기 때문이다.

사회적 지위(social status)란 "어떤 조직이나 사회 내에서 개인이 차지하는 위치"를 나타내는 개념이다. 예컨대, 가정에서 아버지·아내·아들·누나·동생, 회사에서 사장·과장·경비원, 대학교에서 교수·직원·학생, 정계에서 대통령·장관·국회의원, 법조계에서 판사·검사·변호사, 병원에서 의사·간호사·환자, 그리고 사회구성원 중 흑인·백인, 남자·여자 등은 모두 하나의 사회적 지위를 나타낸다. 지위가 사회 내에서의 위치라면, 역할은 지위의 동적 측면이다. 사회적 지위마다 그 사회의 문화에 따라 기대되고 요구되는 행동들이 있는데 이러한 행동들의 묶음을 그 지위에 따른 **역할**(role)이라고 한다.

사회적 지위는 크게 보면, 귀속적 지위와 획득적 지위라는 두 가지 범주로 구분된다. **귀속적 지위**(ascribed status)란 자신의 의지와는 상관없이 출생이나 삶의 과정에서 저절로 주어지는 지위를 말한다. 위에서 예로 든 지위들 중 아들, 누나, 동생, 흑인, 백인, 남자, 여자 등은 모두 귀속적 지위에 속한다. 반면에 **획득적 지위**(achieved status)는 자신의 의지와 노력에 의해 성취되는 지위를 말한다. 예컨대 아버지, 아내, 사장, 과장, 경비원, 교수, 직원, 학생, 대통령, 장관, 국회의원, 판사, 검사, 변호사, 의사, 간호사, 환자 등이다.

대부분 사람들은 사회적 지위를 자기 정체성의 근원으로 삼는다. "당신은 누구냐?"고 물으면 대개 자신의 이름을 말한 다음 교수, 학생, 변호사, 의사 등 어떤 사회적 지위를 말한다. 그런데 사실은 누구든지 사회적 지위를 하나만 가지고 있는 것은 아니다. 예컨대, 어떤 사람은 교수, 학장, 아버지, 남편, 동생, 교육부 자문위원, 동창회장 등 다양한 지위를 가질 수 있다. 한 사람이 가지고 있는 많은 지위를 **지위 무리**(status set)라고 하며, 그중에서 객관적으로 가장 중요하다고 인식되는 대표적 지위를 **주 지위** (master status)라고 한다. 위에서 예로 든 사람은 자신의 사회적 지위를 말할 때 그냥 "교수"라고 하기 쉽다. 그러나 주 지위도 고정된 것은 아니고 상황에 따라 얼마든지 바뀔 수 있다.

한 사람이 가지는 사회적 지위는 수없이 많고 다양하다. 그러므로 누구든지 자신을 어떤 하나의 주 지위로만 한정해서는 안 된다. 사회생활을 하려면 다양한 지위에 따른 일들을 모두 원만하게 잘 수행할 수 있어야 한다. 마찬가지로 다른 사람을 하나의 사회적 지위로만 규정해서도 안 된다. 하나의 지위만 봐서는 그 사람의 다양한 모습을 제대로 알 수 없기 때문이다. 또한 인종이나 성별 등 하나의 지위로 집단을 특징지어서도 안 된다. 예컨대 남성은 어떠하다든가 백인은 어떠하다는 식의 단언은 전혀 타당성을 지니기 어렵다.

역할수행과 인상관리

세상을 살아간다는 것은 수많은 사회적 지위에 따른 다양한 역할을 수행(role performance)하는 것이다. 어느 교수의 하루를 예로 들자면, 아침에 일어나 아내와 대할 때는 남편으로서의 역할을 하고, 자녀들과 식사할 때는 아버지로서의 역할을 한다. 출근해서 아침 회의를 주재할 때는 학장의 역할을 한다. 강의실에 들어가 학생들에게는 교수의 역할을 한다. 오후 정부부처 회의에 가서는 전문가 자문위원의 역할을 하다가, 저녁때 동창회에 가면 친구로서의 역할을 수행한다.

같은 사람이지만 남편, 아버지, 학장, 교수, 자문위원, 친구의 역할을 잘하려면 표정이나 말투부터 그때그때 달라야 한다. 이것은 마치 연극배우가 맡은 배역에 따라 전혀 다른 사람인 양 연기하는 것과 비슷하다. person(사람)의 어원이 되는 persona는 원래 고대 희랍 무대에서 배역들이 썼던 '가면'을 뜻한다. 배우가 배역에 맞는 연기를 해야 하는 것처럼, 사람도 수시로 바뀌는 사회적 지위에 따라 계속 가면을 바꿔 쓰며 그에 맞는 역할을 수행해야 하는 것이다.

한 개인의 **자아**(self)란 어떻게 보면 끊임없이 바뀌는 무대에서 수행한 수많은 연기 또는 인상관리의 결과라고 볼 수 있다. 훌륭한 배우란 수많은 무대에서 다양한 배역의 역할을 잘 소화해내는 사람이고, 훌륭한 인물이란 자신에게 주어진 수많은 사회적 지위에 따른 역할을 잘 수행하는 사람이다. 역할을 잘 수행하기 위해서는 정확한 **상황판단**(definition of situation)이 중요하다. 극중 인물을 잘 해석해야 좋은 연기를 할 수 있는 것처럼, 항상 상황판단을 잘해야 역할수행도 제대로 잘 할 수 있다. 육친을 잃고 슬픔에 잠겨 있는 상가에서 음식을 평하며 떠들썩하게 유쾌한 농담을 주고받는 문상객이나, 국가재난 수준의 산불이 났는데 회갑축하 파티를 즐기는 공직자는 상황판단을 못해 역할수행을 잘 못하고 있는 것이다.

사람들은 누구나 자신이 원하는 정체성을 획득하기 위해 의

식적이든 무의식적이든 그에 맞는 이미지를 구성하고 제시하려
고 노력한다. 이처럼 사람이나 물체 또는 사건에 대한 다른 사람
들의 인식에 영향을 주려고 하는 목표지향적 행위를 **인상관리**
(impression management)라고 한다. 예컨대, 남에게 좋은 인상을
주기 위한 외모 꾸미기, 호감을 얻기 위한 칭찬이나 아부, 능력이
나 배경에 대한 과시, 자신에게 복종하도록 하기 위한 위협, 자신
의 잘못을 감추기 위한 핑계대기 등은 모두 인상관리의 일종이
다. 인상관리는 위선적이거나 남을 속이려는 것이 아니라, 주어
진 역할을 잘 수행하기 위한 나름대로의 전략일 수 있다. 그러나
진심에서 우러나고 자연스러워야 한다. 상대방이 먼저 의도를 간
파하면 인상관리 전략은 실패하기 때문이다.

모든 사람이 항상 사회적 역할을 정해진 대로 잘 수행하는
것은 아니다. 경우에 따라서는 오히려 사회적으로 규정된 역할과
거리를 두거나 다른 행동을 하기도 하는데 이러한 현상을 **역할거
리**(role distance)라고 한다. 역할거리에는 두 가지 경우가 있다.

첫째는 역할기대에 대한 심리적 거리감이다. 이것은 행위자
가 그 역할에 심리적으로 동조하지 않기 때문에 소극적으로 수행
하는 경우이다. 예컨대, 세금이 제대로 쓰이지 않고 낭비된다고
생각하는 사람은 가능하면 세금을 적게 내고 싶을 것이다.

둘째는 역할기대와 실제행동 간의 차이이다. 이것은 역할기
대에 따른 행동을 실제로는 하지 않는 것을 말한다. 예컨대, 경기
중인 골프 선수는 골프에 집중해야 하는데 어느 선수는 걸어가면
서 찬송가를 부른다고 고백했다. 역할수행에 따른 긴장감을 해소
하기 위해 일부러 역할기대와 다른 행동을 한다는 것이다.

역할갈등과 지위불일치

역할거리와는 달리 역할을 충실히 수행하려고 하는데도 할 수가 없어서 어려움을 겪는 상황을 **역할갈등**(role conflict)이라고 한다. 역할갈등 상황은 역할긴장과 역할상충으로 구분될 수 있다.

역할긴장(role strain)이란 하나의 지위에 따른 역할들이 서로 충돌하여 제대로 수행하기 어려운 상황을 말한다. 예컨대, 아버지는 아들에게 권위 있게 엄격하면서도 동시에 친구처럼 편안한 관계를 유지하기가 어렵다. 교사도 학생을 대할 때 엄하면서도 따뜻한 모습을 보여주기 어렵다. 역할들이 반드시 대립되지 않더라도 긴장상태에 있을 수 있다. 예컨대, 학생이 중간고사 시험공부를 해야 하는데 그전에 과제물도 작성하고 발표준비도 해야 한다면, 어느 것부터 먼저 해야 할지 당혹스러울 수 있다. 또한 교수는 학생들과 충분한 면담시간을 가져야 하지만 논문연구에 쫓겨 학생들과 만날 시간을 내기 어려울 수 있다.

역할상충(role incompatibility)은 한 사람이 지닌 두 개 이상의 지위에 따른 역할들이 상충되어 동시에 수행할 수 없는 경우를 말한다. 예컨대, 하필이면 회사 승진연수 중일 때 아버지의 회갑연이 있다면 어떻게 해야 하나? 승진대상자와 아들이라는 두 가지 지위에 따른 역할들이 양립할 수 없게 된 것이다. 또한 회사원으로서 출장을 가야 할지 남편으로서 아픈 아내를 간호해야 할지 고민할 수도 있고, 직장을 가진 어머니는 직장 일과 자녀 일로 인해 많은 갈등을 겪을 것이다.

　　사실은 누구나 살아가면서 거의 매일 역할갈등을 겪게 된다. 역할긴장의 경우에는 일의 시급성이나 경중을 판단한 후 우선순위에 따라 역할수행을 해야 한다. 역할상충의 경우는 조금 다르다. 역할상충이 있을 때는 대개 자신의 주 지위에 따른 역할을 먼저 수행할 것으로 기대되는데, 현대사회에서는 대부분 직업을 주 지위로 인식한다. 예컨대, 회사 부서회의와 동창회, 학교강의와 학부모회의, 회사행사와 가족여행 등이 상충될 때, 대개는 부서회의, 강의, 회사행사에 갈 것으로 기대된다.

　　그러나 반드시 주 지위에 따른 역할을 우선적으로 수행하는 것은 아니며, 행위자의 상황판단과 선택에 따라 달라진다. 육아를 위해 판사직을 사임하는 어머니도 있고, 평민과 결혼하기 위해 왕관을 포기하는 왕자도 있다. 요컨대, 역할상충이 있을 경우, 일단은 주 지위에 대한 사회적 기대에 부응하는 것이 무난하지만, 행위자의 선택은 상황판단과 가치지향에 따라 달라질 수도 있다. 이때 판단과 선택을 제대로 못하면 사회적 비난을 받게 된다.

　　지위불일치는 역할수행을 어렵게 하는 요인이다. **지위불일치**(status inconsistency)란 어느 한 개인이 가진 다수의 지위들에 대한 사회적 평가가 일관되지 못한 경우를 말한다. 예컨대, 소수인종 전문직(의사, 변호사 등), 가난한 지식인, 무학 부자 등의 경우, 소수인종·가난·무학은 사회적으로 낮게 평가되는 지위인 반면에, 전문직·지식인·부자 등은 높게 평가되는 지위이다. 이처럼 사회적 지위가 불일치한 사람들은 역할수행에 많은 갈등을 겪는다. 영화 〈그린 북〉은 1960년대 미국에서 저명한 천재 피아니스트인 흑인이 겪는 역할갈등 상황을 절절히 잘 보여 주었다. 높게 평가되는 '천재 피아니스트'와 낮게 평가되는 '흑인'이라는 사회적 지위를 지닌 주인공은 남부 연주여행 중 두 가지 지위의 불일치로 인해 역할수행에 여러 가지 어려움을 겪는다.

🔅 사회화는 어떻게 이루어지나?

　하루가 다르게 자라는 아기의 모습은 놀랍고, 말과 생각이 깊어지는 과정은 신비롭기만 하다. 사회화의 개념과 내용에 대해 살펴보았지만, 그러한 과정이 실제로 어떻게 이루어지는지 이해하기는 쉽지 않다. 사회화가 어떻게 이루어지는지 많은 학자들이 다양한 설명을 시도했다. 어떤 이론도 사회화 과정을 온전히 설명하지는 못하지만, 대표적인 이론 몇 가지만 간략히 살펴보기로 한다.

　먼저 소개할 정신분석학적 이론과 인지발달이론은 인성발달의 단계를 설명하는 데 비해, 뒤에 소개할 상호작용론과 학습이론은 자아가 형성되는 사회적 과정에 초점을 맞추고 있다. 이러한 이론들을 통해 어린아이가 사회적 존재로 발달해 가는 기제(mechanism)에 대한 많은 통찰력을 얻을 수 있을 것이다.

정신분석학적 이론

프로이드(Sigmund Freud, 1856~1939)는 인성(personality)의 형성과정을 처음으로 설명하고자 시도한 심리학자였다. 그의 정신분석학적 이론에 따르면, 인성은 특정한 감각부위를 통해 본능 속에 내재된 **리비도**(libido)라는 성적 에너지를 발산하고 쾌감을 느끼면서 형성된다. 인성의 발달과정은 크게 전성기단계(前性器段階, Pregenital Stage), 잠재기(Latency Period), 성기단계(性器段階, Genital Stage) 등 세 단계로 구분되는데, 발육이 시작되는 영아기와 유아기의 경험이 특별히 중요하다고 한다.

전성기단계는 대략 다섯 살까지 성에 대해 인식하지 못하는 성 이전의 시기를 말한다. 그중에서도 한 살까지는 **구순기**(口脣期, Oral Stage)로서 입술을 통해 리비도를 발산한다. 두세 살 때는 **항문기**(肛門期, Anal Stage)로서 배설물에 관심을 보이며, 역할이나 사회적 기대 등을 배우기 시작한다. 네댓 살 때는 **음경기**(陰莖期, Phallic Stage)로서 성기에 관심을 가지며, 이때부터 뒤에 설명할 초자아(Superego)를 형성하기 시작한다.

프로이드 이론에 따르면, 이 시기에 어느 한 부분에서 지나치게 쾌감을 느끼거나 심하게 억제되면 이후 올바른 인성 형성에 부정적인 영향을 미친다고 한다. 예컨대, 구순기에 모유를 충분히 섭취하지 못하면 성장 후 애정결핍증에 걸리기 쉽고, 항문기에 지나치게 억압되면 나중에 결벽증을 갖게 될 수 있다. 또 음경기에 욕구를 균형 있게 충족하지 못하면 자라서 성적도착증에 이를 수 있으며, 부모에 대한 비정상적 감정(Oedipus Complex 또는 Electra Complex)을 가질 수도 있다고 한다.

잠재기는 대략 6~11세이며, 성적 충동이 만족되지 않은 상태로 잠복해 있는 시기를 말한다. **성기단계**는 대략 12세부터인데, 외부세계와 다양한 상호작용을 하면서 성에 눈뜨기 시작한다. 그리고 20세 전후에 부모로부터 독립하면서 성인으로 자립하게 된다.

프로이드에 따르면, 퍼스낼리티는 **이드**(Id)와 **초자아**(Super-ego)라는 두 가지 상반된 강한 힘의 갈등을 통해 형성된다. 이드는 본능적이고 충동적인 자아로서, 육체적·정서적 쾌락을 추구하는 성향을 나타낸다. 초자아는 사회적 기대와 요구를 내면화한 것으로서 사회화과정을 통해 형성된다. **자아**(Ego)는 쾌락을 극대화하되 처벌은 극소화하기 위해 상극된 두 힘을 중재 조절할 줄 아는 현실적 모습이다. 사회화의 과제는 바로 어떻게 하면 이처럼 균형 잡힌 자아를 형성하느냐 하는 것이다.

프로이드는 인간의 성장과정을 단계별로 보되, 정서적 만족이나 성적(性的) 위기 극복이라는 극적 경험이 퍼스낼리티 형성에 중요한 영향을 미친다고 주장했다. 눈에 보이지 않는 정신세계를 분석하는 것은 참으로 어려운 일인데, 프로이드는 어떻게 자기 의사를 표현할 수도 없는 유아들의 행동을 보며 그들의 정신세계를 분석할 수 있었을까? 그의 이론은 뛰어난 관찰력과 탁월한 상상력으로 구성된 가설이지만, 논리가 반박하기 어려울 정도로 치밀하고 포괄적이어서 널리 받아들여지고 있다.

인지발달이론

인간의 인지능력이 어떤 과정을 거쳐 발달하는지에 대해 체계적으로 설명한 사람은 스위스의 심리학자 피아제(Jean Piaget, 1896~1980)이다. 그의 인지발달이론(Theory of Cognitive Development)에 따르면, 갓난아기는 자아가 없는 상태로서 완전히 자기중심적이다. 인간의 인지능력은 환경과의 상호작용을 통해 적응하면서 단계적으로 발달한다. 인지발달 과정은 감각운동기, 전조작기, 구체적 조작기, 공식적 조작기 등 4단계를 거친다고 한다.

첫째 단계인 **감각운동기**(sensorimotor stage)는 태어나서 대략 18개월까지인데, 주위에 대해 강한 호기심을 보이며, 대상물과 접촉하는 연습을 한다. 대상물이 무엇인지, 왜 있는지도 모르면서 그냥 대상물을 만지거나 조작해보는 단순한 감각적 반사운동을 하므로, 이 시기의 지능을 '감각운동적 지능'이라고 한다.

둘째 단계인 **전조작기**(preoperational stage)는 대략 한 살 반에서 일곱 살까지이며, 이 시기에는 '개념적 지능'을 가진다. 영아기에 개발된 활동의 틀을 내면화하여 상징을 통해 자기표현을 할 수 있게 된다. 여전히 자기중심적이긴 하지만 다른 사람의 행동을 모방하며 언어를 사용하기 시작한다. 사물의 크기, 모양, 색 등과 같은 지각적 특성에 의존하는 직관적 사고를 보이며, 기초적 인과관계나 물리적 현실에 대한 개념을 형성한다.

세 번째 **구체적 조작기**(concrete operational stage)는 대략 7~12세 정도의 시기이다. 이때쯤 되면 실제로 일어난 일을 마음속으로 그려볼 수 있는 정신적 조작이 가능하다. 사물의 부분과 전

체의 관계를 관찰하고, 사물의 크기나 무게 등 속성에 따라 서열
화하는 능력이 생긴다. 또한 자신의 관점과 상대방의 관점을 이
해하기 시작하며, 규칙을 준수하고 다른 사람과 협동할 수 있게
된다.

네 번째 **공식적 조작기**(formal operational stage)는 12살 이후
에 시작되는데, 이 시기의 가장 큰 특징은 사고력을 갖기 시작한
다는 것이다. 이때부터 논리적 추론이나 과학적 사고를 할 수 있
으며, 자유·정의·사랑과 같은 추상적 개념들을 이해할 수 있게
된다. 또한 규범이나 도덕을 내면화하여 사회구성원으로서의 사
고와 행위를 하게 된다.

피아제에 따르면, 이러한 인지발달의 단계는 개별적 지능이
나 문화적 환경에 따라 다소 다를 수 있지만, 발달의 순서는 보편
적이며 바뀌지 않는다고 한다. 즉 아이들은 특정 문화권에 관계
없이 한 단계를 성공적으로 마무리한 뒤에 다음 단계로 이동할
수 있다. 단계마다 알맞은 성숙요인들을 갖추어 나감으로써 점차
자기중심적 사고에서 벗어나 서서히 사회적 자아를 형성해 나간
다는 것이다.

상호작용이론

▶ 거울자아 이론

미국의 사회학자 쿨리(Charles Horton Cooley, 1864~1929)는
1902년에 **거울자아**(Looking Glass Self) **이론**을 제시했다. 이것은
부모, 교우 등 주위 사람들에게 비친 자신의 모습에 대한 인식이

자아를 형성하는 데 큰 영향을 미친다는 이론이다. 개인은 다른 사람들과 상호작용을 하는 동안 타인이 자신을 어떻게 볼 것인지 생각하며 그 기대에 부합하는 방식으로 행동하게 되고, 결국 다른 사람의 평가와 기대가 자아 형성에 중요한 영향을 미친다는 것이다.

거울자아 이론에 따르면, 누구나 다른 사람이라는 거울에 비친 자신의 모습을 통해 자신의 외모, 태도, 행위, 성격 등을 인식하게 된다. 거울자아는 세 가지 요소를 통해 형성된다. 첫 번째는 자신이 다른 사람에게 어떻게 보일지에 대한 상상이다. 두 번째는 자신의 모습을 다른 사람이 어떻게 판단할지에 대한 상상이다. 세 번째는 다른 사람의 평가에 긍지나 굴욕감을 느끼는 자아감이다.

요컨대, 거울을 보며 자기 모습을 인지하는 것처럼, 다른 사람들이 보는 나의 모습 또는 다른 사람들이 기대하는 모습을 자기 모습으로 인식하여 자아상을 형성해 간다. 다른 사람과 상호작용하는 가운데 그들의 평가와 기대에 반응하면서 '사회적 자아'를 형성해 가는 것이다. 그러므로 자아란 처음에 개별적이었다가 나중에 사회적으로 바뀌는 것이 아니라, 처음부터 다른 사람들과의 사회적 관계 속에서 형성된다는 것이다.

성장과정에서 부모로부터 인정을 받지 못한 어린이는 부정적 자아를 형성하기 쉽다. 그리고 학교 교사나 회사 상사로부터 좋은 평가를 받기 위해 교사나 상사가 좋아할 만한 방향으로 행동하기 쉽다. 처음에는 대개 자신을 표현하기 위해 SNS를 시작하지만, 다른 사람들의 반응이나 댓글 등을 보면서 점차 다른 사람들

에게 인정받을 수 있는 방향으로 게시물을 올리게 된다. 이들은
모두 타인의 기대가 자아 형성에 영향을 미치는 사례들이다.

　거울자아 이론은 사회적 존재로서의 자아가 어떻게 형성되어
가는지 잘 설명해준다. 그러나 사회적 관계 속의 사람들 모두가
똑같이 자아형성에 중요한 영향을 미치는 것은 아니다. 각 사람
에게 부여하는 가치나 중요도에 따라 그 사람의 평가가 미치는
영향의 정도는 달라질 수 있다.

▶ 상징적 상호작용론

　미국의 사회심리학자 미드(George Herbert Mead, 1863~1931)
는 쿨리의 거울자아 이론을 더 발전시켜 어린이의 자아형성 과정
을 설명했다. 그의 **상징적 상호작용론**(Symbolic Interactionism)에
따르면 인간은 다른 동물들에는 없는 **마음**(또는 **심성**, mind)을 가
지고 있으며, 이를 바탕으로 스스로 자신을 통제하거나 다른 사람
의 기대를 이해하고 **감정이입**(empathy)을 할 수도 있다. 심성은
상징을 공유하고 감정이입을 할 수 있는 기초이며, 사회화는 상징
을 이용한 상호작용을 통해서만 가능하다.

　인간의 상호작용은 처음에는 단순한 표정이나 손짓, 발짓 같
은 다양한 동작을 통해 이루어지지만, 차츰 의미 있는 상징들
(significant symbols)을 사용하게 된다. 소리나 언어, 기호나 문자
등은 대표적인 상징이다. **사회화**란 바로 상징적 상호작용을 통하
여 성숙한 사회적 존재로서의 자아(self)를 형성해 가는 과정이다.
그러므로 자아는 사회가 없다면 형성될 수 없는 사회적 소산이
다. 상호작용을 하는 가운데 자신의 마음이나 존재를 의식하게

되며, 타인의 개념도 생겨난다. 특히 부모는 어린이의 마음과 자아 개념을 형성하는데 기여하는 **중요한 타인들**(significant others)이다.

어린이는 자라면서 점차 옳고 그름에 대한 일반적인 준거기준을 형성하게 되는데, 미드는 이것을 **일반화된 타인들**(generalized others)이라고 불렀다. 이는 어떤 특정 개인이 아니라 사회 전체를 대표하는 일반적인 사람들이 자신에게 어떻게 행동하기를 기대하는지 스스로 이해하고 있는 내용들이다. 이것은 자신이 속한 사회의 문화를 내면화한 것으로서, 프로이드가 말한 **초자아**(super-ego)와 유사한 개념이다.

이러한 사회화 과정에서 어린이는 다른 사람의 역할을 배우게 되는데, 미드는 역할에 대한 **모방학습**이 자아를 형성하는데 대단히 중요하다고 강조했다. 이러한 과정은 세 단계를 거치며 이루어진다.

첫째는 1~3세 정도 시기의 **예비단계**(preparatory stage)이다. 이 단계에서 어린이는 주위 사람들의 행동을 단순히 따라 한다. 그 행동의 의미도 모르는 채 그냥 모방하는 것이다. 예컨대, 뜻도 모르는 단어를 따라 말한다든지, 어른처럼 팔짱을 낀다든지, 연필을 입에 물고 담배피는 흉내를 내는 것 등이다. 이때 모방의 가장 의미 있는 타인들은 물론 부모이다. 이때부터 벌써 부모는 어린이의 **역할모델**(role model)이 된다.

두 번째는 4~5세 정도 시기의 **유희**(play) **단계**로서, 다른 사람들의 역할을 흉내 내어 따라 하면서 노는 단계이다. 예컨대, 소꿉놀이를 통해 엄마와 아기 역할을 나누어서 하기도 하고, 주위에서 본 가게 주인과 고객, 또는 의사와 환자의 역할을 흉내 내면서 자연스럽게 사회적 관계와 지위에 따른 역할을 배워 나간다. 이 시기에는 단순한 모방이 아니라 역할의 의미를 어느 정도 이해하는 수준에서 이를 모방하면서 역할을 배우는(role taking) 것이다.

세 번째는 6~7세 정도 시기의 **게임**(game) **단계**이다. 이때는 주위의 중요한 타인들뿐 아니라 일반화된 타인들의 기대와 역할을 이해하고 학습하는 단계이다. 단순한 역할놀이 수준을 넘어 복잡한 역할 게임을 하기 시작한다. 예컨대, 어린이는 운동경기를 통하여 자기 팀이나 상대 팀의 전략을 이해하고, 자신에게 부여된 역할을 수행한다. 게임의 일정한 규칙과 타인들의 역할을 이해한 상태에서, 단순한 놀이가 아니라 실제로 자신의 역할을 수행하는(role playing) 것이다.

이후(8~9세) 어린이는 사회적 가치와 기대를 내면화하고 타인이 바라보는 자신의 모습을 자각하면서 **사회적 자아**를 형성해 나간다. 그러나 이렇게 형성된 사회적 자아는 단순히 일반화된 타인들의 기대나 문화에 의해 만들어지는 수동적 존재가 아니다. 미드는 자아에는 능동적·주체적 측면인 I(卽自)와 사회적·객체적 측면인 Me(客自)가 동시에 존재한다고 보았다. 여기서 I는 본능에 가까운 이기적 자아이고, Me는 타인들이 기대하는 일반화된 내용(generalized others)을 내면화한 성숙한 자아이다. 프로이드의 이론에서 Id와 Superego가 갈등하는 가운데 변증법적으로 Ego를 형성해 간다고 한 것처럼, 미드는 I와 Me가 상호작용하면서 종합적인 사회적 자아를 형성해 간다고 본 것이다.

학습이론

사회화란 결국 사회적 가치나 행위양식을 학습하는 과정이라고 보며, 학습이 어떻게 이루어지는지 그 동기에 초점을 맞추는 이론들을 통틀어 **학습이론**(Learning Theories)이라고 한다. 학습이론은 인간의 사회적 행동뿐 아니라 개인적 성격 같은 심리적 특성도 사회적 상호작용을 통해 학습된다고 주장한다. 대표적인 학습이론으로는 보강이론, 교환이론, 모방이론 등을 들 수 있다.

보강이론(Reinforcement Theory)은 행동주의 심리학에 기초를 두고 있으며, 인간을 포함한 모든 유기체의 행동은 그 결과에 의해 형성되고 유지된다고 가정한다. 어떤 행동의 결과가 후에 동일한 행동을 다시 일으키는 자극으로 작용할 때 이를 **긍정적 보강**(positive reinforcement)이라 한다. 반대로 그 행동을 다시 하지 않도록 작용할 때는 **부정적**(negative) **보강**이라 한다. 보강이론의 핵심은 사회화과정에서 어린이의 행동에 보강이 이루어지는 상황, 즉 자극-반응-행동의 결과로 이어지는 상황을 강조하는 데 있다. 이러한 상황 전개과정에서 어린이는 동기를 부여받는 행동은 학습하고, 억제되는 행동은 다시 반복하지 않게 된다는 것이다. 동기부여는 좋은 반응이나 칭찬, 보상 등 다양한 형태로 나타날 수 있다.

교환이론(Exchange Theory)은 행동주의심리학에 고전경제학의 경제인관을 접목시킴으로써, 사회적 상호작용 과정에서 서로 주고받는 상과 벌, 보상과 희생이라는 교환관계를 통해 사회적 학습이 이루어진다고 보는 이론이다. 경제학적으로 인간은 투자에 따른 최대한의 이익을 기대하고 행동하는 것처럼, 어린이도 물질적으로나 정서적으로 보상받은 경험이 있는 행동을 반복할 가능성이 크다는 것이다. 원래 경제학에서 교환의 대상은 상품이나 서비스이지만, 교환이론은 사랑, 우정, 존경, 권력, 명예, 지위 등도 마치 상품이나 서비스의 교환처럼 분석될 수 있다고 주장한다. 그러므로 부모와 어린이뿐 아니라, 다양한 사회적 관계에서의 상호작용도 무엇인가 보상을 주고받는 일종의 교환행위로 볼 수 있다는 것이다.

모방이론(또는 모델론)은 어떻게 학습이 이루어지는지보다는 무엇을 배우는지에 초점을 맞춘 이론이다. 모방이론에 따르면, 대부분의 학습은 타인과의 상호작용과정에서 모델의 행동을 모방함으로써 이루어진다. 어린이의 사회화는 대개 부모의 행동을 모델로 삼을 가능성이 크다. 모방이론은 사회화과정에서 보상이나 형벌 못지않게 좋은 학습모델을 제공하는 것이 중요함을 강조한다.

사회화의 쟁점들

문화와 퍼스낼리티

사회화과정을 통해 형성된 퍼스낼리티는 사람마다 다르고, 퍼스낼리티에 따라 각자 역할을 수행하거나 사회생활을 하는 방식도 다르다. 퍼스낼리티는 개인의 고유한 속성이지만, 환경이나 문화의 산물이기도 하다. 즉, 개인적 속성과 문화가 상호작용하는 가운데 형성된 결과인 셈이다.

프랑스 사회학자 **파레토**(Vilfredo Pareto, 1848~1923)는 개인의 고유한 속성에 주목했다. 그에 따르면, 인간에게는 **잔기**(residue)라는 변하지 않는 기본적이고 지속적인 속성이 있다. 그는 잔기를 6가지로 구분하고 어느 것이 가장 특징적이냐에 따라 인간의 유형을 나누었는데, 대표적인 예로 **여우형**과 **사자형**을 들었다. 여우형 인간은 결합본능(instinct for combining)의 잔기가 강한 사람들로 실험과 혁신을 좋아하고 모험을 즐긴다. 반면에 사자형 인간은 총합지속(persistence of aggregates)의 잔기가 강한 사람들로 전통적이고 고정된 방식에 집착하며 보수적이다. 파레토의 **엘리트순환이론**은 두 유형의 엘리트가 지배층의 자리를 뺏고 빼앗기며 교체되는 가운데 사회변동이 일어난다는 것이다.

파레토가 잔기에 주목한 반면, 미국의 인류학자 **미드**(Margaret Mead, 1901~1978)는 '국민성'이라는 사회적 인성의 개념을 연구했다. **국민성**(national character)이란 한 국가의 성원들에게 나타나는 공통적인 인성(personality) 및 행동양식을 뜻한다. 미드는 인간은 기본적으로 같은 본성을 지니고 있지만, 특히 같은 사회의 성원들은 공통적인 경험을 하면서 공통적인 인성을 형성하게 된다고 주장했다. 정치·경제·교육제도, 육아양식 등 한 나라의 문화는 어린이들의 성격형성에 중대한 영향을 미치고, 개개 성원들의 정신적 또는 심리적 구조에 구현되어 국민적 특성을 형성하게 된다는 것이다.

예컨대, 미국인은 개척정신이 강하고 실용적이며, 영국인은 전통을 존중하고 신분의식이 강하며, 독일인은 논리적·이론적이며, 프랑스인은 직관적·예술적이라고 한다. 국민성 분석은 그 국가가 어떤 식으로 행동할지 이해하는 데 도움을 줄 수도 있다. 그러나 한 나라 사람들의 성격을 한두 가지 특징으로 묘사하는 것은 피상적일 수밖에 없다. 국민성과 비슷한 개념으로 **민족성**을 들 수 있는데 이것은 '민족'을 단위로 한다는 점에서 국민성과 구별된다. 한국처럼 단일민족으로 구성되어 있는 경우에는 민족성과 국민성을 동의어로 사용할 수도 있다.

미국의 사회학자 **리스먼**(David Riesman, 1909~2002)은 미국사회의 변동과정을 분석하면서 시대에 따라 사회적 인간형이 달라진다고 주장했다. 즉 시대환경이 퍼스낼리티 형성에 중요한 영향을 미친다는 것이다. 그에 따르면, 원시 전통사회에서는 전통과 과거를 행위모형의 주요 기준으로 삼기 때문에 전통적인 가치관을 중시하는 사람이 다수인데, 이들을 **전통지향형**(tradition directed type) 인간이라고 했다. 이후 19세기 초 산업화 시기에는 가족에 의해 일찍부터 학습된 내면적 도덕과 가치관을 주요 행위 기준으로 삼는 **내부지향형**(inner directed type) 인간이 보편적이었다.

20세기 고도 산업사회의 현대인은 또래집단(peer group)의 시선을 의식하면서 그들의 영향에 따라 행동하는 **타자지향형**(other directed type) 인간으로 바뀌었다. 과거에는 사회전통 또는 가정이 지켜오던 가치관과 정체성의 근원을 또래집단이 대체했다는 것이다. 타자지향형 인간은 항상 남들이 무슨 생각을 하고 무엇을 좋아하는지에 예민하며, 남들로부터 격리되지 않으려고 애쓴다. 이들은 군중 속의 일원으로 있으면서도 내면적으로는 고립되고 불안한 **고독한 군중**이라는 것이다.

　　사회이동이 많아지면서 두 개 이상의 문화체계에 속한 사람들 중에는 어느 쪽 문화에도 통합되지 못하는 경우가 있다. 이처럼 문화가 현저히 다른 집단(또는 사회)에 동시에 소속되어 행동기준의 틀이 불안정한 사람을 **주변인**(marginal man)이라고 한다. 예컨대, 계층이동, 지역이동, 이민, 소년에서 청년으로의 이행기 등 한 문화권에서 다른 문화권으로 급격히 이동할 때 이러한 현상이 나타날 수 있다. 주변인은 가치체계가 다른 두 집단 가운데서 어디에도 소속감을 갖지 못해 심리적 갈등상태에 놓이기 쉽다. 또한 성원으로서의 지위나 역할을 제대로 갖지 못해 사회문화적 체계로부터 소외되므로 지속적이고 일관된 행동을 하지 못하는 경우가 많다.

　　현대사회에서는 대부분 직업이 가장 중요한 사회적 지위이므로 한 직업에 오래 종사한 사람들은 그 직업에 따른 가치관과 행동양식을 갖기 쉽다. 대기업이나 관료조직에서 오래 일하다 보면 자연스럽게 그 조직의 문화에 부응하는 퍼스낼리티를 갖게 된다. 철저히 조직의 규정과 위계에 따르며, 주어진 목표 달성을 위해 행동하는 퍼스낼리티의 사람을 **조직인**(organization man)이라고 한다. 소속된 조직 내 지위가 곧 사회계층적 지위가 되므로 조직인은 개인적 규범보다 조직의 문화에 따라 행동하며, 창의성이나 자율성보다는 동조성과 표준형의 특징을 갖는다.

희생자 사회화

사람은 사회화 과정에서 자신의 정체성을 형성하게 되는데, 때로는 사회화의 내용이 특정 부류의 사람들을 희생자로 만들기도 한다(victim socialization). 예컨대, 여성은 다소곳하고 순종적이어야 한다는 전통사회의 사회화 내용은 여성이 다 자란 뒤에도 스스로 여성다움에 속박되도록 한다. 특정 인종은 지능이 낮아 지도자나 논리적인 일에 적합하지 않다거나, 가난한 집안에서 어렵게 성장한 사람은 예술적 감수성을 갖기 어렵다는 식의 그릇된 사회화 내용은 그들 스스로 자신을 비하하거나 사회적 차별을 감수하게 만들 수 있다.

일탈행위를 설명하는 이론들 중 하나인 **낙인이론**(Labeling Theory)에 따르면, 일탈은 행위자의 내적 특성 때문이 아니라 주위로부터 받는 낙인에 의해 만들어진다고 한다. 경미한 일탈행위는 어린 시절의 실수로 그냥 지나갈 수도 있는데, 그로 인해 일탈자라는 낙인이 찍히게 되면 더 큰 범죄자로 발전하게 된다는 것이다. 요컨대 사람들은 주위 사람들의 의견에 의해 부여되는 지위를 정말 가지게 된다는 것이다. 한국 속담에 "말이 씨가 된다"는 말이 있는데, 부모는 자녀를 양육하면서 자녀의 미래에 대해 함부로 말해서는 안 된다는 지혜를 담고 있다. 무심코 하는 나쁜 말이 나쁜 결과를 가져오는 것처럼, 잘못된 사회화 내용은 희생자를 낳을 수 있다.

한국에서는 잘 구분하지 않지만 최근 영어에서는 **생물학적 성**(sex)과 **사회적 성**(gender)을 구분해 사용한다. sex는 단순히 생물학적으로 남녀를 구분하는 개념인 데 비해, gender는 사회 문화적으로 형성된 남녀의 정체성을 나타낸다. 그동안 대부분의 사회는 특정 성(sex)에 부합되는 특질이 있다고 믿었으며, 여성성과 남성성을 사회화의 주요 내용으로 전수해 왔다. 그러나 사실 생물학적 성과 사회적 성이 반드시 일치하는 것은 아니며, 그동안 남성성과 여성성에 대한 강조는 여성을 사회화의 희생자로 만들었다. 최근 사회적 관심의 대상이 되고 있는 **성 인지감수성**(gender sensibility)이란 성 역할에 대한 고정관념을 갖지 않고 반대편 성의 입장에서 어떤 사안을 이해할 수 있는 감성적 능력을 말한다.

노인의 사회화

100세 시대가 현실로 다가오고 있다. 현재 한국인 중 100세 이상 인구는 거의 4천 명에 이르며, 7명 중 1명이 65세 이상 노인이다. 2012년 기준 국가별 인구 10만 명당 100세 이상 노인 수를 보면, 프랑스 36명, 일본 20명, 미국은 18명이다. 현재 한국인의 생애과정을 보면, 대부분 사람들은 출생 후 20년 이상을 준비하여 40여 년 사회생활을 한 후에 은퇴한다. 그러나 은퇴 후에 살아갈 40년은 대부분 아무 준비 없이 맞이한다.

은퇴 후의 노년생활은 준비 없이도 자연스럽게 이어질 수 있을까? 그렇지 않다. 젊은 날 취업을 위해 준비했던 것처럼 철저히 대비하지 않으면 평안한 노후를 맞이하기 어렵다. 노인은 경제적으로뿐만 아니라 몸도 마음도 젊은이와 다르다. 젊을 때 살던 방식으로 살면 노인은 다치기 쉽고 주위 사람들과 부딪히기 쉽다. 나이가 들면 노인에게 적합하도록 생활양식을 바꾸어야 하고, 대인관계에서도 태도를 바꾸어야 한다.

은퇴하면 근로소득이 없어지니 경제적으로 대비해야 하고, 일을 통한 인간관계가 없어지니 새로운 사회관계를 만들어 나가야 한다. 배우자나 자녀들과의 관계도 새로운 양식으로 바꾸어야 한다. 노화에 따른 질병이 많아지고 자칫하면 빈곤과 고독으로 삶의 질이 급격히 떨어질 수도 있다. 노인으로서의 삶에 대한 준비를 제대로 하지 못하면, 사회생활을 성공적으로 잘하고도 노후에 실패한 인생으로 전락할 수 있다. 그러므로 어린 시절의 사회화 못지않게 노년의 삶을 위한 사회화도 중요하다.

노인을 위한 사회화는 노인이 된 후에 하는 것이 아니라 노인이 되기 전부터 시작해야 한다. 노인 사회화는 50대쯤 시작하는 것이 좋을 것이다. 지나온 삶을 돌아보며 새로운 50년을 설계하는 인생의 전환기에서 새로운 삶의 양식을 배우는 것이다. 공자는 50세를 지천명(知天命)이라 했는데, 이는 우주만물을 주관하는 하늘의 뜻이나 원리를 깨닫는 나이라는 뜻이다. 천명을 안다는 것은 곧 주관적 세계를 넘어 만물에 부여된 객관적이고 보편적인 삶의 원리에 따라 사는 것이다.

노인의 사회화라고 하면 뭔가 특별할 것 같아 막막할 수 있지만, 관심을 가지고 둘러보면 노후준비 교육이나 전문상담을 받을 수 있는 프로그램들이 의외로 많다. 이러한 프로그램들은 대개 연금이나 자산관리, 건강관리, 여가생활, 부부나 자녀를 포함한 사회적 인간관계 등에 대한 전문가들의 체계적 교육을 제공한다.

아울러 실제 노후준비 사례와 상담내용 등을 바탕으로 행복하고 활기찬 노후를 설계할 수 있도록 도와준다.

노인의 사회화에서 빠뜨릴 수 없는 중요한 내용은 죽음에 대한 학습이다. 죽음은 누구도 피할 수 없고, 어느 순간 갑자기 맞이할 수도 있다. 그런데도 사람들은 대개 자신의 죽음에 대해서는 구체적으로 생각해보지 않는다. 죽음은 삶의 마지막 단계이며, "끝이 좋으면 다 좋다"는 속담처럼 성공적인 삶을 완성하는 순간이다. 그러므로 죽음에 대해서도 삶처럼 철저한 준비와 학습이 필요하다. 행복한 모습으로 평안하게 죽음을 맞이하는 모습은 가족이나 친지들에게 영원히 아름답게 기억될 것이다.

사실은 죽음에 대한 준비가 마지막 순간만을 위한 것은 아니다. 죽음에 대한 생각은 지나온 날을 뒤돌아보게 하며, 오늘의 삶에 대해 진지한 태도를 갖게 한다. 또한 남은 날들을 후회 없이 보낼 수 있도록 도와준다. 그러므로 죽음에 대한 학습은 노인뿐 아니라 젊은이에게도 똑같이 중요하다. 삶과 죽음은 인생의 다른 순간일 뿐 별개의 것이 아니며, 죽음을 알면 삶을 더욱 잘 이해할 수 있게 된다. 육친의 죽음을 지켜보거나 "오늘이 내 삶의 마지막 날이라면?" 하는 생각은 삶을 보다 진지하고 치열하게 가꾸어 줄 수 있다.

자녀양육의 11가지 원리

아기가 태어나 자라는 '사회화' 과정을 지켜보면 참으로 신기하고, 생명이 얼마나 소중한지 새삼 깨닫게 된다. 자식 잘되길 바라지 않는 부모 없고, 자녀양육에 나름대로 최선을 다하지 않는 부모도 없다. 그러나 나중에 돌아보면 시행착오도 많고 후회되는 일도 많다. "문제 청소년 뒤에 문제 부모 있다"는 말이 있다. 문제 청소년이 된 원인을 분석해 보면 부모의 문제에 기인하는 경우가 많다는 뜻이다. 참으로 가슴 아픈 일이 아닐 수 없다.

대부분 부모들이 결혼 후 자연스럽게 자녀를 낳아 기르지만, 육아에 대해 체계적으로 학습하거나 진지하게 연구하는 경우는 드물다. 사실 사회화 과정은 자연스럽게 진행될 수 있는데, 부모의 지나친 관심과 간섭이 오히려 그 과정을 왜곡시키는 경우가 허다하다. 사회화과정에 대한 전반적인 이해를 바탕으로 자녀양육에 가장 기본적인 원리들을 정리해보면 다음과 같다.

① 깊이 사랑하라

처음 아기를 키우는 부모들 중에는 어릴 때부터 독립심을 길러주고 강하게 키우려고 엄격하게 대하는 경우가 많다. 그러나 엄격한 훈계보다 한없는 사랑을 느끼게 해주는 것이 훨씬 더 효과적이다. 부모가 진정으로 자기를 사랑한다는 것을 느끼는 자녀는 설령 야단을 맞더라도 부모를 원망하기보다 자신을 책망한다. 그리고 부모를 실망시키지 않기 위해 최선을 다한다.

자식은 돈으로 크는 것이 아니라 사랑으로 자란다. 비싼 유치원 보내고 비싼 과외 시킨다고 잘 자라는 것이 아니다. 새벽에 교회 가서 기도하든, 깊은 산 절에 가서 불공을 드리든, 부모가 자신을

위해 매일 눈물 흘리며 간구한다는 사실을 아는 자녀는 결코 빗나가
지 않는다. 혹시 일시적으로 빗나가더라도 반드시 부모의 기도를
떠올리고 돌아온다.

② 예단하지 말라

자녀의 지금 모습에 대해 절대로 아쉬워하거나 낙심해서는 안 된다.
부모가 미리 판단해 버리면 그것이 자녀의 한계가 되기 때문이다.
사람은 계속 변한다. 사회화는 평생 계속되며, 어린 시절의 다양한
경험은 어떤 형태로든 장차 퍼스낼리티 형성에 소중한 밑거름이 된
다.

　똑바로 한길로 가는 사람도 있지만, 방황하며 자기 길을 찾아가
는 사람도 있다. 어떤 사람이 더 훌륭한 삶의 목적지에 도달할지는
누구도 모른다. 부모가 살아온 길은 자녀가 살아갈 길과는 전혀 다
른 길이다. 자녀가 어떤 길을 가든지 깊이 사랑하며 지켜보는 것이
일일이 간섭하고 야단치는 것보다 훨씬 더 교육적이고 효과적이다.

③ 천성대로 양육하라

인성은 완전히 타고나는 것도 아니고 완전히 양육(nurture)되는 것
도 아니다. 타고난 선천적 능력과 소질을 잘 계발하고 꽃피우는 것
이 사회화의 가장 바람직한 과정이다. 부모가 자녀의 천성(nature)
을 파악하려 애쓰지 않고 자신의 가치관과 판단에 따라 자녀를 기르
려고 하면 반드시 자녀와 갈등을 겪게 된다.

　자녀의 천성을 잘 살펴 성장환경과 조화를 이룰 수 있도록 양육하
는 것이 중요하다. 대부분 부모는 자녀가 어떠한 천성을 타고났는지
정확하게 알기 어렵다. 그러므로 식물을 기를 때처럼, 밝은 햇빛과
신선한 공기와 충분한 수분만 잘 공급해주면 된다. 그럼 자녀는 자
기 속에 담고 있는 모습을 스스로 최대한 꽃피우게 될 것이다.

④ 질문하게 하라

아이들은 말을 배우기 시작하면 이것저것 끊임없이 물어본다. 질문을 통하여 아이들은 말도 배우고 지식도 얻고 세상사는 법도 배운다. 히브리어로 '인간'은 '질문하는 존재'라는 뜻이라고 한다. 인간은 모든 것을 질문하면서 터득해 나가는 존재이다. 유대인 부모는 학교 다녀온 아이에게 "오늘 선생님 말씀 잘 들었니?" 묻지 않고, "오늘 선생님에게 무슨 질문을 했니?" 묻는다고 한다. 훌륭한 교육법이다.

끊임없이 질문하는 아이는 건강하고 지적 호기심이 큰 것이다. "조용히 해"라든가 "크면 알게 된다"며 질문을 막는 것은 어린이의 호기심과 지적 성장을 억제하는 것이다. 호기심은 탐구심을 키워주며, 질문은 지식을 확인하고 창의성을 키워준다. 혹시 아이가 같은 질문을 반복하더라도, 더 확실히 알고 싶어 하는 것이니 오히려 대견하게 여기며 기뻐할 일이다.

⑤ 스스로 하게 하라

자녀를 키우는 과정에서 부모는 항상 가까이 있으며, 자녀에게 필요한 모든 것을 제공하고 보살핀다. 그렇게 사랑을 쏟고 헌신적으로 보살펴 주었음에도 자녀는 자라면서 끊임없이 부모의 통제에서 벗어나 독립하려고 애쓴다. 혹시라도 이것을 서운해 하거나 '반항'이라고 생각해서는 안 된다. 이것은 자녀가 부모에 대한 의존적 상태를 떠나 사회적 존재로 성숙해 가는 자연스러운 과정이니 오히려 기뻐할 일이다.

부모는 자녀가 어릴 때부터 독립적 자아를 지닌 존재로 대해야 한다. 자녀는 결코 부모의 소유물이 아니며, 부모와 대등한 독립적 인격체이다. 그러므로 부모는 항상 자녀의 생각과 판단을 존중하며, 자녀의 일에 조언은 하되 최종결정은 스스로 할 수 있도록 도와주어야 한다. 혹시 결과가 나쁘더라도 그것은 자녀가 스스로 감당해야 할 몫이며, 그것도 소중한 경험이 된다.

⑥ 오로지 후원하라

어떤 삶이 더 큰 성공이고 더 훌륭한 것인지는 누구도 모른다. 삶의 모습은 한없이 다양하고 그 길도 수없이 많기 때문이다. 대학원을 졸업해도 실패한 인생이 있는가 하면, 초등학교만 나와도 성공한 인생이 있다. 부와 권력과 명예를 다 누려도 불행하고 비천한 삶이 있는가 하면, 가난하고 아무 권력이 없어도 행복하고 고귀한 삶이 있다. 인생길 어디에도 정해진 답은 없다.

자신의 천성에 충실하면서 자기가 관심을 가지고 재미를 느끼는 일에 최선을 다하며 바르게 살도록, 늘 격려하고 후원해 주는 것이 좋은 부모의 역할이다. 부모는 어떤 경우에도 자녀에게 변함없는 영원한 후원자임을 느끼게 해 주어야 한다. 후원이 훈육보다 훨씬 더 수준 높은 교육법이다.

⑦ 삶의 뿌리를 튼튼히 가꿔라

한국 부모들의 교육열은 세계적으로 유명하다. 그런데 잘못 생각하는 부분이 있다. 공부 잘하는 것이 무엇보다 중요하고, 그러려면 고액과외가 필요하다고 생각한다. 또한 학교 석차가 중요하고 세칭 일류학교에 들어가야 좋다고 믿는다. 사실 성장과정에서 더욱 중요한 것은 공부가 아니라 삶의 뿌리를 튼튼히 가꾸는 일이다. 자신의 정체성, 가치관, 미래의 꿈 등을 정립하면 자연스럽게 공부에 대한 동기가 생기고, 스스로 하고 싶은 공부를 잘하게 된다.

인간은 어떤 존재인지, 왜 가족이 소중한지, 삶에서 무엇이 중요한지, 무엇을 위해 어떻게 살아야 할지, 사회란 어떤 곳이며, 사회적 상호작용은 어떠해야 하는지 등 자신의 존재와 삶에 대한 근본적 생각을 가다듬는 일이 공부 잘하는 것보다 훨씬 더 중요하다. 뿌리

깊은 나무는 바람에 쓰러지지 않고 풍성한 열매를 맺는다는 말은 사람에게도 마찬가지이다. 삶의 뿌리가 튼튼하면 어떤 시련이 닥쳐도 굴하지 않고 바르고 건강한 삶을 살아갈 수 있다.

올바른 삶의 뿌리를 기르는 가장 단순하고 쉬운 방법은 어릴 때부터 신앙을 갖는 것이다. 공부에 방해된다며 친구들과 종교활동하는 것을 막지 말라. 사이비 교파만 아니라면, 모든 종교는 정직·성실·근면·노력·감사·배려 또는 부모공경이나 가족사랑 같은 삶의 보편적 가치를 마음 깊은 곳에 심어준다.

⑧ 자녀의 미래는 자녀에게 맡겨라

자녀는 미래 세대이고 부모는 과거 세대이다. 부모의 판단과 전망은 과거의 가치관과 기준에 따른 것이다. 자녀의 삶은 미래의 가치와 기준에 따라 판단되어야 한다. 부모가 미래를 두고 자녀와 토론할 수는 있지만, 살아온 경험이 더 많으므로 더 잘 안다고 무조건 설득하려 들면 안 된다. 자녀는 부모가 낳았지만, 독립적 인격체이다. 자녀의 삶은 자녀의 몫이다.

부모는 누구보다 자식을 잘 알고, 먼저 살아봤기 때문에 자녀를 바른길로 인도해 줄 수 있다는 생각은 착각이다. 자녀는 결코 부모와 동일시될 수 없다. 부모는 과거를 살았지 미래를 살아본 것은 아니다. 미래는 누구도 정확히 알 수 없지만, 자녀는 미래의 공기를 호흡하며 미래를 만들어가고 있으므로 적어도 과거 세대인 부모보다는 느낌으로 더 잘 알 수 있다.

⑨ 경쟁보다 상생을 가르쳐라

많은 부모들은 자식이 항상 친구들보다 뛰어나고 경쟁에서 이기기를 바란다. 그러나 함께 노력하는 동년배집단에서 뛰어나기는 어려우며, 모두가 다 뛰어날 수도 없다. 항상 친구들보다 잘하는 것이 중요하고 누구에게도 지지 말아야 한다고 경쟁만 강조하면, 부모와 자녀 간에 긴장감이 흐르고 갈등이 생기기 쉽다. 경쟁은 과거 산업사회의 가치이며, 미래 삶에서는 공존과 상생(相生)이 더 중요하다.

남아프리카 코사 족에는 우분투(ubuntu)라는 말이 있는데, "네가 있어 내가 있다"는 뜻이라고 한다. 다른 사람이 존재하기 때문에 내가 존재할 수 있고, 다른 사람의 도움으로 내가 잘될 수 있다는 것이다. 경쟁보다 상생의 가치를 따르면 삶이 편안해지고, 함께 하는 가운데 서로가 더 큰 성취를 이룰 수 있다. 치열한 경쟁보다 상생의 지혜를 모색하게 하면, 부모 – 자녀 관계가 편안해지고 대화도 따뜻하고 쉬워진다.

⑩ 건강이 지식보다 중요하다

지식은 물질보다 중요하지만, 건강보다 중요하지는 않다. 아무리 훌륭한 지식도 건강을 잃으면 아무 소용이 없기 때문이다. 사람의 생명은 육체에만 있는 것이 아니라 정신에 같이 있다. 육체가 약하면 정신도 약해지고, 정신이 약하면 육체도 약해진다. 그러므로 어느 한쪽도 소홀히 해서는 안 되며, 육체적 건강과 정신적 건강을 함께 잘 가꾸어야 한다.

운동하는 시간은 공부할 시간을 빼앗는 것이 아니라, 오히려 공부를 도와준다. 육체의 건강은 운동으로 가꾸고, 정신의 건강은 독서로 가꿀 수 있다. 운동과 독서는 공부에 도움이 될 뿐 아니라, 그 자체가 바로 소중한 인생 공부이다. 어린 시절의 건강이 평생을 좌우한다. 그러므로 성장기에 독서와 운동을 함께 꾸준히 하는 습관을 기르도록 격려해야 한다.

⑪ 부모가 롤 모델이다

모든 자녀들에게 가장 중요한 역할모델은 부모이다. 자녀는 평생 살아가는데 필요한 기본적인 내용을 대부분 부모를 통해 배우고 익힌다. 그런데 사실 부모가 모든 것을 일일이 가르쳐 주는 것은 아니다. 자녀는 부모의 등 뒤에서 배운다. 자녀는 자신도 모르고 부모도 모르는 사이에, 부모를 보고 듣고 따라 하며 배우는 것이다. 부모가 쉽게 도로를 무단횡단하면서 자녀에게는 "반드시 횡단보도로 건너야 한다"고 가르치면 자녀는 무단횡단을 배우게 된다.

저녁 식사 후 자녀에게 TV 그만 보고 들어가 공부하라고 말하기보다는 부모가 TV 끄고 책을 읽는 것이 더 효과적이다. 부모와 자녀가 방 네 귀퉁이에 책상을 하나씩 놓고 함께 책을 읽는다면, 굳이 공부하라고 말할 필요도 없을 것이다. 책 읽던 자녀는 자연스럽게 부모에게 말을 걸고, 부모가 "좀 쉬었다 하라"고 하면 자녀는 "괜찮다"고 웃으며 공부를 계속할 것이다.

사회의 기본조건은 인구와 환경이다

① 인구란 무엇인가?

인간의 삶은 결코 환경으로부터 자유롭지 못하다. 아무리 과
학기술이 발달해도 인간은 자연환경은 물론 사회환경이나 인구
와 같은 기본적인 제약에서 벗어날 수 없을 것이다. 인구와 환경
은 별개의 것이 아니라 상호 긴밀히 연관돼 있다. 인구가 환경을
바꿀 수도 있지만, 환경이 인구를 바꿀 수도 있다.

인구는 국가나 지방자치단체 등 비교적 큰 규모 집단의 사람
수를 말하는데, 인구에 대한 관심은 통상 세 가지 속성을 중심으
로 나타난다. 첫째는 **시간성**이다. 이는 어느 시점에서의 인구가
얼마인지, 그리고 특정 기간 동안 인구가 얼마나 증가 또는 감소
했는지 등에 대한 관심을 말한다. 인구 논의에서 가장 큰 관심은
인구성장(population growth)에 관한 것인데, 이것은 바로 인구의

증가속도 등 시간에 관련된 것이다.

둘째, 인구의 **계층성**이다. 이것은 인구가 연령, 성, 그리고 사회경제적 특성에 따라 어떻게 구성되어 있느냐 하는 것이다. 인구론에서는 규모 못지않게 **인구구성**(population composition) 또는 **인구구조**(population structure)에 큰 관심을 가진다. 인구구조는 인구의 사회적 특성을 잘 보여줄 뿐 아니라, 다양한 사회문제의 근원이 될 수도 있기 때문이다.

셋째는 인구의 **지역성**인데, 이는 어느 한 시점에서 인구가 지역별로 어떻게 분포되어 있느냐 하는 속성이다. 거주지별 인구구성을 나타내는 **인구분포**(population distribution)는 인구정책뿐 아니라, 국가 예산을 배분하거나 다양한 정책을 펼치는 데 중요한 기준이 된다.

인구성장

인구의 증감을 결정하는 세 가지 요소는 출생(birth), 사망(death), 이동(migration)이다. 정해진 기간 내 출생자 수에서 사망자 수를 뺀 수치를 **자연증가**(natural increase)라 하고, **이입**(in-migration)에서 **이출**(out-migration)을 뺀 차이를 **순 이동**(net migration)이라고 한다. 어느 한 시점의 인구(P_2)는 이전 시점의 인구(P_1)에 자연성장과 순 이동을 합한 것이다. 이를 수식으로 나타내면 다음과 같다.

$$P_2 = P_1 + (B - D) + (IM - OM)$$

세계 인구성장 추세를 보면, 두 차례의 폭발적 증가 기간이 있었다. 제1차 세계 인구폭발은 BC 1만 년에서 BC 6천 년 사이에 있었는데, 4,000년 동안 대략 500만 명에서 8,600만 명으로 17배나 증가하였다. 제2차 세계인구 폭발은 17C 중엽에서 19C 중엽 사이에 일어났는데, 대략 5억 5천만에서 11억 7천만으로 2.1배 증가했다. 이러한 인구급증은 농업혁명, 의학 발달, 생활 수준 향상, 공중위생시설 개선 등에 따른 것이었다.

어느 한 시점에서부터 인구가 2배로 늘어나는 데 걸리는 기간을 **인구배가 기간**이라고 한다. 서기 1년에 약 2.6억 명이던 세계인구가 5억 명으로 늘어나는 데는 1,650년이 소요되었다. 그리고 10억 명(1810년)이 되는 데는 160년, 다시 20억 명(1930년)이 되기까지는 120년이 걸렸다. 그런데 40억 명(1975년)이 되는 데는 불과 45년밖에 걸리지 않았다. 2020년 말 세계인구는 78억 명을 넘었으며, 조만간 80억에 이르게 될 것이다. 인구배가 기간이 점점 짧아져 이제는 45년마다 인구가 두 배로 늘어나고 있는 셈이다.

선진국에서는 인구성장이 둔화되었지만, 세계인구는 여전히 빠른 속도로 증가하고 있다. 세계인구의 출생통계를 보면 대략 1분당 150명, 매일 22만 명, 매년 8,000만 명이 태어난다. 인구 성장의 속도를 보여주는 대표적인 지표는 **합계출산율**인데, 이것은 한 명의 여성이 평생 출산하는 자녀 수를 말한다. **대체출산율** (replacement fertility rate)이란 현재의 인구 규모를 그대로 유지하기 위한 합계출산율을 의미하는데, 선진국의 경우 2.1명 정도이고, 사망률이 높은 개발도상국에서는 3.4명까지 필요하며, 세계적으로는 2.33명 정도라고 한다.

인구구조

인간사회에서 자연스러운 질서 중 하나는 남자와 여자가 가정을 이루고 함께 살아가는 것이다. 인구구조에서 가장 중요한 것도 성과 연령에 따른 구성 비율이다. 인구 중 여자 100명당 남자의 비율을 **성비**(sex ratio)라고 한다(성비＝남성/여성×100). 자연의 법칙에 따르면 보편적으로 출생 시 성비는 106 정도이며, 결혼적령기인 20대에 이르면 대략 100이 되고, 30대 이후에는 점차 100 아래로 떨어져 전체적으로 100 내외가 된다. 이러한 성비가 전쟁이나 지나친 남아(또는 여아) 선호사상에 따라 인위적으로 균형을 잃게 될 경우에는 다양한 사회문제를 야기한다.

어떤 인구의 특성을 개괄적으로 보여주는 가장 효과적인 그림은 성과 연령에 따른 인구구성을 넓이로 나타낸 그림이다. 이 그림을 **인구피라미드**(population pyramid)라고 하는데, 연령은 5세 간격으로 아래에서부터 위로 표시하고, 성별로는 남성을 좌측에, 여성을 우측에 나타낸다(〈그림 6-1〉). 인구피라미드는 인구의 특징적 모습을 일목요연하게 보여주며, 인구정책 수립에 중요한 지침이 된다.

출생률과 사망률이 모두 높은 개발도상국의 인구피라미드는 아래가 넓고 위가 뾰족한 **고깔형**으로 나타나며, 인구증가 문제, 교육이나 실업문제 등이 중요한 과제임을 보여준다. 반면에 출생

률과 사망률이 모두 낮은 선진국의 인구피라미드는 아래위 면적
이 거의 같은 **종형**(鐘型)으로 나타나는데, 이는 노인문제가 중요
함을 나타낸다.

그림 6-1 인구피라미드

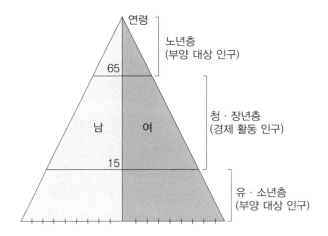

인구구성에서 중요한 또 다른 지표는 **부양인구비**(Dependency
Ratio)이다. 이것은 경제 활동인구(15~65세)에 대한 비경제 활동
인구(14세 이하 및 65세 초과)의 백분비를 말한다(부양인구비=비경제
활동인구/경제활동인구×100). 통상 인구가 고령화될수록 부양인구
비가 커지며, 이는 경제성장에 큰 부담요소가 된다. 유엔은 전체
인구 중 만 65세 이상 인구비율이 7%를 넘으면 **고령화사회**(Aging
Society)라 하고, 14%를 넘으면 **고령사회**(Aged Society), 20% 이상
이면 **초고령사회**(Post-aged society)로 분류한다.

인구분포

인구분포란 사람들이 어느 지역에 얼마나 모여 살고 있는지 나타내는 개념이다. 그런데 사람들은 한곳에서만 사는 것이 아니라 경제적·문화적·지리적·정치적 등 여러 가지 이유로 거주지를 옮겨 다닌다. **사회이동**(social mobility)은 사회계층적 지위가 바뀌는 것을 말하는 데 비해, **인구이동**(human migration)은 인구가 한 지역에서 다른 지역으로 옮겨가는 지리적 이동(geographical migration)을 말한다. 유엔은 인구이동을 '공간적 유동성의 한 형태로서 일반적으로 출발지에서 목적지로의 주소변경을 수반하는 것'이라고 규정하고 있다. 즉 인구이동이란 상당 기간 동안 거주지를 다른 행정구역으로 옮기는 것을 말하며, 통근이나 계절이동, 품팔이, 단기 여행 등 일시적 이동은 여기에 포함되지 않는다.

인구이동의 개념에는 몇 가지 고려할 사항이 있다. 첫째, 이동의 경계를 어느 구역 기준으로 할지 정해야 한다. 둘째, 통계 파악의 대상기간을 어느 기간으로 하느냐에 따라 실태에 차이가 있을 수 있다. 셋째, 때로는 이동기간에 따라 영구적, 일시적, 계절적, 주기적 이동 등으로 구분해 볼 필요가 있다.

인구이동의 경계를 보면, 국경을 넘는 이동은 **이민**(international migration)이라 부르고, 국내에서의 이동은 **이주**(internal migration)라고 한다. 국경을 넘어 들어오는 것은 **이입**(immigration), 국경을 넘어 나가는 것은 **이출**(emigration)이라고 한다. 반면에 국내에서 특정지역으로 들어오는 이동은 **전입**(in-migration), 나가는 이동은

전출(out-migration)이라고 한다.

국제적 이동의 대표적인 사례로는 유럽 여러 나라에서 신대륙으로 건너간 이동을 들 수 있다. 국내 이동의 대표적 사례로는 미국 동부에서 서부로 향한 개척인의 이동, 러시아에서 시베리아를 개발하기 위한 동쪽으로의 이동 등을 들 수 있다. 대부분 국가에서는 산업화와 더불어 농촌 인구가 도시로 옮겨가는 국내이동이 이루어진다.

② 인구문제에 대한 논쟁

맬서스의 인구론

과잉인구에 대한 논란은 고대부터 있었지만, 본격적 관심의 대상이 된 것은 18세기 말 영국의 경제학자 **맬서스**(Thomas Robert Malthus, 1766~1834)가 『인구론』(An essay on the principle of population, 1798)을 발표한 이후부터이다. 맬서스가 인구론을 집필하게 된 배경은 당시 지배적이던 중상주의와 계몽주의의 낙관적 인구관을 반박하기 위해서였다고 한다.

중상주의 경제정책의 기본목표는 왕실의 부(富)를 축적하는 것이었는데, 이러한 시각에서 보면 인구증가는 바람직한 현상이었다. 즉 인구증가는 풍부한 노동력을 제공함으로써 저임금을 가능케 하고, 이는 생산비용 저하로 이어져 국제경쟁력을 강화하여 무역수지 흑자를 크게 할 것이라는 논리였다. 또한 인구가 많으면 세금과 군사력의 든든한 토대가 되므로 경제적으로는 물론 정치적·군사적으로도 유리하다고 보았던 것이다.

계몽주의는 인간의 이성을 신뢰했으므로 인구는 지나치게 증가하지 않고 자체적으로 적정선을 유지하게 될 것이라고 믿었다. 그러나 맬서스는 인구증가란 본능적 성욕의 결과이므로 일정 수준을 넘으면 스스로 통제할 수 없게 된다고 주장함으로써 계몽주의 인구론에 반대했다. 그리고 인구증가는 중상주의자들의 주장처럼 부의 축적을 가져오는 것이 아니라, 오히려 빈곤과 악덕을 낳게 될 것이라고 경고했다.

맬서스의 인구론은 두 가지 전제에서 출발한다. 하나는 인간의 생존을 위해서는 식량이 필수적이라는 사실이고, 다른 하나는 성욕은 이성으로 통제할 수 없는 본능이라는 사실이었다. 또한 그는 기본적으로 인간의 증식력이 식량의 증산 속도보다 훨씬 더 빠르다고 가정했다. 그러므로 인류의 지속적 생존을 위해서는 강력한 출산억제가 반드시 필요하다고 주장했다.

인구론 초판에서는 인구가 일정 수준을 넘으면 곤궁과 질병, 그리고 범죄와 전쟁 같은 악덕이 출산을 억제하게 될 것이라고 경고했다. 인구론 재판(再版)에는 결혼연기나 금욕 등과 같은 예방적 억제(preventive checks)를 추가하였다. 맬서스는 가톨릭 신자였으므로 금욕, 만혼 등 도덕적 억제만 강조했을 뿐, 피임이나 가족계획 등의 국가적 정책은 부도덕한 것으로 간주하여 반대했다.

요컨대, 맬서스는 인구증가가 곤궁과 악덕을 초래할 것임을 강조하면서, 인구가 일정 수준을 넘으면 어떤 제도 개혁으로도 증가를 막을 수 없을 것이라고 경고했다. 빈곤은 재정정책보다는 인구증가와 식량증산의 불균형에서 발생할 것이므로 구빈법 등의 사회보장 제도로는 해결될 수 없다고 주장했다.

인구론에 대한 비판과 이후의 논쟁

맬서스의 인구론은 세계적인 논쟁을 불러일으켰으며, 인구와 식량 간의 근본적인 문제를 제기하고 인구문제를 재인식케 함으로써 해결책 모색의 실마리를 제공하였다. 고전경제학파에 속하는 학자들은 대체로 '토지 수확체감의 법칙'에 따라 맬서스의 주장을 인정하는 편이었다. 그러나 마르크스를 비롯한 사회주의 경제학자들은 대부분 맬서스의 인구론에 비판적이었다.

마르크스는 맬서스가 인구문제를 개인의 행위 차원에서 다루었다고 비판하면서 구조적인 문제로 봐야 한다고 주장했다. 그리고 인구와 자원 간에는 특별한 연관성이 없으며, 자본주의사회의 구조적 모순으로 인해 과잉인구나 빈곤의 문제가 발생하므로 구조적 모순을 혁파하면 인구문제도 해결될 것이라고 주장하였다.

그 외 맬서스 인구론에 비판적인 학자들은 주로 세 가지에 초점을 맞추었다. 첫째, 맬서스는 인구증가를 지나치게 강조하고 식량증산은 과소평가했다. 즉 과학기술 발달에 따른 생산력 증가의 가능성을 제대로 예측하지 못했다. 특히 식량증산의 변수를 토지에 국한함으로써 비료. 신품종 개발 등 생산성 증가의 변수를 전혀 고려하지 않았다는 것이다. 둘째, 출생의 도덕적 억제란 전혀 비현실적이며, 피임 등 의학적 처방이 훨씬 더 현실적이고 효과적이다. 셋째, 인구문제를 식량에만 관련시켜 고찰함으로써 기타 생필품을 비롯한 다른 자원 등은 고려하지 못했다.

19세가 말 영국과 프랑스에서는 신맬서스주의가 등장했으며, 오늘날에도 인구논쟁은 계속되고 있다. **신맬서스주의**(Neo-Malthusianism)는 자원의 유한성을 감안할 때 인구를 억제할 필요가 있다고 주장함으로써 기본적으로는 맬서스의 논리를 계승한다. 그러나 맬서스의 논의가 식량부족에만 초점을 두었던 데 비해 신맬서스주의는 식량을 포함한 자원 일반의 부족으로 논의를 확대하였다. 또한 맬서스가 제안한 인구증가의 도덕적 억제란 비현실적이라고 보면서 인공적 피임법에 의한 산아제한을 주장하였다.

반 맬서스주의(Anti-Malthusianism)는 인구성장을 반드시 나쁘게만 볼 필요는 없다고 주장한다. 오히려 맬서스의 인구론이 사회에 대한 인구의 영향을 지나치게 강조하여 사회 각 분야에서 인구를 절대화하는 인구중심주의 또는 인구절대주의의 오류를 초래했다고 비판한다. 반 맬서스주의자들은 아래와 같은 논리로 맬서스의 인구론을 반박한다.

첫째, 자원의 매장량 추정에 오류가 많다. 탐사 및 채굴에 관련된 테크놀로지가 발달하면 추정량도 많이 늘어날 수 있다. 둘째, 자원의 개념 자체도 변한다. 지금은 유용한 자원이 미래에는 쓸모없는 자원이 될 수 있고, 전혀 모르던 새로운 자원이 개발될 수도 있다. 식량도 마찬가지다. 셋째, 인구가 증가하면 그만큼 천재가 출현할 가능성도 커지는데, 천재과학자에 의한 과학발전은 엄청난 식량증산이나 자원개발로 이어질 수도 있다. 넷째, 인구증가는 규모의 경제를 가능케 함으로써 자원이용의 효율성을 크게 높일 수 있다.

로마클럽의 경고와 인구변천이론

제2차 세계대전 이후 많은 사람들이 아기를 갖고 싶어 하는 **베이비 붐**(baby boom) 현상이 나타나면서 출생률이 급격히 높아졌다. 동시에 보건의학의 발달로 사망률은 급격히 낮아지면서 개발도상국 인구가 급증하기 시작하자, 세계적으로 인구문제에 대한 관심이 커졌다. 세계 52개국의 기업가, 과학자, 교육자, 전직 대통령 등 각계 지식인 100명이 결성한 **로마클럽**(The Club of Rome)은 1972년에 『성장의 한계』(Limits to Growth)라는 미래예측 보고서를 출간했다. 이 책은 세계를 하나의 체계(system)로 보고, 인구·자원·환경 문제 등을 종합적으로 분석함으로써 세계 인구의 자원소비에 한계가 있음을 경고했다.

이전까지 인구론이 주로 인구증감 수치에 관심을 두었던 데 비해, 20세기 이후 사회학적 인구론은 사회·경제적 요인들과의 관계에 초점을 맞추었다. 20세기 인구증가 문제에 가장 중요한 공헌을 한 대표적 이론은 **인구변천이론**(Demographic Transition Theory)이다. 이것은 산업혁명 이후 서구사회의 인구성장 과정을 분석함으로써 사망률과 출생률의 변화를 산업화과정과 관련시켜 일반화한 이론이다. 이 이론은 맬서스의《인구론》에서는 미처 고려하지 못했던 과학기술의 발달과 산업화가 단계마다 사망률과 출생률의 변화에 어떤 영향을 미치는지 잘 보여준다. 특히 UN

인구국은 인구변천 과정을 <그림 6−2>처럼 4단계로 나누어 설명했다.

그림 6-2 인구변천 과정

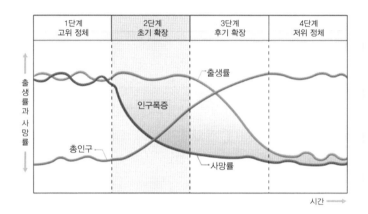

1단계는 고출생-고사망의 **고위정체단계**(high stationary stage)이다. 산업혁명 이전의 서유럽 국가들이나 현재 저개발 국가들이 이 시기에 해당되는데, 출생률과 사망률이 모두 높아서 큰 인구 증가는 일어나지 않는다.

2단계는 고출생-사망저하의 **초기확장단계**(early expanding stage)이다. 산업화와 과학기술의 발달로 생활 수준이 높아지고 평균수명이 늘어나면서 사망률이 낮아지기 시작하는 시기이다. 이 시기는 19세기 초 서유럽 국가들이나 현재 개발도상국들에 해당되는데, 사망률이 급격히 떨어짐으로써 인구가 획기적으로 증가하기 시작한다.

3단계는 출생저하-저사망의 **후기확장단계**(late expanding stage)이다. 산업화 과정에서 가치관이 변하고 피임법이 보급되면서 출생률이 낮아지기 시작하는 시기이다. 주로 인구변천의 2단계와 3단계에서 인구가 획기적으로 증가한다.

4단계는 저출생-저사망의 **저위점체단계**(low stationary stage)이다. 산업화의 결과로 생활양식이 선진화되고 의식구조가 변함으로써 출생률과 사망률이 모두 낮아져 인구증가가 멈추는 시기이다.

인구변천이론의 기본전제는 산업화와 사망률 및 출생률 간에 인과관계가 있다는 것이며, 산업화가 일정 수준에 이르면 스스로 출생을 억제하게 될 것으로 전망한다. 인구폭증은 2, 3단계에서 이루어지므로, 국민들의 의식변화를 통해 이 기간을 짧게 할 수 있으면 인구문제 해결에 큰 도움이 될 것이다.

인구변천이론에 대한 비판적 시각에서 보면, 이 이론은 서구 선진국들의 역사적 경험에 바탕을 둔 것이므로 비서구 개발도상국의 상황과는 다를 수 있다. 또한 경제성장과 출생률의 인과관계를 가장 중요하게 고려하지만, 사실은 사회제도나 문화 등 다른 여러 가지 변수들이 더 큰 영향을 미칠 수도 있다. 실제로 제2, 3단계의 변천기간은 발전유형에 따라 나라마다 달랐다. 예컨대, 서구 선진국들은 100~200년 걸렸지만, 한국은 50~60년 정도로 단축되었다. 인구변천이론은 서구의 인구변동 과정을 잘 설명해주긴 하지만, 급속한 산업화와 격심한 인구변동을 겪는 제3세계의 경우를 설명하기 위해서는 다소 수정될 필요가 있을 것이다.

한국의 인구문제는 무엇인가?

인구는 미래사회 전망에 가장 중요한 변수이다. 인구의 양적·질적 특성이 그 사회의 모습을 결정하는데 중요할 뿐 아니라, 인구가 부족하면 사회 자체가 존속할 수 없기 때문이다. 대개 전쟁이 끝난 후 또는 불경기 이후 등 사회경제적으로 안정된 상황에서 베이비 붐 현상이 나타나는 경향이 있다. 한국에서는 한국전쟁이 끝난 후 **베이비 붐** 현상이 일어났으며, 이후 인구가 지속적으로 증가하자 한국은 1960년대 중반부터 1980년대 후반까지 범국가적으로 강력한 산아제한 정책을 펼쳤다.

한국의 합계출산율은 1950년대 후반에 6.33명이나 되었지만, 1980년대 전반에는 대체출산율 수준인 2.23명으로 떨어졌고, 1980년대 후반에는 1.57명으로 더욱 낮아졌으며, 이후 지속적으로 감소 추세를 보이고 있다. 인구증가를 너무 걱정한 나머지 이미 대체출산율 이하로 떨어진 1980년대 말까지도 산아제한 정책을 강력히 추진했던 것이다. 인구전망을 제대로 하지 못한 탓에 한국의 인구문제는 '인구증가'에서 갑자기 '인구감소'로 바뀌었다.

합계출산율이 2.1명 이하로 지속되는 현상을 **저출산**이라 하고, 1.3명 이하로 지속되면 **초저출산**이라고 하는데, 한국은 2001년부터 초저출산 사회로 들어섰다. 2018년도 합계출산율은 0.98명이었고, 2020년 3·4분기에는 0.84명까지 떨어졌다. 이것은 전쟁 등 특수한 시기 외에는 세계적으로 유례가 없는 낮은 비율이다. 합계출산율이 최소한 2.1명 이상 돼야 현재 인구 수준을 유지할 수 있는데, 이처럼 낮은 출산율이 지속되면 한국은 인구가 급격히 감소하는 **인구절벽**(demographic cliff) 시대로 진입하게 된다.

한국의 인구는 2018년에 이미 17개 광역단체 중 8개 단체에서 사망자 수가 신생아 수를 넘어선 것으로 나타났으며, 2020년에는 실제로 전체인구가 감소했다. 지금과 같은 초저출산율이 계속될 경우 한국의 인구는 2060년이면 지금의 절반 수준인 2,500만 명 이하로 감소할 것으로 전망된다. 인구추계로만 보는 극단적 미래전망은 서기 2700년쯤 마지막 국민이 사망함으로써 대한민국이 지구상에서 사라지게 될 것이라고 한다.

인구는 사회구성의 가장 기본적인 요소이므로 급격한 인구감소는 모든 사회제도 전반에 엄청난 영향을 미칠 것이다. 가장 직접적으로는 생산가능인구(15~64세)가 감소하고 고령화에 따라 부양할 노인인구는 늘어난다. 한국은 2000년에 고령화사회로 진입했고, 2017년부터 고령사회로 들어섰다. 이른바 **인구 오너스**(demographic onus) 시대로 진입하게 된 것이다. 인구 오너스란 생산인구보다 부양해야 할 인구 규모가 더 커서 경제성장이나 사회제도에 미치는 큰 부담을 의미한다.

인구감소는 생산인구뿐 아니라 소비시장의 축소를 의미한다. 시장규모가 축소되면 생산도 더욱 위축될 수밖에 없고, 결국 경기침체로 이어진다. 인구감소로 가족 수가 적어지면 가족제도에 변화가 일어나며, 학령인구가 감소하면 교육제도에도 변화가 불가피하다. 연금을 낼 사람은 줄고 받을 사람은 많아지므로, 연금지급액의 감소로 이어질 수 있다. 또한 군 병력 자원의 감소는 병역제도 변화뿐 아니라 국가안보에도 심각한 영향을 미친다.

이러한 문제에 대응하기 위해서는 결국 **이민 수용 국가**로 갈 수밖에 없는데, 외국인 노동자의 증가는 여러 가지 사회문제를 야기할 수 있다. 다양한 국가로부터 이민을 받다 보면 국가 정체성이나 사회 환경에도 큰 변화가 일어날 것이다. 그렇게 하여 설령 나라가 유지되더라도 지금의 대한민국과는 전혀 다른 나라가 될 것이다.

🔵 생태계와 환경운동

생태계의 이해

인간을 둘러싼 환경은 크게 자연환경과 사회환경으로 구분되지만, 일반적으로 그냥 환경이라고 할 때는 대개 자연환경을 의미한다. 자연환경을 올바로 이해하기 위해서는 먼저 '생태계'라는 개념을 알아야 한다. 지구상의 모든 생물은 서로 영향을 주고받으며 살아갈 뿐 아니라 주위 환경과도 영향을 주고받으며 생존한다. **생태계**(生態系, ecosystem)란 어떤 지역 안에 사는 생물군과 무기적 요인들의 종합적 체계를 말한다. 다시 말하면 생물적 요소들과 비생물적 요소들(빛, 기후, 토양 등)이 모두 상호 긴밀히 연결되어 순환과 흐름의 체계를 이루고 있다고 보는 것이다.

생물적 요소들은 각자의 기능에 따라 **생산자**(녹색식물), **소비**

자(인간을 포함한 동물), **분해자**(세균 또는 미생물)로 구분될 수 있다. 생산자를 섭취하는 생물을 1차 소비자, 1차 소비자를 먹는 생물을 2차 소비자라고 하는데, 생태계는 생산자, 1차 소비자, 2차 소비자, 3차 소비자 등의 먹이연쇄로 이루어진다. 분해자는 생산자나 소비자 또는 다른 분해자의 사체나 배설물을 분해하고, 이때 발생하는 에너지를 사용하여 유기물을 생산자가 이용할 수 있는 무기물로 전환한다.

　비생물적 요소는 크게 생물 주위의 환경을 구성하고 있는 물질과 에너지로 나뉜다. 전자(前者)는 물, 탄소·산소·질소 등의 공기와 인·황·칼슘 등의 무기염류를 포함한다. 생태계 내에서 무기물은 생산자에 의해 유기물로 합성되고, 소비자를 거쳐 분해자를 통해 다시 무기물로 순환된다. 이러한 구성요소들은 생태계 전반에 걸친 에너지 흐름과 영양분 순환이라는 2개의 주요한 힘으로 서로 연결돼 있다. 생태계에서 에너지의 근원은 대부분 태양열에서 나오는 복사 에너지이다.

　요컨대, 지구는 하나의 생태계이고 인간은 그 생태계의 일부이며, **지구생태계**는 전체 구성요소가 생존과 파멸을 함께 할 수밖에 없는 공동운명체이다. 그러므로 지구생태계가 균형을 잃거나 파괴되면 인간도 존속할 수 없게 된다.

　1960년대 들어 개발도상국들의 사망률이 급격히 떨어지면서 인구폭증에 대한 우려가 쏟아지기 시작했고, 이는 자원위기와 생태위기 의식으로 이어졌다. **에를리히**(Paul R. Ehrlich)는 1968년에 『인구폭탄』이라는 책을 통하여, 인구폭증으로 인한 세계적 기근현상의 발생을 경고하면서 인구성장을 억제하기 위한 즉각적 행동을 촉구했다. 인구폭증은 자원고갈과 환경파괴로 이어질 것이므로 인류의 종말을 가져올 폭탄과 같다고 경고한 것이다. 보기에 따라서는 **인구폭탄**이 진짜 폭탄보다 더 무서울 수도 있다. 폭탄은 인간의 의지에 따라 터뜨리지 않을 수도 있지만, 인구폭탄은 일정 수준을 넘으면 어떻게도 폭발을 막을 수 없기 때문이다.

환경문제의 쟁점

생태위기 의식은 환경문제에 대한 논쟁을 불러일으켰다. 환경오염을 일으키는 주원인을 과잉인구로 봐야 할지, 아니면 농약·합성세제·화학비료·화학제품 등 기술발전에 따른 영향으로 봐야 할지 논란이 있었지만, 초점은 역시 인구폭증에 맞추어졌다. 몇 가지 요인이 상호 작용할 때 나타나는 효과를 **상승효과**(synergy effect)라고 하는데, 인구성장은 기술이나 자원부족 등 다른 요인들과 결합되어 상승효과를 일으킬 수 있다는 것이다. 또한 특정 물질이나 생물체에 일정 한도를 넘는 자극이 가해질 때 나타나는 새로운 현상을 **역치효과**(또는 **문턱효과**, threshold effect)라고 하는데, 인구규모가 일정 수준을 넘으면 통제할 수 없는 새로운 현상이 나타날 수 있다는 점도 지적되었다.

인구문제는 지구의 수용능력 및 **지속가능한 발전**(sustainable development) 개념과 관련하여 환경논쟁의 가장 중요한 변수다. '지속가능한 발전'이란 인간의 수요(needs)와 자원의 한계(limits)라는 두 가지 상반된 요소의 관계에 관한 개념이다. '지속가능'에 대한 문제의식은 1940년대 어업분야에서 처음 등장했다. 1946년 국제포경단속조약과 1952년 북태평양어업협정에서 '최대 유지 가능 어획량'이라는 어업자원 보호지침이 사용되었다. 이후 임업 에서는 '최대 벌채 가능량'이라는 개념으로 사용되었으며, 환경 과 발전을 포괄하는 개념으로 넓게 사용된 건 1980년대 후반부 터였다.

1983년 유엔 총회는 환경을 보전하면서 지속적으로 발전 할 수 있는 방법을 모색하기 위해 세계환경발전위원회(World Commission on Environment and Development)를 출범시켰다. 이 위원회는 1987년에 〈우리 공동의 미래(Our Common Future)〉라 는 보고서를 통해 '지속가능한 발전(Sustainable Development)' 개 념을 제시했다. **지속가능한 발전**이란 "미래 세대의 필요충족 능력 을 해치지 않으면서 현세대의 필요성을 충족시킬 수 있는 환경친 화적 발전"을 의미한다. 유엔은 2005년부터 2014년까지를 '유엔 지속가능한 발전교육 10개년'으로 선포하고, 유네스코를 실행기 관으로 지정했다. 현재 전 세계 자원소비 수준은 '지속가능성' 기준으로 60% 이상 초과되고 있다는 주장이 설득력을 얻고 있 다. 그러므로 인류는 생활과 소비 행태의 개선 등 삶의 철학을 바꾸어야 할 것이다.

환경운동의 전개과정

환경오염의 근원은 인구의 규모에도 있지만, 인간의 생각과 행동양식에도 기인한다. 서구 산업사회의 문화는 자연을 개발의 대상으로 보며, 개발에서 발생하는 모든 문제를 기술적 진보를 통해 해결할 수 있다고 믿는다. 동양문화는 자연을 인간이 순응하고 적응해야 할 대상으로 보는데 비해, 서양문화는 인간이 지배하고 길들여야 할 대상으로 보는 것이다. 환경론자들은 서구사회의 반(反) 생태적 문화체계를 비판하면서, 환경문제 해결을 위해서는 사회적으로 자연친화적 또는 생태주의 가치관을 보편화해야 한다고 주장한다.

마르크스주의자들은 최대 이익 창출을 추구하며 사회적 불평등을 야기하는 자본주의적 가치관을 환경문제의 근원으로 본다. 그러나 역사적으로 보면 공해와 환경파괴는 사회주의 국가들에서 오히려 더 심각한 것으로 드러났다. 그러므로 환경파괴의 근원은 자본주의나 사회주의의 이념적 차이보다는 오히려 물질적 풍요와 권력을 추구하는 인간의 본능적 욕망에 있다고 보아야 할 것이다.

환경사상이 형성되기 시작한 것은 대략 1860~1940년이었다. 산업화가 처음 시작된 영국에서 먼저 산업혁명에 대한 도덕적·문화적 비평이 이어졌다. 자연이 훼손되고 도시화가 진행되는 것을 보며 **워즈워스**(William Wordsworth, 1770~1850), **러스킨**(John Ruskin, 1819~1900) 등 많은 시인과 예술가들이 자연으로 돌아갈 것을 촉구하며 전원적인 삶을 지키자고 호소했다. 과학적 관리를 통해 환경을 보전하자는 과학적 보존이념이 대두하면서, 미국은 야생성(wilderness)을 보전하기 위해 1872년에 세계 최초로 옐로스톤(Yellowstone)을 국립공원으로 지정했다.

1940~1960년은 환경운동과 사상에 대한 무관심의 시기였

다. 과학기술은 선(善)이라는 생각이 사람들을 지배했으며, 모두가 대량생산과 대량소비에 따른 풍요로운 사회를 지향했다. 환경운동이 싹트기 시작한 것은 1960년대 이후이다. 이때 세계적으로 생태학적 논쟁과 환경운동의 불을 지피는 데는 두 권의 책과 한 편의 논문이 크게 기여했다. 그들은 **카슨**(Rachel Carson)의 『침묵의 봄』(Silent Spring, 1962), **에를리히**(Paul R. Ehrlich)의 『인구폭탄』(Population Bomb, 1968), 그리고 **하딩**(Garrett Hardin)의 "공유지의 비극(The Tragedy of the Commons, 1968)"이다.

이후 환경운동은 신 사회운동으로 발전했고, 표피적 생태론을 넘어 생태적 위기의 뿌리에 관심을 가지는 'Deep Ecology', 점진적 환경운동에 실망하여 전투적 노력을 강조한 'Earth First!', 쓰레기매립장, 토지오염 등에 초점을 맞춘 'Environmental Justice' 등 급진적 환경운동들이 등장했다. 독일에서는 녹색운동과 녹색정치를 주장하는 환경주의자들이 1978년 지방선거에 '녹색당'으로 참여하기도 했다.

한국의 자연환경은 세계 어느 나라보다 좋은 편이다. 사계절이 있고 숲이 많으며, 강수량이 많고 수질도 좋고, 지진이나 해일 등 자연재해도 비교적 적다. 이처럼 좋은 자연환경을 우리는 1960~1970년대에 개발이라는 미명 하에 마구잡이로 파헤치면서도 문제의식조차 갖지 못했다. 한국에서 반공해운동이 등장한 시기는 1980년대 이후이다. 그 여파로 정부에서도 1980년에 환경청을 설립했고, 이는 1990년에 환경처로 승격됐으며, 1994년에는 다시 환경부로 승격되었다.

올림픽을 개최했던 1988년 이후 3~4년은 한국 환경운동의

모색기였다. 한국에서 환경운동이 본격적으로 확산된 것은 1992
년 이후이다. 이후 한국의 환경운동은 생활환경(수질·대기오염, 악
취, 폐기물 등), 생태계 보전(갯벌, 멸종위기종 보호 등), 정부의 환경
정책 평가 및 대안(생활협동조합, 생명공동체 운동 등), 에너지 관련
정책(반핵, 탈원전 등), 장기적·지구적 문제(국제환경운동단체들과 연
대) 등으로 다양하게 전개되고 있다.

지역공동체와 도시화

농촌과 도시

인간은 누구도 혼자 살 수 없으며 반드시 집단을 이루고 살아
간다. 심리적으로는 늘 누군가 유대감을 느낄 수 있는 다른 사람
이 있어야 안정감을 느끼며, 문화적으로도 공동체 의식을 공유하
는 사람들과 함께 살아갈 때 편안함을 누린다. 인간이 생활하는
방식을 보면, 개인은 집단을 이루고, 집단은 조직체로 발전하며,
조직체는 지리적 공동체를 이루고, 지리적 공동체들이 모여 국가
사회를 구성한다. 다양한 심리적·문화적·사회적·지리적 단위
들은 사회를 이해하고 설명하는 독립변수가 되기도 하고 종속변
수가 되기도 한다.

그중에서도 지역공동체는 인간의 삶에 가장 직접적이고 큰
영향을 미친다. **지역공동체**란 마을, 촌락, 읍, 시, 거대도시 지역
과 같이 지리적 경계를 같이하는 생활공동체를 의미한다. 지역공

동체는 자연스럽게 심리적 · 문화적 · 사회적 조직의 단위가 되기도 한다. 지역공동체는 특성에 따라 다양하게 분류될 수 있지만, 가장 대표적인 구분은 **농촌공동체**와 **도시공동체**이다. 농촌과 도시의 상이한 특성이 인간의 성장과정이나 일상생활에 뚜렷하게 다른 영향을 미치기 때문이다.

농촌의 생활환경은 도시에 비해 상대적으로 자연 상태에 가까우며, 경제활동도 기후나 강수량 등 자연에 의존하고, 성(性)과 연령에 따른 분업 등 반(半) 자급자족 경제에 가깝다. 농촌에서는 유동인구가 적고, 지리적 이동이나 사회적 이동도 적은 편이다. 따라서 농촌사회는 도시에 비해 상대적으로 정체되어 있고 다른 지역으로부터 고립되어 있다. 지리적 이동이나 사회적 이동이 적으므로, 전통을 존중하며 변화보다 안정을 바라는 보수성이 강하다. 구성원들 간에 대면접촉이 많다 보니 자연스럽게 동질성과 유대감이 크며, 상부상조와 협동의 전통을 이어간다. 일상생활에서도 권위를 존중하고 비공식적 규범에 의존하며, 고향에 대한 애착과 지방주의가 강하다.

3천여 년 지속되어 온 농촌사회는 18세기 중엽 이후 산업화와 더불어 교통 · 통신의 발달, 새로운 농업기술의 보급, 화폐경제 도입, 신분제 소멸 등을 겪으며 큰 변화를 맞이하게 됐다. 어떤 지역의 인구가 점차 늘어나고 주변지역에 비해 인구밀도가 상대적으로 높아지면서, 이에 따라 특정 지역에 사회적 · 기능적 변화가 이루어지는 과정을 **도시화**(urbanization)라고 한다.

도시화와 도시성

최초의 도시는 B.C. 3500년경 중동지역의 비옥한 삼각주 지역에서 형성되었다. B.C. 1000년경 농경법의 발달, 가축이용, 바퀴발명 등 제1차 농업혁명으로 정착생활이 가능해지면서 농경문화의 발원지 등에서 도시가 형성되었다. 도시화가 획기적으로 진행된 시기는 18세기 중엽 영국에서 시작된 산업혁명이 유럽과 전 세계로 전파되면서부터였다.

인구학적으로는 일정한 인구규모 내지 인구밀도를 초과한 지역을 **도시**라고 한다. 그러나 도시란 단순히 인구가 집중된 지역이라는 뜻만은 아니다. 도시에서는 인구집중 외에도 여러 가지 사회경제적 특성이 나타나기 때문이다. 산업혁명 이전의 도시는 오늘날과 같은 특징을 지닌 도시는 아니었다. 그러므로 도시화의 역사는 산업혁명 이전과 이후의 시기로 구분될 수 있다.

산업혁명에 따른 기계화와 공장제도 등은 도시에서 취업기회를 많이 늘어나게 했고, 이는 농촌인구 **흡인요인**(pull factor)이 되었다. 물론 일자리 외에도 도시의 다양한 매력적 요소들이 사람들의 이주를 유인하였다. 산업화는 다른 한편으로 농업의 기계화와 기업화를 촉진함으로써 농촌에서 대량의 잉여 노동력을 발생케 했는데, 이는 농촌에서 인구를 밀어내는 **배출요인**(push factor)으로 작용하였다. 서구 근대사회의 경우, 그 외 중요한 도시화 요인으로는 기업활동과 자본축적의 윤리를 제공해 준 종교개혁, 금·은 유입으로 현금교환경제를 가능케 한 신세계 발견 등을 들 수 있다. 이처럼 복합적인 요인들로 인해 인구가 도시로 계속 이동함으로써 도시화가 급진전되었다.

1900년대에는 인구 백만 명 이상의 **거대도시**(metropolis)가 세계적으로 20여 개나 생겼으며, 최근에는 천만 명 이상의 도시도 10여 개에 이른다. 뿐만 아니라 인구 백만을 넘는 몇 개의 거대도시가 연접한 도시화 지대인 **초거대도시**(megalopolis 또는 con-urban area)도 생겨났다. 지역 내 거대 도시들은 교통통신망으로 긴밀하게 연결되어 기능적으로 일체화되어 있다. 예컨대, 미국의 보스턴·뉴욕·필라델피아·워싱턴에 이르는 지역, 영국의 런던에서 잉글랜드 중부에 이르는 지역, 서울을 중심으로 한 수도권 등을 들 수 있다.

세계도시화의 과정을 보면 선진국과 개발도상국은 서로 다른 특징을 나타낸다. 선진국의 도시화는 점진적으로 진행되었으나, 개발도상국의 도시화는 급속히 이루어졌다. 선진국의 도시화는 경제성장과 함께 이루어지는 성숙도시화 과정을 거쳤으나, 개발도상국의 도시화는 경제성장이나 기술혁신 등을 동반하지 못했다. 결과적으로 개발도상국의 도시는 자칫하면 부양능력에 비해 지나치게 인구규모만 커지는 **과잉도시화**(over-urbanization) 현상을 나타내기 쉽다.

도시화가 진행되면서 주변지역으로 재화와 서비스를 제공해주는 도시권이 확장되고, 삶의 환경이나 경제적·문화적 생활양식이 농촌과 다르게 나타난다. 도시화 과정에서 우선 1차 산업 종사자는 줄어들고 2차 및 3차 산업 종사자가 늘어나면서, 자연스럽게 자급자족 경제에서 시장중심의 소비생활 양식으로 바뀌게 된다. 도시의 주요 특성은 대규모 인구, 높은 인구밀도, 인구의 이질성 등인데, 이러한 요소들은 도시의 생활양식을 특징적으로 발달시키는 데 기여했다.

농촌과 달리 도시만이 지니는 생활환경적 특성을 '도시성'이라고 하는데, 이는 도시 사람들의 특징적인 사고와 행동 양식을 형성하는 데 영향을 미친다. **도시성**(urbanism)은 산업혁명 이후 새로운 테크놀로지와 인구의 집적성에 의해 형성된 새로운 삶의 질서이다. 농촌은 자연스럽게 형성된 공동체지만, 도시는 인간이 창조한 문명이다. 도시의 삶은 무엇보다도 농촌에 비해 자유롭다. 18세기 유럽의 도시화 초기엔 노예 상태를 피해 도망친 사람들이 모이는 장소였기 때문에 도시는 자유의 땅이었다. 이후에도 도시의 공기는 자유롭다. 농촌공동체는 작고 구성원들이 서로 잘 아는 사람들이라 늘 남의 시선을 의식할 수밖에 없지만, 도시에서는 익명성이 보장되기 때문이다.

도시는 각종 문화의 중심지이다. 온갖 편의시설과 문화적 혜택은 도시가 주는 큰 매력이다. 그러나 자유와 익명성이라는 도시의 생활환경이 이상적인 것만은 아니다. 대규모 인구는 이질적이고 익명적이기 때문에 도시에는 공동체적 성격이 별로 없다. 도덕적으로 혼란스럽고 각종 범죄와 사회적 갈등이 많으며, 쓰레기·매연·소음·교통체증 등 이른바 도시공해는 쾌적하지 못하다. 도시가 그리워 농촌을 떠나온 사람은 도시를 갑갑해 하고, 목가적 풍경이 좋아 농촌을 찾아온 사람은 도시의 편의성과 자유로움을 그리워한다.

도시의 생태학적 과정

처음부터 계획적으로 설계된 도시도 있지만, 대부분 도시는 생산의 중심지나 교통물류의 요지 등을 중심으로 자연스럽게 형성된다. 그리고 도시화가 진행되면서 도시 내에서도 지역적으로 인구이동이 일어난다. 이처럼 한 도시 안에서 어느 지역에 인구가 모이거나 흩어지고, 어떤 종류의 활동이 어느 곳에 집중되거나 퍼져나가면서 새로운 지역이 형성되고 주요 기능이나 활동이 변화하는 현상을 도시의 **생태학적 과정**이라고 한다.

흔히 나타나는 생태학적 과정을 보면, 어느 특정 지역에 인구가 늘어나 밀집되는 현상을 **집중**(또는 구심화, concentration)이라 하고, 반대로 인구가 밀집지역에서 다른 곳으로 흩어져 나가는 현상을 **분산**(또는 원심화, diversification)이라고 한다. 서울의 경우 초기에는 사대문 안에 인구가 집중되다가 어느 시점부터 강남, 잠실 등으로 분산되었다. 인구가 아니라 도시의 특정 기능(상업 등)이나 사람들의 활동(오락 등)이 어떤 지역에 모이는 현상을 **중심화**(centralization), 반대로 여러 지역으로 흩어지는 현상은 **분심화**(decentralization)라고 부른다. 서울의 백화점 등 고급 상가는 명동에서 압구정동으로, 젊음과 문화의 거리는 동숭동에서 신촌이나 강남역 등으로 흩어졌다.

도시는 대부분 인구의 집중과 분산, 기능의 중심화와 분심화 과정을 거치면서 성장해 간다. 이러한 과정에서 어느 지역에 특정 인종이나 종교집단, 사회경제적 계층이 몰려(예컨대, 화교 거리, 힌두교촌, 부촌, 상가, 공장지대, 공공기관 지역 등) 동질성이 커지는 현상을 **격리**(segregation)라고 한다. 이처럼 격리된 지역에 다른 인구 집단이나 기능이 점차 들어오기 시작하는 현상을 **침입**(invasion)이라고 부른다. 침입현상이 지속된 결과 거주 집단이나 기능이 이전과 다른 형태로 바뀌는 현상을 **계승**(succession)이라고 한다.

도시의 성장이 계속되어 포화상태에 이르면, 도시의 인구나 주요 기능이 도시 근교로 확장되어 나가는데, 이러한 과정을 **근교화**(suburbanization), 이렇게 형성된 지역을 **근교지역**(suburbs)이라고 부른다. 근교지역은 대개 공업이나 상업, 오락이나 유흥 등의 기능으로 격리될 수 있는데, 주로 도심으로 출퇴근하는 사람들의 주거지 기능을 하는 지역을 **주택도시**(dormitory town) 또는 **베드타운**(bed town)이라고 한다. 어느 정도 독자적인 다양한 기능을 갖췄지만, 경제적으로나 문화적으로 인접한 대도시에 종속된 중소도시는 **위성도시**(satellite city)라고 부른다.

한국의 도시화

한국에서 도시화 현상이 나타나기 시작한 것은 일제 강점기부터였다. 인구통계에 따르면 우리나라 도시거주자의 비율은 1925년에는 3.2%에 불과했으나 1944년에는 12.1%로 증가했다. 당시 성장한 도시들의 공통점은 교통의 중심지였는데, 이는 일본이 철도를 부설하고 공업지대를 형성한 것이 도시화의 주된 요인이었음을 짐작케 한다.

1945년 해방 이후 남한에서는 일본과 만주 동포들의 귀환, 이북지역 주민들의 월남 등으로 도시화가 빠르게 진행되었다.

1950년부터 3년간 계속된 한국전쟁은 인구의 대부분을 피난길에 오르게 했으며 삶의 터전을 송두리째 무너뜨렸다. 많은 사람들이 피난지인 대구와 부산에 정착했으며, 휴전 후에는 새로운 삶의 터전을 찾아 서울로 올라왔다.

한국에서 근대적 의미의 도시화가 시작된 것은 1960년대 이후라고 볼 수 있다. 1960년대 이전에 한국의 도시화는 식민지·해방·분단 등 주로 **외생적 요인**에 의해 이루어졌으나, 1960년대 이후에는 산업화 등 다양한 **내부 요인**에 의해 이루어졌기 때문이다. 1960년경 한국에도 거대도시가 출현했으며, 1970년대에는 서울·부산 등을 중심으로 초거대도시화가 진행되었다.

한국은 세계에서 가장 짧은 기간에 도시화를 압축적으로 이룬 나라이다. 1962년부터 시작된 제1차 및 제2차 경제개발5개년 계획에 따른 산업화로, 1970년대 도시에 고용기회가 늘어나면서 농촌을 떠나 도시로 향하는 이른바 **이촌향도**(離村向都) 현상이 이어졌다. 1966년부터 1970년 사이 도시인구증가율은 무려 7.16%에 달했는데, 이는 세계적으로 전무후무한 기록이다. 한국의 농촌인구는 1960년대까지만 해도 70% 이상을 차지했으나 지금은 10% 정도에 불과하다. 세계 평균 도시화율은 50% 정도인데, 한국의 도시화율은 거의 90%에 이르는 셈이다.

한국의 인구분포에서 가장 주목할 현상은 인구가 지나칠 정도로 대도시에 집중된 것이다. 1990년대부터 특히 수도권에 과잉 집중되는 현상이 나타났다. 인구주택총조사 결과에 따르면, 2019년 11월 1일 기준 한국의 총인구는 5천 178만 명인데, 이 중 절반이 서울·경기·인천 등 수도권에 거주하는 것으로 나타났다. 대도시권으로의 인구집중은 도시의 주택난·교통난을 비롯해 최근 사회적 쟁점으로 등장한 지역불균형과 쓰레기 및 각종 도시공해 문제 등을 야기하고 있다.

사회는 어떻게
움직이는가?

PART 03

사회생활의 단위는 집단과 조직이다

🗨 사회집단이란 무엇인가?

집단의 개념과 중요성

인간은 혼자서는 생존할 수 없는 존재이다. 우선 신체적으로 적자생존의 정글에서 혼자 살아남을 수 있을 만큼 강하지 못하고, 정서적으로도 홀로서기에 불안정하기 때문이다. 인간은 사람 인(人) 글자의 모습처럼 다른 사람과 서로 기대어야 바로 설 수 있는 존재이다. 그래서 인간은 누구나, 언제나 사람들(집단) 속의 일원으로 존재한다. 사회학의 가장 기본적인 질문 중 하나는 "사회질서는 어떻게 형성되고 유지될 수 있는가?"이다. 사회집단은 바로 질서가 유형화된 모습이며, 개인의 일상생활을 규정하는 틀(frame)이다. 그러므로 사회의 본질을 파악하기 위해서는 먼저 집단의 개념을 이해해야 한다.

　　사회집단(social group)이란 어떤 공통의 속성을 지닌 사람들이 지속적이고 반복적인 상호작용을 나누는 가운데 자연스럽게 형성된 인간들의 집합체를 말한다. 예컨대, 가족, 또래친구들, 학교, 보이스카우트, 동창회, 향우회 등은 모두 사회집단의 한 형태이다. 사회집단의 공통적인 특징은 구성원들 간에 상호작용이 이루어지고, 가치체계를 공유하며, 집단정체감을 지니고, 집단마다 정도의 차이는 있지만, 구조화되어 있다는 점 등이다.

　　사회집단은 인간의 생존에 필수적이라 해도 과언이 아니다. 신체적이든 물질적이든 정서적이든 생존에 필요한 거의 모든 것을 자신이 속한 집단을 통해서 얻을 수 있기 때문이다. 일찍이 뒤르켕(Emile Durkheim)은 그의 명저 『자살론』에서 "사회집단의 유대가 약해지면 자살률이 높아진다"는 사실을 실증적으로 보여주었다. 최근 10여 년간 한국의 자살률이 세계에서 가장 높은 것도 가족이나 친구 등 각종 사회집단의 유대 약화와 관련된 것은 아닌지 분석해 볼 필요가 있을 것이다.

집단의 요건과 기능

　　사회집단이 형성되기 위한 요건은 무엇일까? 첫째는 당연한 말이지만 두 사람 이상이어야 한다. 둘째는 구성원들의 지리적 근접성(proximity)이다. 서로 가까이 있어야 동일한 공간에서 상호작용하며 집합(aggregate)을 이룰 수 있기 때문이다. 셋째는 유사성(similarity)이다. 인간은 자연스럽게 자신과 유사한 사람들과 어울리는 속성을 지니고 있다. 그러므로 집단 구성원들은 이해관심, 가치관이나 이상(理想), 사회적 지위(status)나 범주(category) 등에서 다른 사람들과 구별되는 유사성을 지닌다. 넷째, 구성원들 간의 상호작용이 반복적으로 지속되는 가운데 일정한 행동유형을 공유한다. 다섯째, 구성원들은 어느 정도의 가치합의를 바탕으로 공통의 정체성과 귀속의식을 가질 수 있어야 한다.

대부분 개인은 어떤 집단을 통해서 사회와 연결되므로 집단은 개인적 일상생활의 틀이 되고 사회질서의 단위가 된다. 보다 구체적으로 집단은 다음과 같은 기능을 한다. 첫째, 개인은 자신이 속한 집단의 기대와 규범을 내면화함으로써 자아정체감을 형성하고 유지할 수 있게 된다. 둘째, 집단에 대한 소속감과 유대는 구성원들의 사기에 큰 영향을 미친다. 셋째, 집단의 유대감은 개개인의 행동양식을 결정하는데 무언의 압력으로 작용한다. 예컨대, 호손(Hawthorne) 공장 실험에서 집단의식은 개인의 생산량 기준 결정에 결정적인 영향을 미치는 것으로 나타났다. 넷째, 개인은 집단의 기대에 따라 사물에 대한 지각이나 성격 및 태도까지 영향을 받는다. 집단규범에 대한 동조압력이 작용하기 때문이다.

2 사회집단의 다양한 모습

일차집단과 이차집단

인간은 고립해서 살 수 없기 때문에 어떠한 형태로든 집단을 형성하게 되며, 집단을 통해 갖가지 욕구를 충족시켜 나간다. 미국의 사회학자 **쿨리**(Charles H. Cooley, 1864~1929)는 인간생활에서 가장 기본적인 집단을 일차집단(또는 원초집단)이라고 명명했다. **일차집단**(primary group)이란 일보다는 정의적(情誼的)으로 연결돼 있고, 심층적인 상호작용을 통해 서로 일체감을 가지며, 만남 자체를 통해 정서적 만족을 얻는 집단이다. 예컨대, 가족, 또래집단(peer group), 동기회, 뜻을 같이하는 동지들 등이다.

일차집단은 인간의 공동생활이 시작될 때부터 존재했고, 또한 인간생활에 없어서는 안 될 중요한 집단이다. 일차집단은 구성원들에게 심리적·정서적 안정감을 제공하고, 개인과 사회를 연결시켜주는 역할을 하며, 구성원들에게 사회통제 기능까지 수행한다. 여기에는 어떤 특별한 목적이나 꾸밈도 없고, 허세나 이해타산도 없다. 그저 만나면 즐겁기 때문에 모이는 것이다. 서로 다른 직업의 세계를 넘어 이해하고 격려하며, 격의 없이 유쾌한 대화를 나눈다. 일차집단에서는 정치, 경제, 사회, 문화, 종교, 가정생활 등 무엇이나 화제가 될 수 있으며, 이러한 모임은 삶을 더욱 인간적이고 윤택하게 한다.

이후 사회학자들은 일차집단과 대비되는 집단을 이차집단이라고 명명했다. **이차집단**(secondary group)은 특정의 목적이나 이익을 위해 의식적으로 상호작용을 교환하며, 그 관계는 공식적이고 제한적이다. 일차집단의 관계는 다면적이고 영구적인 데 비해, 이차집단의 관계는 업무중심으로 부분적이며 일시적이다. 상호작용 과정에서 규범을 어길 경우 일차집단에서는 비공식적 제재가 가해지지만, 이차집단에서는 공식적 제재가 가해진다. 회사나 노동조합, 군대, 전문가집단 등 현대사회의 대부분 조직들은 이차집단에 속한다.

사회가 산업화·도시화됨에 따라 대부분 사람들이 회사, 직능단체, 노동조합 등 다양한 형태의 이차집단에 속하게 되면서, 이차적 인간관계가 일상생활의 중요한 부분을 차지하게 되었다. 이차집단의 수가 증가하고 영향력이 커질수록 일차집단의 의미가 희석되고 일차적 인간관계도 약화되고 있다. 역설적이지만 그럴수록 사람들은 포근하게 감싸주는 일차집단을 그리워하고 친밀한 일차적 관계를 아쉬워하게 된다. 이차집단은 과업과 성취를 위한 사회적 수단인 데 비해, 일차집단은 인간적 관계와 정서적 삶을 가꾸어주기 때문이다.

사회가 각박해지고 직장생활에서의 인간관계가 비인격화될수록 지친 심신에 새로운 활력을 불어넣어 주는 일차집단의 존재는 더욱 소중해진다. 최근 한국에서도 개인주의 경향이 확산되면서 가족관계나 친구관계가 소원해지는 경향이 있는데, 이러한 현상이 심화되면 소외감, 고독감, 우울증의 증가로 이어질 수 있다. 생활의 수단인 이차적 관계를 위해 삶의 본질인 일차적 관계를 파괴하는 어리석음을 저질러서는 안 된다. 선진국에서는 직장이나 공동체에서 일차집단을 의식적으로 형성해보려는 사회운동이 일어나기도 한다.

내집단과 외집단

행위자를 기준으로 자신이 스스로 소속되어 있다고 느끼는 집단을 **내집단**(in-group), 반대로 자신이 속해있지 않다고 느끼는 집단을 **외집단**(out-group)이라고 한다. 내집단은 **우리집단**(we-group)이라고도 하는데, 구성원들 간에 강한 소속감, 정체감, 공동체 의식 등을 가지고 있다. 내집단으로서의 결속력을 높이기 위해 통상 어떤 상징물이나, 관행, 의식 등을 공유한다. 교가, 교표, 국민의례 등이 좋은 예가 될 것이다.

한 개인이 이질감이나 부정적 의식을 가지는 집단을 그의 외집단 또는 **그들집단**(they-group)이라고 한다. 외집단에 대해서는 깊이 이해하려고도 않고 상투적 인상이나 부정적 고정관념을 가지기 쉬우며, 심한 경우에는 경멸하거나 적대시하기까지 한다. 사람은 누구나 어느 정도 내집단과 외집단을 구분하고, 내집단에 더 애착을 느끼기 마련이다. 그러나 그 정도가 지나쳐 무조건 내집단을 우월한 것으로 생각하거나 우선시하고, 외집단을 차별하거나 심한 경우 적대감까지 갖는 것은 결코 바람직하지 못하다.

사실 내집단과 외집단의 구분은 스스로 설정하는 것이다. 예컨대, 어떤 대학생이 자기가 속한 학과에 깊은 애착을 가지면, 다른 학과는 외집단이 될 수 있다. 그러나 생각의 범위를 조금만 넓히면 소속 단과대학을 내집단으로 생각할 수도 있고, 나아가 소속 대학교나 한국의 대학생 집단 전체를 내집단으로 생각할 수도 있다. 사고의 영역을 확장하는 정도에 따라 내집단의 범위도 달라지는 것이다. 사회에는 수많은 집단이 있고 그들은 서로 경쟁적이기도 하지만, 크게 보면 오히려 상호 역할을 분담하거나 상호 의존적 관계로 존재한다. 그러므로 편협하게 내집단에만 집착하면 올바르고 원만한 사회생활을 하기 어렵다.

준거집단

사회심리학자들의 연구에 따르면, 개인은 스스로 동일시하는 특정집단의 규범에 따라 판단하고 행동한다. 이처럼 어떤 개인이 동일시하는 집단을 그의 준거집단이라고 한다. **준거집단**(reference group)이란 한 개인이 자아정체감을 얻고, 행동의 기준을 배우며, 규범적 판단이나 평가의 기준으로 삼는 집단을 말한다. 앞에서 설명한 내집단(또는 우리집단)은 대개 자신이 소속되어 있는 집단이지만, 준거집단은 자신이 소속된 집단일 수도 있고, 소속되지 않은 집단일 수도 있다. 개인이 소속되어 있지 않더라도 그에게 큰 영향력을 행사하는 집단이면 준거집단이 될 수 있다.

준거집단은 기능에 따라 두 가지 유형으로 구분할 수 있다. 하나는 **규범적 준거집단**(normative reference group)으로서 개인에게 행위의 기준을 제공하는 집단이다. 예컨대, 장차 판사가 되고 싶은 학생은 평소 판사처럼 이성적이고 공정한 행동을 본받으려고 노력할 텐데, 이때 판사집단은 이 학생의 규범적 준거집단이라고 볼 수 있다. 다른 하나는 **비교준거집단**(comparative reference group)으로서 개인이 자신과 다른 사람을 비교할 때 비교의 기준으로 삼는 집단이다. 예컨대, 변호사 자격을 소지하고 일반 기업에 근무하는 사람은 자신의 사회적 지위나 명예, 보상 등을 평가할 때 일반 변호사 집단과 비교하게 될 것이다. 이때 변호사 집단은 그의 비교준거집단이 된다. 기업 변호사로서 상당한 보상과 지위를 누리고 있더라도 그것이 비교준거집단에 비해서 낮다면 상대적 박탈감을 느낄 수 있다.

  준거집단은 대부분 동일감과 정체감, 행위의 기준 등 개인에게 긍정적 기준을 제공하는 집단이다. 그러나 때로는 오히려 거부나 반대의 기준을 제공해 주는 **부정적 준거집단**(negative reference group)도 있다. 예컨대, 어두운 과거를 청산하고 새로운 삶을 살기 시작한 사람에게 기억하고 싶지 않은 시절의 친구들은 부정적 준거집단으로 작용할 수 있다. 부정적 준거집단이란 그 성원들과 다르게 행동하도록 영향을 주며 오히려 거부의 기준을 제공해 주는 집단을 말한다.

  누구나 의식하든 의식하지 않든 준거집단을 가지고 있으며, 이는 삶에 대단히 중요한 의미를 지닌다. 어떤 준거집단을 가지느냐에 따라 삶의 가치와 행동양식이 달라지며, 미래에 대한 꿈과 기대수준도 달라질 수 있기 때문이다. 준거집단의 범위를 스스로 어떻게 설정하느냐에 따라 **세계주의자**(cosmopolitans)가 될 수도 있고, **지방주의자**(locals)가 될 수도 있다. 그러므로 자신에게 적절한 준거집단을 가지는 것은 대단히 중요하다.

  준거집단을 올바로 이해하지 못하면 오히려 몇 가지 문제에 부딪힐 수도 있다. 첫째, 현대사회에는 누구나 다양한 집단에 소속되어 있는데, 자칫하면 어느 집단이 자신의 준거집단인지 혼란을 느끼거나 역할갈등을 일으킬 수 있다. 둘째, 자신의 수준에 맞지 않는 부적절한 비교준거집단을 설정할 경우, 불필요한 상대적 박탈감이나 열등감의 근원이 될 수도 있다. 셋째, 자신이 속하지 않은 집단을 준거집단으로 삼아 가치관이나 행위유형을 미리 따라 하고자 할 경우, 자칫하면 비소속 준거집단에는 수용되지 못하고 현재의 소속집단 성원들로부터는 배척됨으로써 주변인으로 소외될 수도 있다. **주변인**(marginal man)이란 두 개 이상의 사회·문화적 체계들 속에서 상이한 가치들을 내면화함으로써 어느 한쪽에도 속하지 못하고 겉도는 사람을 말한다.

공식조직이란 무엇인가?

개념과 배경

사회집단 중에서도 어떤 구체적 목적을 추구하기 위해 의도적이고 계획적으로 설립되어 공식적 규칙에 의해 움직이는 집단을 **공식조직**(formal organization)이라고 한다. 공식조직의 등장 시기는 17~18세기경으로 볼 수 있다. 13~14세기부터 **길드시스템**(guild system)의 모순이 표출되기 시작했고, 17세기에 이르러서는 기술변화에 따른 도시화로 인해 생태학적 모순이 드러났다. 길드시스템의 모순이 심화되면서 **선대제**(putting-out system), **가내공업제**(system of cottage industry) 같은 새로운 생산양식이 등장하기 시작했다. 18세기 중엽의 산업혁명기를 거치면서 길드시스템, 선대제, 가내공업제 등은 **공장제**(factory system)로 발전했다.

공장의 수가 늘어나고 그 규모가 커지면서 조직의 형태는 더욱 공식화되었다. 조직이 공식화된다는 것은 조직의 형태나 운영과정에서 공식성이 커지는 현상을 말한다. **공식성**(formality)이란 첫째, 모든 구성원들의 역할이 각각 전문화되고 특화됨을 의미한다. 둘째, 구성원들의 행동에 대한 명확한 규범이 있고, 이를 위반할 때는 엄격한 제재가 가해진다. 셋째, 구성원들의 관계가 비인격적이고 위계서열이 분명하다. 넷째, 구성원 여부에 대한 뚜렷한 구분이 있다. 즉, 구성원의 발령이나 퇴직이 모두 규정에 따라 명백하게 이루어진다.

산업혁명 이후 이러한 공식조직이 등장하게 된 것은 생산의 규모가 커지고 조직구성원이 많아지면서 조직을 효율적으로 관리하기 위해서였을 것이다. **기능론적 관점**에서는 기술발전에 따른 분화 및 전문화의 필요성에 부응하기 위해 공식조직이 등장한 것으로 본다. 그러나 **갈등론적 관점**에서는 다르게 본다. 부르조아들이 노동에 대한 통제권을 효율적으로 행사하기 위해 자본주의적 생산양식을 발전시켰다는 것이다. 공식조직의 등장은 바로 이러한 이데올로기의 전개과정이고, **조직이론**이란 생산관계의 계급 간 적대관계를 은폐하기 위한 것이라고 주장한다.

기능론적 관점에서는 공식조직이 기술 환경의 변화에 부응하는 과정에서 자연스럽게 형성되었다고 보는 데 반해, 갈등론적 관점에서는 자본가가 노동자를 효과적으로 통제하기 위해 인위적으로 고안해낸 산물이라고 보는 것이다. 기능론적 시각이 옳은가, 갈등론적 시각이 옳은가? 이처럼 흑백논리로 생각하는 것은 어리석은 일이다. 공식조직이 환경변화에 적응하는 과정에서 서서히 형성되어 왔음은 분명하지만, 그 과정에서 일부 집단의 자기중심적 발상이 영향을 미치기도 했을 것이다.

조직이란 통상 공동의 목적을 달성하기 위한 개인들의 집합체를 말하지만, 때로는 수많은 구성원들이 상호 연결되는 짜임새를 나타내기도 한다. 한국사회의 조직은 전통적으로 수직적 위계에 따라 이루어졌으며, 공식적 관계보다 비공식적 관계가 더 중요하게 작용했다. 그런데 최근에는 연령, 남녀, 사회적 지위 등에 따른 위계질서가 붕괴되고, 학연·지연·혈연 등 연줄 망도 점차 공식적인 관계로 대체되고 있다. 이것은 근대화와 민주화 과정에서 당연하고 바람직한 현상이지만, 문제는 기존 질서가 붕괴된 자리에 새로운 조직과 제도가 합리적으로 형성되지 못하고 있다는 점이다.

관료제의 특성

18세기 이후 수많은 공식조직이 등장했지만, 공식성이 가장 높아서 공식조직의 대명사로 널리 알려진 개념은 **관료제**(bureaucracy)이다. 관료제란 오늘날 다양한 의미로 사용되고 있어 그 개념을 한마디로 정의하기는 어렵다. 그러나 일반적으로 "구조와 운영이 고도로 성문화된 법규에 의해 지배되는 조직", "엄격한 권한의 위임과 전문화된 직무 체계를 갖추고 합리적 규정에 따라 능률적으로 목표를 달성하는 조직의 관리운영체계" 또는 "조직표(table of organization)와 명백한 명령체계를 가진 위계서열의 피라밋 조직"이라고 할 수 있을 것이다.

'관료제'라는 용어는 1745년에 프랑스의 경제학자 **구르네**(V. de Gournay)가 약간 경멸적인 의미로 처음 사용했다고 한다. 'bureaucracy'는 서랍 달린 큰 책상을 뜻하는 'bureau'와 통치를 뜻하는 그리스어 'cratia'를 합성한 것이다. 어원에 따라 문자

대로 정의하면 '직책이 지배하는 조직'이란 뜻인데, 관료제에서는 실제로 사람은 없고 규칙과 직책만 있다고 해도 과언이 아니다.

베버(Max Weber)는 당시 알려진 공식조직의 다양한 형태와 이론들을 체계적으로 정리하여 관료제의 **이념형**(理念型, ideal typus)을 제시했다. 이념형이란 실제로 존재하는 형태들 중 일정한 의미가 있는 부분들을 추출해 재구성한 순수하고 이상적인 유형을 의미한다. 그러므로 베버의 관료제 이론은 실제로 존재하는 조직에 관한 것이 아니라 가장 바람직하고 추상적인 이념형으로서의 조직유형에 관한 것이다. 베버가 정리한 관료제의 특징은 다음과 같이 요약될 수 있다.

첫째, 모든 구성원은 고도로 분업화, 전문화(specialized)된다. 둘째, 엄격한 위계서열(hierarchy)로 조직화된다. 셋째, 모든 구성원에게 각자의 직위에 따른 권리와 의무 등 행동 규정이 명시된 직무가 주어진다. 넷째, 각 구성원이 주어진 임무를 수행할 때 따라야 할 절차를 성문화한 규칙들(rules)이 있다. 다섯째, 성원 여부를 분명히 할 충원과정이 명시돼 있으며, 실력에 따른 경쟁과 승진을 위해 공식적 훈련과 평가과정이 정해져 있다. 여섯째, 모든 구성원들에게는 근무시간에 따른 적절한 양의 일(full-time job)이 주어진다.

그 후 학자들은 베버가 말한 이러한 특성 외에 사람이 아닌 직책에 대한 충성(loyalty), 직무수행의 비인간성(impersonality) 등을 추가하기도 했다.

관료제의 순기능과 역기능

베버 이후 관료제는 가장 효율적인 조직형태로 알려져 왔으며, 정부, 군대, 회사, 대학 등 근대사회의 대부분 조직들이 관료제에 따라 조직되고 운영되어 왔다. 합리성과 비인간화의 특성에 바탕을 둔 관료제는 실제로 체계성과 효율성 면에서 많은 장점을 지니고 있다. 관료제의 대표적인 순기능을 정리해보면 다음과 같다.

첫째, 관료제에서는 모든 업무가 체계적으로 분업화·전문화되어 있어서 각 개인 간 또는 부서 간의 업무에 중복이나 충돌이 없고, 상호 원만하게 조정(coordination)되므로 업무의 효율성(efficiency)이 매우 높다. 둘째, 모든 구성원들의 역할과 역할수행 절차가 명문화되어 있으므로 업무에 혼란이 없다. 셋째, 모든 일을 개인적 판단에 의하지 않고 규정대로 하므로 상호 예측(predictability)이 가능하다. 넷째, 모든 직책과 직무가 표준화되어 있으므로 후임자를 충원하기 쉽고, 사람이 바뀌더라도 업무의 연속성이 유지된다. 다섯째, 모든 구성원은 규칙에 따라 능력대로 평등하게 대우받는다. 여섯째, 조직 전체가 질서정연하게 움직이므로 조직의 안정성(stability)이 높다.

관료제는 조직운영에 훌륭한 모형이긴 하지만, 순기능만 있는 것은 아니고 역기능도 많다. 조직을 운영할 때 관료제의 역기능에 대해 사전에 깊은 이해를 가지고 있다면, 역기능을 예방하면서 관료제의 효율성을 더욱 높일 수 있을 것이다. 관료제의 대표적인 역기능을 정리해보면 다음과 같다.

첫째, 관료제 자체의 속성으로 인해 발생하는 몇 가지 병리현상(bureaucratic pathology)이 있다. 대표적인 병리현상은 **레드 테이프**(red tape)인데, 쓸데없이 많은 규정과 서류양식을 만들어 직무를 복잡하게 만드는 **형식주의** 또는 문서주의를 말한다(레드 테이프란 용어는 17세기 영국에서 생겨났는데, 당시 관청의 사무서류를 묶었던 붉은 끈에서 비롯됐다고 함). 즉, 관료제는 모든 사무를 일정 양식과 절차에 따라 서면으로 처리할 것을 요구하기 때문에 형식에 치우치는 경우가 많아 오히려 조직의 효율성을 저해한다는 것이다. 또한 복잡한 서류만 완벽하게 갖추어 놓으면 되기 때문에 역설적으로 부패를 은폐하는 방편이 되기도 한다.

목적과 수단의 전치(goal displacement)도 대표적인 병리현상 중 하나이다. 이것은 원래 목적인 실제업무보다 목적달성을 위한 수단인 형식적 요건을 더 중시하는 부작용을 말한다. 예컨대, 우수한 인재를 임용하거나 승진시키기 위해 다양한 자격기준을 정해 두는데, 결과적으로는 대상자의 자격 심사에 치우쳐 실력을 오히려 등한시하는 경우이다. 또한 병원에서는 체계적인 환자치료나 수술을 위해 자세한 절차와 제출서류들을 정해두는데, 이 절차를 지키느라 시간이 지연되어 본래 목적인 환자치료의 골든 타임(golden time)을 놓칠 수도 있다.

둘째, 영국의 경제학자 파킨슨(Northcote Parkinson, 1909~1993)은 공무원의 사례분석을 통해 관료제의 역기능을 통계적으로 보여 주면서 그 내용을 **파킨슨의 법칙**(Parkinson's Law)으로 요약하였다. 파킨슨의 제1법칙은 **직원 증가의 법칙**이다. 공무원의 수는 업무의 양에 관계없이 계속 증가하며, 공무원 수와 일의 양

사이에 반드시 합리적 관계가 있는 것은 아니다. 공무원들은 부서의 권위를 높이고 승진기회를 늘리기 위해 어떻게든지 부서원의 수를 늘리려고 하며, 늘어난 인원을 관리하기 위해 또 자리를 만든다는 것이다. 업무량 때문이 아니라 부하를 늘리려고 자리를 만드는(爲人設官) 것이다. 그렇다고 사람이 많아진 만큼 성과가 올라가지는 않는다. 사람들이 많아져 여유가 생기면 그만큼 일을 천천히 비효율적으로 하기 때문이다.

파킨슨의 제2법칙은 **업무 누증의 법칙**이다. 이것은 세금을 올릴 수 있는 한 공무원의 숫자는 계속 늘어나고 업무도 많아진다는 것이다. 부서원의 수가 증가하면 지휘 · 감독 · 보고 등 파생적 업무가 생겨나므로 고유의 업무가 증가하지 않더라도 업무량은 계속 늘어나고, 이것은 다시 추가 직원 요구로 이어진다. 더구나 부서가 커지면 지위의 위광도 높아져 카펫 두께, 책상 크기 등도 달라지고, 비서, 전화기, 컴퓨터의 수도 늘리게 되므로 지출은 수입이 늘어나는 만큼 계속 증가한다.

셋째, 캐나다 출신의 교육학자 피터(Laurence J. Peter, 1919~1990)는 능력에 따라 인재를 적재적소에 배치하려는 관료제의 원칙이 오히려 각 직급에 모두 무능한 인재를 배치하게 되는 역설적 현상으로 나타날 수 있음을 지적했다. 그의 이름을 따서 **피터의 법칙** 또는 **피터 원리**(Peter Principle)라고 하는데, 한마디로 관료적 위계서열 조직에서 '모든 구성원은 자신의 무능 수준까지 승진한다'는 것이다. 관료제에서는 현 직위에서 거둔 업무성과(job performance)에 대한 평가로 승진이 결정되기 때문에 무능이 드러나는 직급까지 승진한다. 거기서 무능함이 드러나면 더 이상

승진하지 못하고 그 자리에 머물게 된다. 극단적으로 말하면 결국 모든 직급이 무능한 사람들로 채워질 수도 있다. 피터의 법칙에 빠지지 않으려면 업무평가에 대해서는 합당한 보상을 해주되, 승진은 미래 직책에 대한 잠재능력의 평가로 결정해야 할 것이다.

넷째, **조직의 비인간화**(impersonality)는 성원들의 행동과 역할을 예측가능 하도록 표준화하고 규제하는 것으로서, 조직의 규모가 커질수록 더 강화된다. 이것은 업무수행 과정에 자의적 판단의 여지를 없앰으로써 조직의 합리성과 효율성을 높이기 위한 것이다. 그러나 결과적으로는 오히려 조직의 능률을 저하시킬 수도 있다. 왜냐하면 비인간화의 정도가 커질수록 인간적 판단과 선택적 행동의 여지는 더욱 줄어들어, 현실적 상황을 고려하지 못하거나 적절한 대응 시기를 놓치게 되기 때문이다.

다섯째, 관료제는 지나친 표준화와 비인간화로 인해 구성원들에게 **소외감**을 느끼게 할 수 있다. 만약 완벽한 관료제 조직이 있다면 거기엔 규정과 직책만 있을 뿐 사람은 없을 것이다. 모든 업무가 표준화되고 규정에 따라 이루어지면 개인은 판단하고 선택할 여지가 없으므로 자율성과 창의력을 발휘할 수 없게 된다. 그리고 규정대로만 움직이는 공적 영역과 개인적 판단을 필요로 하는 사적 생활에 괴리가 발생함으로써, 개인은 조직의 일원이라기보다는 부속품 같다는 소외감에 빠질 수 있다.

여섯째, **정보의 왜곡**(information distortion)이다. 관료제 조직을 원활하게 움직이는 통로는 지시와 보고 체계이다. 그런데 대부분 사람들은 본능적으로 조직의 목적보다 개인적 이익을 우선시하므로 보고할 내용 중 자신에게 유리한 정보는 과장하고, 불리한 정보는 축소하기 마련이다. 또한 하급자는 자신에게 유리한 지시에 적극 따르고, 불리한 지시에는 소극적으로 대응하는 경향이 있다. 상급자도 자신의 이익에 부합하는 정보나 주장을 좋아하는 경향이 있으므로 결과적으로 아래위로 정보의 왜곡이 일어날 수 있다. 조직의 의사결정은 보고와 지시를 바탕으로 이루어지는데, 정보가 왜곡되면 그릇된 결정이 이루어질 수 있고, 이는 조직목적의 달성을 저해한다.

일곱째, 관료제 조직에서 오래 근무하다 보면 자신도 모르는 사이에 형식을 중시하는 **의례주의자**(ritualist)가 되고 태도가 경직되는 등 **관료적 퍼스낼리티**(bureaucratic personality)를 형성하게 된다. 또한 상명하달(上命下達)의 조직문화에 익숙해지면 자신도 모르게 조직이 규정하는 윤리(倫理)에 따라 오로지 조직을 위해 행동하고 조직에 충성을 다하는 **조직인**(organization man)으로 변한다. 조직인은 결국 조직의 목표달성을 위한 수단이 될 수밖에 없으므로 인간소외 현상을 겪게 된다.

관료제의 미래

19세기 이후 기업뿐 아니라 정부, 대학 등 사회 각 부문에서 합리적이고 효율적인 조직구조를 모색하면서 관료제는 더욱 광범위하게 확산되었다. 베버의 표현을 빌리면, **근대화**(modernization)는 합리성이 조직체를 그릇삼아 스스로의 모습을 드러내는 거대한 **관료제화**의 과정이었다. 전통적·카리스마적 권위를 합리적·

합법적 권위로 대체하면서 조직은 관료제의 이념형에 가까울수록 목적달성에 더 효과적이라고 믿었다.

거대한 산업화과정을 지켜보면서 콩트나 뒤르켕 등 고전사회학자들은 연대성(solidarity) 회복을 위한 연구에 주력한 데 비해, 베버의 관료제 연구는 산업사회의 새로운 질서를 모색하기 위한 것이었다. 그러나 그도 만년에는 합리성을 지나치게 신성시하는 관료제가 무의미한 것임을 깨닫고 비관적 전망을 하였다. 왜냐하면 합리적 원칙의 의도하지 않은 결과로서 비합리적 요소가 나타나는 것을 보면서 **실질적 비합리성**의 문제에 주목했기 때문이다.

예컨대, 조직의 비인간화로 인해 오히려 **비공식집단**(informal group)이 번창하게 되며, 비공식집단은 자칫하면 조직의 위계서열을 교란시키거나 규정들을 약화시킬 수 있다. **공식집단**(formal group)은 조직의 목적달성을 위해 규정에 따라 구성된 조직의 일부인 반면에, 동창회, 향우회, 취미모임 등과 같은 비공식집단은 조직의 목적달성과는 관계없는 조직구성원들의 모임이다. 그러나 조직 내 비공식집단은 표출적 활동을 통해 구성원들의 친교나 정서적 안정에 도움을 주기도 한다.

20세기 후반 들어 관료제의 역기능을 줄이기 위한 **관료조직의 인간화** 주장이 힘을 얻기 시작했는데, 그 요지는 대략 다음과 같다. 첫째, 끊임없이 변하는 상황에 유연하게 대응할 수 있도록 규정준수에 융통성을 부여해야 한다. 둘째, 규칙 자체를 지나치게 엄격하거나 경직되지 않도록 하는 것이 좋다. 셋째, 조직 위주에서 벗어나 개인을 존중하며, 비공식 관계 형성을 인정한다. 넷째, 작업조건을 인간중심으로 바꾸어야 한다. 예를 들면, **직무범**

위확대(job enlargement), 직무를 수직적으로 확장하는 **직무충실화** (job enrichment), **직무재설계**(redesign), **직무순환**(job rotation) 등 이다.

관료조직체의 인간화는 얼핏 보면 관료제의 원칙에 어긋나는 것 같지만, 실제로는 조직의 실질적 효율성을 높일 수 있다는 것 이다. 실제 조직현장에서는 키부츠, 노동자 자주관리제, 조직규 모 축소(downsizing), 네트워크 조직, 온라인(online) 조직 등 관료 제의 대안들이 많이 등장하고 있다.

자발적 결사체란 무엇인가?

개념과 특징

자발적 결사체(voluntary association)란 어떤 공통의 이해 관심 이나 목표를 추구하는 사람들이 스스로 만든 단체로서, **공식성** (formality)의 정도로 보면 앞에서 설명한 집단(group)과 조직 (organization)의 중간쯤 되는 형태이다. 사회가 다원화되고 시민 의식이 높아지면 사람들의 관심분야도 다양해지고 이해관계도 복잡해지는데, 이처럼 다양한 관심과 욕구를 충족하기 위해 자발 적 결사체가 만들어지는 것이다. 자발적 결사체의 특징들을 살펴 보면 더 잘 이해할 수 있다.

자발적 결사체의 첫 번째 특징은 구성원들이 누구의 강압이 나 강요에 의해서가 아니라 자신의 관심과 생각에 따라 자발적으로 참여한다는 것이다. 둘째, 대부분 참여자들의 활동내용은 비직업적이며, 파트타임으로 참여한다. 셋째, 상시적으로 모이는 것이 아니라 필요에 따라 부정기적으로 모인다. 넷째, 정부나 공공조직이 아닌 민간단체이다. 다섯째, 경제적·물질적 보상보다는 표출적 목적이 더 강하다. 여섯째, 스스로의 가치판단에 따른 규범적 유인이 강하다. 즉 옳은 일이고 누군가 해야 할 일이라고 생각해 스스로 참여하는 것이다.

자발적 결사체의 종류

자발적 결사체는 그 성격에 따라 표출적 성격의 단체와 수단적 성격의 단체로 구분해 볼 수 있다. **표출적 성격의 자발적 결사체**란 자신의 관심분야나 소중한 삶의 가치에 관련된 것으로서, 등산, 낚시, 축구, 사진, 그림 등 취미모임이나 동창회, 종교활동단체 등을 들 수 있다. **수단적 성격의 자발적 결사체**란 어떤 가치나 이익의 실현을 목표로 하는 단체를 말한다.

수단적 성격의 자발적 결사체를 그 목표에 따라 분류해 보면 다음과 같다. 첫째, **전문적 결사체**로서 의사회, 변호사회, 사회학회 등과 같이 동일 분야의 전문직 종사자들이 정보교류와 활동을 통해 상호 전문성을 높이고, 사회적·정치적 위상이나 권익 신장을 도모하는 단체이다. 둘째, 회원들의 권익과 이익 증진을 목표로 하는 **이익집단**으로서, 경제인연합회, 무역협회, 농협, 중소기업연합회, 경영자협회, 노동조합 등이 여기에 속한다. 셋째, 여성, 청소년, 노인 등 특정 집단의 권리와 이해관계를 지원하는 단체들이다. 넷째, 장애인, 빈곤층, 결식아동 등 사회적 약자들을 돕는 **사회봉사 단체들**이다.

다섯째, 환경보전이나 경제정의 등 특정의 사회적 가치 실현을 목표로 하는 사회운동 단체들이다. 국제적으로는 NPO와 NGO라는 이름으로 많이 쓰인다. NPO는 **비영리조직**(Non Profit Organization)의 약자로서 국가와 시장을 제외한 제3영역의 비영리단체를 통칭하는 말이며, **제3섹터** 또는 시민사회조직이라고도 한다. NPO는 이윤을 추구하지 않는 준공공(semi-public) 민간조직이다. NGO는 **비정부단체**(Non Governmental Organization)의 약자이다. NGO는 NPO에 속하는 하위개념으로 볼 수도 있는데, 일반적으로는 인권, 여성, 소비자보호, 환경보전, 정치개혁 등의 문제에 초점을 맞추어 주로 개발도상국과 국제사회에서 활동하는 민간단체를 뜻한다.

중요성과 한계

자발적 결사체는 각계각층 다양한 개인의 정서적 만족이나 자아실현의 기회를 제공한다는 점에서 대단히 중요하다. 뿐만 아니라 다원사회에서 사회변혁을 일으키는 사회운동의 모태가 될 수 있다는 점에서도 중요하다. 그러나 자발적 결사체가 지닌 고유한 특성으로 인해 활성화되기 어려운 몇 가지 한계를 안고 있다.

첫째, 자발적 결사체에는 대부분 비직업적으로 참여하기 때문에 구성원들의 적극적 참여를 기대하기 어렵다. 성원들의 낮은

참여와 무관심으로 인해 적극적인 일부 참여자들이 단체를 좌지
우지하게 되는 경우가 많다.

둘째, 구성원들이 일정한 기준에 의해 선발되는 것이 아니라
모두 자발적으로 참여하기 때문에 성원들의 구성과 특성이 제한
적이다. 특히 낮은 계층일수록 직업 활동에 얽매이기 때문에 참
가율이 낮다. 따라서 활동의 목표와 범위가 한정적일 수밖에 없
다.

셋째, 자발적 참여이긴 하지만 구성원들이 대부분 어떤 인연
에 따라 참여하게 되므로 회원의 구성이 배타적이고 폐쇄성을
띠기 쉽다. 결과적으로는 자발적 결사체의 활동이 오히려 계층구
조를 고착시키는데 기여할 수도 있다.

사회제도는 일상생활의 틀이다

🗨 사회제도란 무엇인가?

사회제도의 의미

아침에 일어나 저녁에 잠들 때까지 우리는 수많은 행동을 별로 힘들이지 않고 자연스럽게 한다. 세수하고, 식사하고, 옷 입고, 사람 만나면 인사하고, 버스나 지하철을 타고, 필요한 물건을 사는 일 등을 할 때 어떻게 해야 좋을지 생각할 필요도 없이 쉽게 움직인다. 대부분의 행동을 생각해서 하는 것이 아니라 '사회제도에 따라' 거의 무의식적으로 하기 때문이다. 그러나 인도나 이란 등 외국에 나가면 이야기가 달라진다. 모든 것이 낯설고 어떻게 해야 사람들에게 거슬리거나 이상하게 안보일지 행동하기 전에 잘 생각해 봐야 한다. 외국에서는 사회제도가 우리와 다르기 때문이다.

사회제도는 일상생활을 가능하게 하는 틀이다. 누구나 사회제도의 틀 안에서 생각하고 판단하고 행동한다. **사회제도**(social institution)란 오랜 세월에 걸쳐 형성된 안정된 지위와 역할, 규범과 절차의 체계(a set of related norms)이다. 예컨대, 교육제도란 단순히 학교나 교육부 같은 외형적인 것뿐 아니라 교육과 관련된 절차나 규범, 지위와 역할, 가치관 등의 무형적인 요소까지 다 포함하는 것이다. 사회는 끊임없이 변하므로 새로운 테크놀로지가 등장하거나 사람들의 의식이 변하면, 기존의 제도가 바뀌거나 새로운 제도가 형성된다. 이러한 과정을 **제도화**(institutionalization)라고 한다.

사회제도의 내용은 나라마다 다르지만, 다음과 같은 특성을 공유하고 있다. 첫째, **포괄적**(all-inclusive)이다. 사회제도는 일상 및 사회생활의 모든 영역을 포괄한다. 모든 구성원들의 삶 중 어느 한 부분도 사회제도에 들어있지 않은 것이 없다. 둘째, **침투성**(pervasiveness)이다. 사회제도는 모든 지위와 역할, 모든 사회적 단위, 모든 지역에 스며들어 있다. 그러므로 사회제도는 그 나라 모든 구성원들에게 동일하게 적용되며, 어느 누구도 사회제도의 틀에서 벗어날 수 없다. 셋째, **안정성**(stability)이다. 제도는 오랜 세월에 걸쳐 수많은 사람들의 지속적인 상호작용을 통해 형성된 것이다. 그러므로 사회제도는 일단 형성되면 사회적 관습처럼 쉽게 바뀌지 않는다.

사회제도의 기능

사회제도는 구성원들에게 모든 기본적 욕구를 충족하기 위한 구체적 방법을 알려준다. 예컨대, 식욕이나 성욕 같은 유기체로서의 본능적 욕구를 해결할 수 있는 합리적·합법적 방법을 알려준다. 그 외에도 안전의 욕구, 정서적 욕구, 자아완성의 욕구 등 어떤 욕구든지 제도의 틀 안에서 충족시킬 수 있다. 어떤 시설이나 장비를 갖추고 어떻게 행동해야 신체적으로 안전한지, 어떤 생각과 태도로 행동하면 다른 사람들과 따뜻한 정을 나누고 마음이 편안할 수 있을지, 어떻게 하면 스스로 자아실현의 기쁨을 누릴 수 있을지, 이 모든 일들이 사회제도 안에서 이루어진다. 이러한 욕구들을 제도 외의 다른 방법으로 충족하려 들면 강력한 사회적 제재를 받거나 생각하지 못한 위험에 처할 수도 있다.

사회제도는 사회를 유지하고 존속시키는데 필요한 모든 기능적 요건을 수행한다. 예컨대, 새로운 구성원을 충원하기 위한 재생산은 가족제도를 통해 이루어지고, 어린이의 사회화는 가족과 교육제도를 통해 이루어진다. 생활에 필요한 재화의 생산과 분배는 경제제도를 통해, 개인의 심리적 안정이나 평안은 종교제도를 통해, 사회적 목표달성은 정치제도를 통해 이루어진다.

제도는 오랜 세월에 걸쳐 자연스럽게 형성된 것이다. 그런데, 권력자나 특정집단이 힘의 논리나 이해관계에 따라 인위적으로 사회제도의 틀을 급격히 바꾸려 들면 사회가 혼란스러워진다. 또는 테크놀로지 발달로 국민들의 의식이나 행동양식이 크게 변했는데도, 기존 제도가 여기에 부응해 바뀌지 못하면 **제도적 부적응** 현상이 나타난다. 사회제도란 구성원 모두의 삶을 규정하는 일상생활의 틀이기 때문에, 제도의 혼란은 사회적 무질서로 이어져 사회의 안정과 유지에 아주 나쁜 영향을 미칠 수 있다.

② 사회제도의 변천과 주요 제도

제도의 형성과 전문화

사회제도는 인간이 집단을 이루어 공동생활을 하기 시작하면서부터 형성되었다. 물론 처음부터 다양한 제도가 형성된 것은 아니다. 가장 먼저 생긴 것은 가족제도였다. 가족을 중심으로 한 공동생활이 거의 본능적으로 이루어지면서 가족생활과 관련된 규범들이 생겨나기 시작했다. 가족은 예나 지금이나 사회의 기본 단위이므로, 가족을 중심으로 다양한 본능적 욕구들이 충족되었다. 기본욕구뿐 아니라 경제활동이나 종교의식, 자녀교육, 오락 등 대부분의 사회적 기능들이 가족 안에서 이루어졌다. 이처럼 가족제도가 모든 사회제도의 기능을 수행하던 단계를 제도의 **원시적 융해**(primitive fusion)라고 한다. 다양한 분야의 많은 기능들이 모두 가족제도 안에 녹아들어 있었다는 뜻이다.

공동체의 구성원들이 많아지고 생활 수준이 향상되면서 사회는 점점 복잡해지고 분화되기 시작했다. 단순사회에서는 모든 사람이 각자 모든 일을 다 했지만, 공동체 규모가 커지면서 직업이 전문화되고 사회제도도 분화되기 시작했다. 예컨대, 과거에는 가족제도 안에서 족장이 모든 일을 처리했지만, 점차 종교의식은 제사장에게, 자녀교육은 훈장에게, 생산과 유통은 농부와 상공인에게 등으로 직업의 전문화가 이루어졌다. 직업의 전문화에 따라 정부·교회·학교 등 제도의 모든 절차가 점차 공식화되면서 제도적 구조도 관료조직화되기 시작했다.

사회제도의 종류

사회제도는 오랜 세월에 걸쳐 원시적 융해 상태에서 다양한 제도로 분화되는데, 근대이전에 가족·종교·정치·경제·교육 제도가 형성되었다. 이들 5개 제도를 **원초적 또는 일차적**(primary) **사회제도**라고 한다. 이들 제도는 하나하나가 모두 사회의 부분체계로서 일관성을 지니고, 상호의존하며 영향을 주고받는다. 어느 한 제도에 변화가 생기면, 사회 전체의 제도적 일관성과 균형을 위해 다른 제도도 이에 부응하여 변한다. 그러므로 어떤 제도를 전체 사회와 별개의 것인 양 분리해서 보기는 어렵지만, 사회를 분석적으로 이해하기 위해 원초적 제도들에 대해서는 나중에 하나씩 별도로 살펴보기로 한다.

19세기 이후 사회가 급격히 변하면서 원초적 제도의 범위를 넘어서는 영역들이 많이 생겼으며, 자연스럽게 이러한 현상을 담당할 새로운 사회제도들이 형성되었다. 근대 이후 사회변화에 부응하여 새로 형성된 제도들을 통틀어 **파생적** 또는 **이차적**(derived or secondary) **사회제도**라고 부른다. 대표적인 파생적 제도들을 살펴보면 다음과 같다.

통신기술의 발달로 매스 커뮤니케이션이 가능해지면서 신문·라디오·TV 등 **언론**이 중요한 사회제도로 등장했다. 언론은 어떤 쟁점에 대한 객관적 사실과 정보를 제공하고, 지적(知的)인 토론의 장을 제공하며, 치밀한 분석과 평가를 통해 건전한 여론을 형성하는데 기여한다. 그래서 언론을 입법·사법·행정부에 빗대어 **제4부**라고 부르며, **무관의 제왕**이라고도 한다. "신문 없는 정부보다 정부 없는 신문을 택하겠다"는 **제퍼슨**(Thomas Jefferson)의 말은 언론제도의 중요성을 한마디로 압축해준 명언이다.

20세기 후반 이후 가장 빠르게 발달한 파생적 제도는 **정보통신제도**이다. 컴퓨터와 인터넷이 통신수단으로 쓰이기 시작하면서 정보통신제도는 일상생활의 총아로 등장했다. 최근에는 스마트 전화기가 보편화되면서 회사업무나 생활양식까지 바꾸고 있다. 정보통신제도는 단순한 호기심 충족이나 소통을 넘어 문화혜택의 확대, 여론형성, 사회통제 및 결속에도 크게 기여한다. 그러나 행동과 가치관의 획일화 및 표준화, 사생활 침해, 저급한 문화 양산 등의 문제를 야기하기도 한다.

정보기술의 발달은 사회 전반에 큰 변화를 가져왔다. 새로운 테크놀로지가 빠르게 발달하면서 이들을 효과적으로 관리하기 위한 **기술제도**가 형성되었다. 기술제도는 의식주 등 인간의 기본 욕구를 이전과 비교할 수 없을 정도로 충족시킬 수 있게 해 준다. 21세기 이후 기술제도는 인간의 욕구 충족을 넘어 사회 전체를 획기적으로 변화시키고 있다. 의학과 생명공학의 발달로 유전자 조작이나 새로운 생명의 창조까지 가능해지고, 인공지능이 발달하면서 인간에 대한 기술의 지배를 우려하기에 이르렀다. 어떻게 기술이 인간의 통제범위를 벗어나지 않고 인간에게 오로지 유익함을 주도록 할 수 있을지, 과학기술에 대한 관리 및 제도화가 중요한 과제이다.

대량생산과 대중소비에 따른 경제성장의 결과로 **오락제도**가 크게 발달했다. 디즈니월드 같은 위락단지가 곳곳에 생겨나고, 게임방, 노래방, 비디오방 같은 새로운 형태의 시설도 많이 생겨났다. 최근에는 모바일 게임이 보편화되면서 오락은 젊은 세대에게 일상생활의 일부가 되고 있다. 오락제도는 무엇보다 스트레스 해소라는 중요한 순기능을 하지만, 자칫하면 폭력과 퇴폐성을 조장하거나 현실도피 및 중독의 문제를 야기할 수도 있다.

산업화에 따라 핵가족이 보편화되면서 가족의 사회보장 기능을 이양받은 것은 **후생복지제도**이다. 경제성장의 결과로 빈부 격차가 커지면서 복지제도는 중요한 사회제도로 부상했다. 후생 복지제도는 노약자나 어린이, 장애인 등에 대한 구호 및 지원, 실업·은퇴·산재 등에 대한 보험, 사회적 일탈자에 대한 지원, 의료보험, 저소득층의 최저생계 보장 등 많은 순기능을 한다. 그러나 모든 대상자에 대한 일반적 시혜가 어려우며, 기준과 절차의 관료제화로 복지기관의 운영이 비효율적으로 되는 경향이 있다. 또한 수혜자는 자칫하면 일보다 구호를 더 바라게 되기 쉽다.

③ 가족제도

가족의 개념과 기능

가족은 사회를 구성하는 최소단위이며, 누구에게나 일상생활(의·식·주 및 여가활동 등)은 물론 대부분 사회생활(경제적·정치적 행위 등)의 기본단위이다. 정치·경제·종교·교육 등 다른 제도적인 행위들도 상당 부분 가족을 바탕으로 이루어진다. 가족은 시대와 사회에 따라 다양한 유형을 나타내므로 가족을 한마디로 정의하거나 본질을 밝히기가 어렵다. 일반적으로 가족을 구성하는 방법은 혼인·혈연·입양 등 세 가지이다. 단순화의 위험을 무릅쓰고 **가족**을 한마디로 정의한다면, "혼인, 혈연, 또는 입양의 유대로 맺어진 장기적인 결합체"라고 할 수 있을 것이다.

가족과 관련된 개념들을 살펴보면 가족을 더 깊이 이해할 수 있다. **가정**(home)이란 가족들이 함께 살아가는 정서적 생활공동체를 뜻하며, **집**(house)은 가족들이 함께 사는 공간이나 주택을 말한다. **가구**(household)는 한집에 같이 사는 생활단위를 말한다. 성(姓)과 본(本)이 같은, 즉 부계(父系) 조상을 공유한 가까운 촌수의 사람들을 **친족**(kinship) 또는 **일가**(一家)라고 하며, 외삼촌 등 모계(母系)로 가까운 사람들은 **외척**(外戚)이라 하고, 처남이나 처제처럼 혼인관계에 따라 맺어진 사람들은 **인척**(姻戚)이라고 한다. 통상 친족과 외척을 통틀어 **친척**(親戚)이라고 하며, 혈연이나 혼인, 입양을 통하여 맺어진 사람들을 통틀어 **친인척**(親姻戚)이라고 한다.

　가족은 성(性)과 혈연관계로 이루어진 공동체이며, 출생에 의해 소속이 결정되는 생물학적 운명공동체이다. 가족은 주거를 함께 하는 사회적 최소단위이며, 사회규범과 문화적 전통 등을 공유함으로써 개인과 사회를 연결해 주는 고리가 된다. 가족제도는 많은 사회제도들 중에서 가장 먼저 형성되고, 가장 중요하고, 가장 기본적인 제도로서, 다음과 같이 중요한 사회적 기능을 한다.

　첫째, 성(性)행위 규제와 **재생산**(reproduction)을 가능하게 한다. 성욕은 인간의 동물적 본능이므로 적절히 통제될 수 있어야 하는데, 가족제도는 결혼을 통하여 이 문제에 대응한다. 아울러 사회유지의 필수조건인 구성원의 재생산까지 동시에 달성한다.

　둘째, 인간은 출생 후 독립하기까지 발육기간이 길어 그 기간 동안 철저한 보호를 필요로 하는데, 가족제도는 자녀의 양육과 보호 및 사회화 기능을 수행한다.

　셋째, 가족제도는 남자와 여자의 생물학적 특성에 따라 자연스럽게 남·여 간 사회적 분업을 이룸으로써 일과 생활의 효율성을 높인다.

　넷째, 가족은 운명공동체로서 구성원들의 사회적 지위와 위치를 결정하는 기능을 한다. 부모든 자녀든 가족구성원의 지위에 따라 다른 구성원들의 사회적 지위도 달라지는 것이다.

　다섯째, 가족은 경제활동의 기본단위이며 일차적 소비단위로서 구성원들의 사회보장 기능을 수행한다. 직계 가족뿐 아니라 친인척이 경제적 어려움에 처할 때는 상부상조한다.

　여섯째, 가족은 상호 긴밀한 상호작용을 나누며, 정서적 안정감을 제공한다. 가정은 사회생활에서 쌓인 긴장과 스트레스를 해

소해 주며 새로운 활력을 충전해 준다.

일곱째, 가족은 일상적인 생활의 토대일 뿐 아니라 종교적 또는 정치적 기능을 수행하기도 한다. 최근에는 개인의 자유가 신장됨에 따라 많이 달라지긴 했지만, 여전히 가족구성원들은 종교를 공유하는 경우가 많다. 제사나 묘사 등 조상숭배도 일종의 종교와 유사한 기능을 한다. 정치활동 또한 가족이나 친인척 단위로 이루어지는 경우가 많다.

가족의 유형

결혼은 단순히 남녀 두 사람의 결합이 아니라 가족 간의 결합이다. 결혼을 통하여 양가(兩家) 수많은 사람들이 인척관계로 이어지는 것이다. 부족사회에서는 족내혼 또는 족외혼 제도가 있었다. **족내혼**(endogamy)이란 자신이 속해 있는 종족 내에서 배우자를 고르게 하는 제도이다. 오늘날에도 일정한 지역 또는 같은 계층이나 직업 안에서 배우자를 고르는 족내혼의 모습이 남아있다. 족내혼은 결혼이 양가의 결합임을 고려하여 종교나 신분 또는 양가의 이해관계를 유지함으로써 상호 원만한 화합을 이루기 위한 제도이다.

족외혼(exogamy)이란 자신이 속한 종족 밖에서 배우자를 고르게 하는 제도이다. 인간이 다른 동물과 구별되는 중요한 특징 중 하나는 **근친금혼**(近親禁婚, incest taboo)이다. 이는 경험적으로 근친혼의 문제점이 드러나고 또 농작물 재배와 가축 사육의 경험이 더해지면서 가장 엄격한 사회규범인 **원규**(mores)로 정착되었

다. 우리나라에서는 조선시대부터 **동성동본불혼**(同姓同本不婚)의
원칙을 채택해 오다가 2008년부터는 아버지 쪽이든 어머니 쪽이
든 8촌 이내 혈족까지만 혼인할 수 없도록 하는 **근친혼**(近親婚)
금지제로 바뀌었다.

사람들은 흔히 지금 자기 나라의 가족제도가 당연하고 보편
적인 것으로 생각하지만 사실은 그렇지 않다. 가족제도의 유형은
사회마다 다르며, 시대에 따라 끊임없이 변해왔다. 예컨대, 우리
는 일부일처제 또는 **단혼제**(monogamy)를 당연한 것으로 받아들
이지만, 일부다처제(polygyny) 또는 일처다부제(polyandry) 같은
복혼제(polygamy)는 지금도 여러 나라에 남아있다. 사실은 우리
나라에서도 일부일처제가 확립된 것은 1960년대 이후이다. 최근
에는 이혼과 재혼이 만연하여 엄격히 말하면 일부일처제가 아니
라 **순차적 일부일처제**(serial monogamy)라고 해야 할 것이다.

산업화와 핵가족

모든 제도가 다 그렇지만, 가족제도도 시대에 따라 변한다.
농경사회에서는 가족이 생산과 소비의 단위이고 농사일에는 많
은 노동력이 요구됐으므로 3~4대에 이르는 대가족이 모두 한집
에 같이 살았다. 이처럼 조부모, 부모, 자녀 등 3대 이상이 함께
사는 가족을 **확대가족**(extended family)이라고 한다. 위에서 언급
한 복혼제에 따른 **복혼가족**(polygamous family)도 대가족인데, 확
대가족과 복혼가족을 통틀어 **복합가족**(compound family)이라고
한다.

산업화는 기술적으로는 물론 경제적·문화적으로도 사회 전반에 엄청난 변화를 초래했다. 산업사회에서는 가족이 더 이상 생산의 단위가 아니라 소비생활의 단위이다. 그리고 직업이 소비생활의 수준과 사회적 지위를 결정한다. 따라서 혈연이나 지연에 바탕을 둔 정서적 유대보다 직장을 더 중요시하게 되었다. 또한 여성의 취업률이 증가하면서 더 이상 여성이 확대가족의 많은 집안일을 감당할 수 없게 되었고, 자녀들도 학교교육 등으로 가족 이외의 제도에서 보내는 시간이 훨씬 더 많아졌다.

이처럼 다양한 변화들은 가족제도에 심각한 긴장을 초래했고, 농경사회에서 수천 년 유지돼 오던 확대가족은 산업화와 더불어 점차 해체되었다. 결국 가족제도는 확대가족 중심에서 이동성(mobility)이 높은 핵가족으로 대체되기에 이르렀다. **핵가족**(nuclear family)이란 부부와 자녀들로 구성된 가족형태를 말하며, 부부중심의 가족이므로 **혼인가족**(conjugal family)이라고도 부른다. 테크놀로지 발달에 따라 농경사회가 산업사회로 바뀌면서 가족의 유형도 사회변화에 부응해 핵가족 위주로 바뀐 것이다.

제도의 변화와 위기

한국의 전통적 가족제도는 세계 어느 나라에서도 유례를 찾아보기 어려운 아름다운 제도이다. 수천 년 이어져 온 가문의 뿌리인 족보도 대단하지만, 집안 구성원들 간 유대와 상부상조의 전통은 서구의 사회복지를 능가하는 훌륭한 제도이다. 그런데 최근 들어 한국의 가족제도가 무너지고 있다.

핵가족 이념이 보편화되었을 뿐 아니라, 여성의 경제활동 참가율이 높아지면서 전통적인 가족주의가 급속히 약화되었다. 그리고 유학, 직장, 교통체증 등 다양한 이유로 가족들이 따로 사는 **분산가족**이 늘어났다. 또한 무자녀부부, 미혼모 가족, 편부(모) 가족, 조손(祖孫) 가족, 양부모(養父母) 가족 등 가족형태도 갈수록 다양해진다. 최근에는 독신주의 및 이혼의 증가로 **탈가족화 현상**이 나타나고 있다. 뿐만 아니라 공동체가족, 미혼동거가족, 계약부부 등 여러 형태의 시험가족 또는 대안가족 형태도 등장한다.

혼인제도 자체에 대한 인식도 급변하고 있다. 최근 의식조사에 따르면, "굳이 결혼을 할 필요가 없다"거나 "혼인 없이도 동거할 수 있다"는 비혼(非婚)족이 어느덧 절반을 넘었다. 상황의 심각성은 나이가 어릴수록 비혼 성향이 더욱 뚜렷하다는 데 있다. 비혼족이 늘어나고, 이혼율은 증가하고, 사회는 고령화되면서 1인 가구의 비율이 갈수록 커지고 있다. 전체 가구 중에서 1인 가구가 차지하는 비율은 2000년 15.5%, 2010년 23.9%였으나, 2020년에는 30%를 넘었다.

수천 년에 걸쳐 형성된 가족제도가 최근 이처럼 급격히 변하면서 가족제도의 기능에 여러 가지 문제가 발생하고 있다. 예컨대, 사회적으로 경쟁과 긴장은 더 커지는데 정서적 안정과 휴식을 제공하는 가족의 긴장해소 기능은 오히려 약화되었다. 가족제도 밖에서 긴장해소를 추구하면서 유흥산업이 번창하게 됐다. 부부중심의 가족제도에서 부부간의 갈등은 가정 폭력, 자녀양육과 부모 부양의 문제, 가족 간 보호기능의 약화 등 가족 내 여러 가지 새로운 문제를 야기하고 있다.

가족제도는 예나 지금이나 인간사회의 기본이다. 가족은 사회생활의 최소단위이므로 가족 유형이 변하면 정치·경제·문화·교육·여가제도 등 사회 전반에 큰 변화를 초래하게 될 것이다. 가족제도의 기본적 가치는 사회생활의 최소단위, 남녀 간 분업, 자녀출산과 양육 등인데, 가족제도가 흔들리면 개인은 물론 사회도 불안정해진다. 최근의 문제는 가족의 위기를 넘어 가족제도의 위기이므로, 급격한 사회변화에 부응하여 기존의 제도를 대체할 새로운 가족제도를 찾아 나가야 한다.

4 종교제도

개념과 기본요소

가족제도 다음으로 일찍 형성된 제도는 아마 종교제도일 것이다. 가족제도는 집단생활의 가장 자연스러운 형태로서 형성되었는데, 그다음으로 큰 관심사는 자연에 대한 두려움과 경외심, 미래에 대한 불안감 등이었다. 이러한 문제에 대한 대응방식이 체계화되면서 종교제도로 발전했을 것이다.

종교는 현실을 초월한 경험할 수 없는 대상을 비 경험적으로 접근하는 것이다. **종교제도**란 "사회가 성스럽게 여기는 존재의 궁극적 의미에 초점을 두는 상징·믿음·가치·관행 등의 체계"이다. 종교에는 세 가지 기본요소가 있다. 첫째는 세상적인 것을 초월하는 **성스러운 존재**(sacred being)가 실재(實在)한다는 믿음이

다. 둘째는 찬양·경배·기도·설교, 참선, 세례, 고행, 금식 등
의식(ritual)이다. 셋째, 성스런 존재에 대한 동일한 신념과 의식에
공동으로 참여하는 사람들의 무리, 즉 **회중**(會衆, congregation)이
다.

성스러운 존재가 자연일 때는 **자연신교**(自然神敎, nature
deism)라고 부르며, 성스러운 존재가 단 한 분이면 **일신교**(一神敎,
monotheism), 성스러운 존재가 다수(多數)일 때는 **다신교**(多神敎,
polytheism)라고 부른다. 성스런 존재는 같고 신념체계나 조직체
계가 다른 회중들을 **교파**(敎派) 또는 **종파**(宗派)라고 한다. 예컨
대, 가톨릭교, 개신교, 유대교는 기독교의 교파들이다. 이들은 다
같이 유일신인 여호와 하나님을 경모하지만, 가톨릭교는 사제(司
祭)를 통하여 여호와와 교통하고, 개신교는 예수의 이름으로 여
호와와 직접 교통하며, 유대교는 예수를 그리스도로 인정하지 않
는다. 불교에는 조계종, 태고종, 천태종, 진각종 등 20여 개의
종파가 있다.

발생원인

종교는 어떻게 발생하였는가? 종교적으로 보면 이 질문은 무
의미하다. 성스러운 존재인 절대자가 인간을 창조하여 세상을 주
재하므로 인간이 절대자의 뜻에 따라 사는 것은 너무나 당연한
일이기 때문이다. 그러나 인간의 시각에서 어떻게 종교제도를 형
성하게 됐는지에 대해서는 다양한 이론들이 있다. 대표적인 세
가지 이론을 살펴보겠지만, 어떤 이론도 종교제도의 기원을 완전

하게 설명하지는 못한다. 모두 부분적인 가능성을 지니고 있으므로 이들을 상호보완적으로 생각하면 종교에 대해 좀 더 잘 이해할 수 있을 것이다.

첫째, 가장 흔히 생각할 수 있는 것은 인간의 고통이 종교를 발생시킨 원인이라고 보는 **인간고통설**이다. 인간이 기아·소외·억압 등 견디기 어려운 고통을 겪을 때 현세의 고통에서 벗어나고자 초자연적 세계를 상정하여 의지하려는 데서 종교가 발생했다는 것이다. 종교는 삶의 의미를 제공하고 구원과 영원한 안식을 약속함으로써, 내세의 희망을 갖고 현실의 고난을 견딜 수 있게 해준다. 인류역사를 보면 실제로 가장 열악한 환경에서 위대한 종교가 발생했다고 한다. 예컨대, **기독교**는 이스라엘 민족이 노예생활과 식민지, 착취와 차별 등 오랜 고난을 겪는 가운데 형성되었다. **마호메트교**는 아라비아 열대의 사막에서 유랑과 전쟁을 겪으며 생겨났고, **불교**는 인도의 고온다습하고 질병의 고통이 많은 가운데서 형성되었다.

둘째, 뒤르켕(Emile Durkheim)은 상호의존해서만 살아갈 수 있는 인간들이 공동생활을 원만하게 수행하고자 하는 의지에서 종교를 형성했다는 **집단의지설**을 주장했다. 사회란 공통의 가치와 신념을 가진 구성원들의 의식에 따라 형성된 공동체인데, 이 공동체를 원만하게 유지하고 보전하려는 집단생활의 의지가 어떤 초월적 힘에 대한 신념과 의식을 형상화시켰다는 것이다.

셋째, 마르크스(Karl Marx)는 **허위의식설**을 주장했다. 인간이 자기의 실존적 처지를 올바로 인식하지 못하고, 잘못된 의식으로 현실의 소외를 모면하려는 일련의 심리적 작용에서 종교를 발전시켰다는 것이다. 마르크스는 자신의 구체적 현실과 맞지 않는 잘못된 관념을 **허위의식**(false consciousness)이라고 하며, 종교적 신념에 따른 행위는 곧 허위의식에 오도된 행위라고 본다. 그는 종교를 다양한 유형의 이데올로기 중 하나로 평가하였다.

순기능과 역기능

인류역사에서 종교는 수많은 영욕으로 점철돼 있다. 종교는 인류를 구원하고 삶을 풍요롭게 하며 찬란한 문명을 일으켰다. 그러나 다른 한편으로 종교는 전쟁의 원인이 되거나 독재자의 정치적 수단이 되는가 하면 부정부패의 온상이 되기도 했다. 세상 대부분 일이 다 그러하듯 종교에도 순기능과 역기능이 함께 있다. 그러므로 이러한 양 측면을 잘 이해하면 종교를 사회에 유익한 제도로 가꾸어 나갈 수 있을 것이다.

먼저 종교의 순기능을 살펴보면 다음과 같다. 첫째, 종교는 삶에 궁극적 의미를 부여해 준다. 인간은 스스로 만물의 영장이라고 하지만 사실은 벌레처럼 나약하고 하루살이처럼 순식간에 사라진다. 이러한 생각을 하면 누구나 삶이 허무하고 덧없게 느껴져 삶의 의욕을 잃기 쉽다. 이때 종교는 인간에게 구원과 영원한 삶에 대한 확신을 심어줌으로써 삶의 보람과 의욕을 갖게 한다. 둘째, 종교는 일상에서 느끼는 소외감, 불안감, 공포심 등을 극복할 수 있도록 도와주고, 정신적 위안을 제공함으로써 정서적으로 삶의 지주가 된다.

셋째, 인간은 자연적으로나 사회적으로 끝없이 다양한 환경을 접하게 되는데, 이때 종교는 새로운 환경을 해석하는 일련의 신념과 가치를 부여함으로써 적응을 도와준다. 넷째, 신앙을 가진 사람들에게 종교는 일상은 물론 사회생활의 중심이 되므로, 이들의 참여의식을 고취하거나 사회적으로 조직하기에 용이하다. 다섯째, 종교는 집단생활에 필요한 도덕적 원리를 제공함으로써 구성원들에게 집단적 일체감을 부여하며 사회통합에 기여한다. 여섯째, 종교는 그 사회의 문화적 전통과 가치를 전승하는 사회적 지주 역할을 한다.

종교는 순기능 못지않게 많은 역기능을 하기도 한다. 첫째, 지배계급이 민중의 관심을 사회적 현실로부터 비현실 세계로 돌리게 하는 데 이용될 수 있다. 둘째, 사회적 불평등을 정당화하고 기득권층의 특권을 영속화시키는데 기여할 수 있다. 예컨대, 힌두교의 카스트제도를 들 수 있을 것이다. 셋째, 종교적으로 지나치게 경직된 신념은 오히려 갈등을 조장할 수 있다. 역사적으로 수많은 종교전쟁이 있었으며, 지금도 이슬람권에서는 **지하드**(聖戰)라는 이름으로 전쟁이 끊이지 않고 있다. 넷째, 종교적 교리에 따른 일탈방지를 위한 제재가 새로운 테크놀로지 변화에 따른 사회변동을 가로막는 보수적 경향을 조장할 수 있다. 예컨대, 일부 국가에서 종교적 이유로 여성의 고등교육이나 사회활동을 금지하고 운전도 못하게 하는 것 등이다.

세속화와 미래 전망

근대 이전에 종교제도는 사회적으로 엄청난 영향력을 행사했다. 그러나 르네상스 이후 인간의 이성이 꽃피고 자연과학이 발달하면서 종교는 세속화 과정을 겪게 된다. **세속화**(secularization)란 사람들의 사고방식이나 행위양식이 초자연적, 종교적 해석보다 오히려 과학적, 경험적 또는 세상의 기준에 의존하는 형태로 변해가는 현상을 말한다. 일상생활이 점차 종교적 교리와 멀어지는 것이다.

종교는 세속화 과정을 거치면서 동시에 관료제화되었다. **관료제화**(bureaucratization)란 종교 조직이 성스러운 모습을 떠나 효율성을 최우선으로 추구하는 관료제 조직처럼 위계서열화되고 권위적으로 변해가는 것을 말한다.

세속화와 관료제화는 오늘날 많은 종교가 안고 있는 공통의 문제이다. 그럼 장차 과학기술이 더욱 발달하여 인공지능이 보편화되고 우주탐험이 큰 진척을 이룬다면, 결국 종교는 소멸될 것인가? 그럴 것 같지는 않다. 아무리 과학이 발달해도 죽음과 사후세계에 대한 인간의 궁극적 불안은 해소되지 않을 것이므로 종교는 미래에도 상존할 것이다. 인공지능과 사물인터넷이 확산되고 인간의 영역이 축소되면 종교는 오히려 더 융성할 수도 있다.

정치제도

정치제도와 권력

정치제도란 "권력을 얻고 행사하는 방법을 정당화하며, 정부와 국민 간 관계를 규정해 주는 규범과 가치관 및 법률 체계"이다. 정치제도는 다양한 사회집단 간의 생각과 이해관계를 조율함으로써 국가가 나갈 방향과 목표를 설정하고 정책을 수립하며, 가능한 인적·물적 자원을 최대한 동원해 이를 실행해 나간다. 북구 나라들처럼 민주주의가 성숙한 나라에서는 정치제도가 안정되고 영향력도 작지만, 전체주의 국가나 민주화 역사가 짧고 국민들의 정치의식이 성숙하지 못한 나라에서는 정치가 사회 전반에 거의 절대적인 영향을 미친다. 선진국에서는 정치가 법률에 따라 이루어지지만, 개발도상국에서는 사실상 권력자의 의중에 따라 좌우되기 때문이다.

정치제도를 움직여 자기 생각대로 목표를 설정하고 추진할 수 있는 힘을 **권력**이라고 한다. 권력의 발생 원인에 대해서는 기능론과 갈등론이 상반된 설명을 한다. 기능론적 시각에서 보면 권력이란 집단의 공통적 목적을 달성하고 집단 내 분쟁을 해결하기 위한 합법적 힘이다. 따라서 인간사회에서 권력은 반드시 필요하며 사회 유지와 국가발전에 기능적이다. 그러나 갈등론적 시각에서 권력이란 무력이든 부(富)든 힘을 가진 집단이 다른 집단이나 개인을 억압하고 착취하기 위해 고안해 낸 장치일 뿐이다.

권력에 대한 위의 두 가지 견해는 모두 부분적으로만 타당하다. 두 이론은 모두 권력이란 "소수에 의한 다수의 지배"를 위해 발생한 것이라고 본다. 만약 권력을 가진 엘리트가 사회에 창조적·봉사적 기능을 다 한다면 기능론이 맞을 것이고, 개인적 이익이나 어떤 집단의 이익을 위해 권력을 억압적으로 사용한다면 갈등론이 맞는다. 권력 그 자체가 기능적이라거나 역기능적이라

기보다 권력자가 그것을 어떻게 사용하느냐에 따라 달라지는 것
이다. 다른 말로 하면, 사회가 권력을 통제할 힘을 갖고 있으면
권력은 기능적일 것이고, 다수가 권력에 아부하거나 굴종하면 권
력은 남용되고 부패한다.

정치제도의 유형

사회마다 삶의 양식이 다른 것처럼 정치제도도 나라마다 다
르다. 정치제도는 문화의 일부로서 오랜 세월에 걸쳐 환경에 적
응하면서 형성된 국민적 가치와 합의의 역사적 산물이다. 그러므
로 나라의 수만큼 다양한 정치제도가 있지만, 크게 보면 절대군
주제, 전체주의, 민주주의 제도로 구분해 볼 수 있다.

절대군주제(絕對君主制, absolute monarchy)란 개인이 모든 권
력을 장악하고 국가를 지배하며 권력이 세습되는 정치제도이다.
전제군주제 또는 절대왕정(絕對王政)이라고도 한다. "짐(朕)이 곧
국가다"라는 루이 14세의 말처럼, 국가의 모든 일이 군주 한 사
람에 의해 전적으로 결정되며, 관료기구나 군대, 경찰 등 모든
국가기관은 군주의 권력을 집행하는 기관에 불과하다. 근대 이전
까지 한국을 포함하여 아시아나 유럽의 대부분 국가들이 이러한
정치제도를 갖고 있었다.

전체주의(全體主義, totalitarianism) 제도란 개인은 전체, 즉 민
족이나 국가의 발전을 위해 존재한다는 이념으로 개인의 자유를
억압하는 사상 및 체제를 말한다. 전체주의는 독재적인 지도자의
권력을 정당화하는 이데올로기로서, 정치영역뿐 아니라 경제활

동이나 문화·사상·종교·여가생활에 이르기까지 강제적인 획일화를 강요한다. 이러한 목적 달성을 위해서는 일당독재, 테러나 강제수용소 등을 사용하며, 독일의 나치스, 소련의 스탈린, 이탈리아의 파시즘 체제 등이 여기에 속한다. 최근 러시아나 중국은 외형상 민주주의를 도입한 것 같지만, 공산당이 나라를 지배하고 있으므로 여전히 전체주의 모습을 유지하고 있다. 북한의 경우는 전체주의 체제인 동시에 3대 세습이 이루어졌다는 점에서 거의 군주제에 가까운 제도이다.

민주주의(民主主義, democracy)는 국가의 주권이 국민에게 있으므로 국민의 뜻에 따라 국민을 위한 정치를 행하는 제도 또는 사상을 일컫는다. Democracy의 어원은 그리스어 demokratia인데, 이는 demo(국민)와 kratos(지배)의 합성어로서 '국민의 지배'를 의미한다. 초기 그리스 도시국가에서는 시민권을 가진 남자들만 정치적 결정에 직접 참여하는 **직접민주주의** 제도를 시행하였다. 이후 국가의 단위가 커지면서 국민들이 직접 정치에 참여하지는 않고, 국민이 선출한 대표들이 정치적 결정을 하는 간접민주주의 형태로 발전하였다. **간접민주주의**는 의회(국회)를 통해서 이뤄지기 때문에 **의회민주주의** 또는 **대의민주주의**라고도 한다. 미래에는 대의민주주의 대신 정보통신기술을 이용하여 전체 국민이 직접 의사결정에 참여하는 **전자민주주의**가 확대될 것이다.

순기능과 역기능

정치제도는 국가의 이념과 나갈 방향을 설정하고, 구체적 비전과 목표를 제시하며, 이를 달성할 수 있는 정책을 수립하고, 가용한 인적·물적 자원을 동원함으로써 이를 추진한다. 그러므로 다른 여러 사회제도에 영향을 미칠 수 있는 중요한 제도이다. 정치제도의 가장 중요한 순기능은 사회목표를 설정하고 이의 달성을 주도함으로써 사회를 이끌어가는 것이다. 둘째, 성원들의 활동을 조정하고, 규범의 집행을 통해 일탈을 통제하며, 다양한 사회분쟁을 해결함으로써 사회질서를 유지한다. 셋째, 정치제도는 국가안위를 위한 외교·국방의 문제를 담당함으로써 체제를 수호한다. 넷째, 모든 국민의 공공복리를 증진시키기 위한 다양한 활동을 주도한다. 어느 정도 경제성장을 달성한 나라에서는 복지정책의 범위가 갈수록 넓어지고 있으므로 정치제도는 점점 더 다(多)기능 제도로 변모하고 있다.

　정치제도의 가장 심각한 역기능은 첫째, 권력의 집중화로 권력엘리트가 형성되면서 이들이 자신의 권력유지와 이해관계를 더 우선시하게 된다는 점이다. 둘째, 권력층이 스스로 엄격한 도덕적 자정능력을 갖지 못하면 오히려 부정부패와 일탈의 온상이 된다. 셋째, 선거에서 이기기 위해 임기응변적인 인기위주 정책을 펼침으로써 장기적이고 근본적인 정책들이 나오지 못한다. 넷째, 대통령이나 의원들이 파당적 행태를 보이면서 국민의 뜻을 제대로 대변하지 못하면, 정치제도에 대한 불신으로 나라가 혼란스러워진다.

　정치제도의 순기능이 작동하느냐, 역기능이 작동하느냐는 대개 제도의 문제보다 정치인들의 자질에 달려있다. 그러나 민주주의 정치제도에서 정치인은 국민에 의해 선출되므로 그것은 국민들의 의식 수준에 따라 달라진다. 국민의식이 여론에 반영되고, 여론은 투표를 통하여 정치인과 정치의 행태를 결정하기 때문이다. 그러므로 "한 나라의 정치 수준은 국민들의 의식 수준과 같다"고 하는 것이다.

⑥ 경제제도

개념과 유형

경제제도란 "인간 삶에 필요한 재화와 용역을 생산하고 분배하며 소비하는 기능에 관련된 사회제도"를 말한다. 경제제도는 자연에서 얻을 수 있는 자원을 이용하여 인간의 삶을 가능하게 하는 통로이므로, 생존과 풍요한 생활에 직접 관련되는 제도이다. 그러므로 다른 어떤 제도보다 집단 간 이해관계가 크게 충돌할 수 있다. 따라서 제도적 행위라 하더라도 저항과 긴장을 불러일으킬 수 있으며, 사회 불평등을 야기하는 근원이 되기도 하지만 제도 자체가 불평등의 반영이기도 한다. 경제제도의 변화는 순조롭기보다 갈등적일 경우가 많다. 전체적으로는 발전을 위한 변화라 하더라도 어느 집단은 불리하거나 기득권을 포기해야 하기 때문이다.

역사적으로 대표적인 경제제도의 유형을 보면, 원시공동경제, 봉건경제제도, 자본주의와 사회주의 경제제도 등이다. **원시공동경제**란 씨족을 중심으로 공동체 생활을 하며 경제영역이 독립된 제도로 채 발달하기 이전에, 생산·분배·소비가 모두 한 집단(씨족)의 공동사업으로 이루어지던 형태를 말한다. 소규모의 물물교환은 있었지만 대부분 자급자족 경제였다.

봉건경제제도는 경제사적으로 노예제의 붕괴 후에 대략 6세기부터 18세기까지 서유럽의 귀족 영주(領主)와 소작인 사이의 지배·예속관계에 바탕을 두었던 생산체제이다. 즉, 영지(manon)를 소유한 귀족은 봉토(封土)를 빌려주고, 소작인은 조세·임대료·농기구 및 방앗간 사용료 등을 영주에게 바치고 그 나머지로 생계를 유지했다. 그들 중간에 있었던 장인(匠人)은 농사와 일상생활에 필요한 가공물을 주문받아 생산해 농산물과 교환하였다. 봉건지대가 생산물지대 또는 화폐지대로 바뀌면서 농민의 지위가 다소 향상되었으나, 영주의 지배와 규제는 여전하였다.

18세기 중엽 산업혁명을 기점으로 자본주의 경제체제가 형성되기 시작했다. **자본주의**(資本主義, capitalism)란 생산수단을 소유한 자본가가 이윤추구를 위한 생산활동을 할 수 있도록 보장하는 자유 시장경제 체제를 말한다.

노동자의 임금착취와 불평등 같은 자본주의의 모순에 반발하여 사회주의 체제가 대두되었다. **사회주의**(社會主義, socialism)는 생산수단의 공동소유와 관리, 계획적인 생산과 평등한 분배를 주장하는 경제체제이다. 사회주의 경제체제는 동기 부족에 따른 생산성 저하, 효율적 국가계획의 어려움 등으로 20세기 말에 사실상 소멸했으며, 최근에는 **시장사회주의**(market socialism), **사회민주주의**(socialistic democracy) 등 수정된 형태로 존속하고 있다.

자본주의 경제제도

15세기경 흑사병에 따른 노동력 부족으로 봉건경제가 붕괴되면서 영주들은 지대를 현금으로 받는 조건으로 토지를 대여하거나 직접 영농을 관리하였고, 농업생산물이 시장에서 교환되기 시작했다. 16세기 들어 **상업농업**(merchant farming)이 시작되면서 자본주의 경제가 싹트기 시작했다. 인구가 증가하면서 늘어난 물자 공급을 위해 **가내수공업**(cottage industry)이 도입되고, 이어서 **선대제**(先貸制, putting-out system)도 등장했다. 시장이 발달하고 상인계급이 형성되면서 이들은 새로운 귀족층을 형성했다.

17세기에는 식민지 개척의 결과로 중상주의 정책과 **상업자본주의**가 만개했으며, 18세기 중엽 영국이 세계경제의 종주국으로서 대량생산을 위한 기계화에 투자함으로써 산업혁명이 시작되었다. 산업혁명을 거치면서 영국·프랑스 등을 중심으로 발달한 자본주의는 19세기에 독일과 미국 등으로 확산되었다. 공장이 생산의 기초단위로 생산을 주도함으로써 생산성이 획기적으로 향상되고, **산업자본가**들이 출현하게 되었다. 20세기 들어 1·2차 세계대전을 거치면서 세계경제의 주도권은 미국으로 옮겨갔다.

자본주의 경제제도에서는 스스로 사용하기 위해 상품을 생산하는 것이 아니라 교환하기 위해 생산한다. 자본가는 생산수단을 소유하고, 임금으로 노동자를 고용하여 상품을 대량 생산한다. 생산된 상품은 시장을 통해 자유롭게 판매된다. 자본주의의 주요 특징은 다음과 같다. 첫째, 사유재산제에 바탕을 두고 있다. 둘째, 모든 재화에 가격이 매겨진다. 셋째, 상품생산은 이윤획득을

목적으로 이루어진다. 넷째, 노동력도 상품화된다. 다섯째, 생산
은 사회 전체의 계획 없이 자율적으로 이루어진다.

사회주의 경제제도

사회주의는 18세기 말 자본주의 경제에서 나타난 모순과 병
폐에 대한 비판에서 출발했다. 이들은 그 원인을 개인주의로 보
고, 이윤추구를 위한 사적 소유와 자유경쟁을 반대했다. 마르크
스주의 이전의 이러한 사상은 **공상적**(空想的) **사회주의**라고 한다.
사회주의 경제체제는 주로 마르크스의 **과학적 사회주의** 이론에
바탕을 두고 있다. 공상적 사회주의에 비해 마르크스 이론을 '과
학적'이라고 하는 이유는 사회 조직의 변화와 발전을 분석한 후
그것을 토대로 왜 사회주의가 출현하게 되는지, 어떤 과정을 거
치게 되는지 논리적으로 설명했기 때문이다.

마르크스는 먼저 19세기 이전의 **상업자본주의**는 매매 차익으
로 부(富)를 형성한 데 비해, 이후의 **산업자본주의**는 노동착취를
통해 부를 축적한다고 분석했다. 경쟁에 이기기 위해서는 노동
착취가 불가피하지만, 이는 사회적 구매력을 저하시키고 공황
(depression)을 야기함으로써 자본주의적 모순을 초래하게 된다
고 주장했다. 이러한 모순을 해소하기 위해서는 자본가 계급을
제거하고, 생산수단을 사회적 소유로 바꾸는 등 생산양식을 근본
적으로 변혁할 필요가 있다는 것이다.

이것은 바로 '혁명'을 통해서만 가능하며, 이러한 역사적 임
무를 수행하는 것은 노동자 계급이다. 노동자 계급은 프롤레타리

아 혁명을 통해 우선 정치권력을 장악하고, 그 후 생산수단의 사회적 소유를 실현해야 한다. 마르크스주의는 이렇게 나타난 새로운 사회를 공산주의의 제1단계로 규정하고, 이것을 **사회주의**라고 했다.

사회주의는 자본주의에서 직접 생기는 것이기 때문에 초기에는 사회주의적이지 못한 이질적 요소들이 많이 남아있다. '모든 사람은 능력에 따라 일하고 노동에 따라 분배한다'는 원칙도 충분히 실현되기 어렵다. 여러 가지 방법으로 이러한 잔재들을 청산하고, 자본주의 계급사회를 완전히 극복한 완성단계가 바로 **공산주의**(共産主義) 체제이다. 공산주의 사회에서는 토지·공장 등 모든 것이 공동소유이며, 노동 또한 공동으로 이루어진다.

마르크스에 따르면, 자본주의는 생산수단의 사유 및 시장분배 체제의 맹점으로 인해 필연적으로 멸망하고, 사회주의를 거쳐 공산주의 체제로 이행할 것으로 전망했다. 그러나 이후 자본주의 체제는 오히려 더욱 발전했고, 소련과 그 위성국인 동유럽 사회주의 국가들은 사회주의 경제제도 채택 70여 년 만에 모두 몰락했다. 1949년에 공산당 독재정권을 수립한 중국도 상당 부분 시장경제를 도입했다.

자본주의는 인간이 이기적 동기에 따라 행동한다고 믿는 반면, 사회주의는 이타적 행동으로 평등을 이룰 수 있다고 믿는다. 자본주의는 인간의 이기심과 경쟁을 바탕으로 하는 시장원리에 따라 효율성을 추구하는 반면, 사회주의는 국가의 통제아래 협력을 통한 평등성을 추구한다. 인간은 통제보다 자유를 원하며, 자신에게 이익이 되는 일을 더 열심히 하는 존재이다. 그러므로 사

회주의는 이론적으로는 이상적이지만, 현실적으로는 인간의 본
능에 배치되므로 제대로 작동되기 어렵다.

변화하는 환경에 대응하기 위해 자본주의는 시장의 자율조절
기능에 맡기지만, 사회주의는 국가가 계획하고 통제한다. 그런데
국가의 경직된 계획과 통제로는 급변하는 정보화의 물결에 대응
할 수 없었다. 사회주의 경제 실험은 낮은 생산성과 변화에 대한
낮은 적응력으로 인해 실패했다. 유연성이 부족한 국가주도의 통
제경제로는 글로벌 시대의 급속한 변화를 도저히 쫓아갈 수 없었
던 것이다.

순기능과 역기능

경제제도는 인간의 물질적 삶을 가능하게 하고 또 풍요롭게
하므로 대단히 중요하다. 경제가 나빠지면 국가지도자도 물러나
야 하고 정치체제도 유지되기 어렵다. 경제제도는 다음과 같이
사회적으로 중요한 순기능을 한다. 첫째, 경제제도에서의 생산과
정은 일에 대한 동기를 부여하고 사회적 분업을 가능케 한다. 둘
째, 분배과정은 임금 및 소득세를 통해 부의 재분배 기능을 한다.
셋째, 소비과정은 삶을 보다 편리하고 풍요롭게 한다.

경제제도에서 유념해야 할 주요한 역기능은 다음과 같다. 첫
째, 이윤을 추구하려는 경제행위는 의도적 또는 계획적으로 제
품의 노후화를 야기함으로써 낭비를 조장한다. 예컨대, 기능상
으로는 별 차이가 없는데도 디자인만 약간 바꾸어 계속 새로운
모델을 생산·판매하는 것이다. 둘째, 지나친 이윤추구는 목적과

수단의 전치현상을 야기할 수 있다. 제품 생산의 목적이 소비자들에게 유익함을 주기보다 오히려 돈을 벌기 위한 것으로 변질될 수 있다. 이것은 소비생활에서 낙오되는 소외집단을 형성하게 된다. 셋째, 편의와 풍요를 제공해야 할 경제제도가 오히려 사회경제적 불평등을 야기하고 심화시킬 수 있다. 넷째, 경제제도가 관료제화되면 소비자에 대한 횡포를 낳게 된다. 자본주의가 성숙할수록 소비자보호가 중요해지는 이유도 바로 여기에 있다.

🗨 교육제도

개념과 유형

교육제도는 "사회적 차원에서 그간 축적된 지식이나 기능 등을 전승하고 새로운 지식을 창출하기 위한 사회제도"이다. 개인적 차원에서 보면 교육제도는 사회로 나아가는 통로이다. 개인은 교육을 통해 사회생활에 필요한 지식을 습득할 뿐 아니라 자신의 잠재능력을 계발하고 올바른 품성을 기른다. 사회가 유지되기 위해서는 끊임없이 새로운 성원을 충원해야 하며, 새 성원은 그 사회의 가치나 규범, 관행 등을 공유해야 한다. 교육은 가족과 함께 사회화 과정의 가장 중요한 대행자이다.

교육제도는 각 나라의 전통과 문화에 따라 조금씩 다르다. 교육의 내용을 중심으로 보면 크게 세 가지로 구분할 수 있다.

첫째 유형은 **지위집단 교육**으로서, 사람이 살아가는 데 필요한 기본적 도리, 사회적 지위에 따른 책임과 의무, 예절이나 심미감 등을 중시하는 인문학적 소양교육이다. 조선시대의 유교식 교육이 전형적이다. 둘째는 **실질적 기술교육**이다. 인문학적 소양이나 이론보다는 실제 살아가는데 필요한 기술이나 직업 활동에 필요한 교육을 중심으로 하는 실용교육이다. 셋째, **관변교육**으로서 시험이나 승진위주의 교육을 말하며, 출석·시험·점수·등급 등을 지나치게 강조하는 방식이다.

교육의 목적을 개인의 잠재능력 계발과 올바른 인성교육이라고 한다면, 교육은 위의 세 가지 유형 중 어느 한쪽으로 치우치기보다는 균형을 유지해야 할 것이다. 과거 한국의 교육이 지위집단 교육에 경도되어 있었다면, 현재 한국의 교육제도는 관변교육에 치우쳐 있다.

현재 주요국에서 시행되고 있는 교육제도는 진학 방식에 따라 경쟁 진학체계와 보증 진학체계로 대별될 수 있다. 먼저 **경쟁 진학체계**(contest-mobility system)란 학생 개개인의 선택에 따른 경쟁시험을 통해 상급학교 진학여부가 결정되는 제도로서, 미국·한국·일본 등 계급분화가 유연한 사회에서 시행되고 있다. **보증 진학체계**(sponsored-mobility system)란 대략 중학교를 마치는 14~15세쯤에, 진학할 상급학교의 유형을 대학진학과 기술교육으로 구분하여 지정해 주는 교육체계를 말한다. 독일·프랑스·영국 등 대개 계급분화가 경직된 사회에서 시행되고 있다.

순기능과 역기능

교육제도는 다른 어떤 제도보다 사회 유지에 많은 순기능을 한다. 첫째, 이기적 존재인 인간을 사회적 존재로 변화시키는 사회화 과정에 결정적 영향을 미침으로써 사회의 영속화를 가능케 한다. 둘째, 취업에 필요한 기술과 기능 등을 습득케 함으로써 개인적 삶의 토대를 제공한다. 셋째, 새로운 지식을 개발함으로써 사회적 혁신을 가능하게 한다. 넷째, 집단가치를 함양하고 집단정체감을 형성함으로써 사회통합에 기여한다.

모든 제도가 다 그러하듯이 교육제도에도 순기능만 있는 것은 아니다. 가장 큰 역기능은 현재사회가 요구하는 적합한 인간상을 학생들에게 가르침으로써 미래사회로 나가는 것을 막는 보수화를 초래한다는 것이다. 둘째, 교육이 사회적 지위를 대물림하는 현상 보전의 수단이 됨으로써 사회적 불평등을 고착화시키는 데 기여할 수 있다.

교육제도는 순기능과 역기능 외에도 사회적으로 의도하지 않았던 몇 가지 잠재기능을 수행한다. 첫째, 학교는 학생들을 일정 시간 학교에 머물게 함으로써 부모가 일하는 동안 사실상 탁아소 기능을 한다. 둘째, 같은 또래 학생들을 공동생활의 장에 모이게 함으로써 자연스럽게 그들만의 부분문화 형성을 조장한다. 셋째, 학교생활을 통해 자연스럽게 가치관과 태도, 사회에 대한 인식의 틀을 변화시킨다. 넷째, 교육이 사회이동(social mobility)의 수단으로 작용한다. 어떤 학교에 진학하느냐에 따라 졸업 후 사회계층이 달라질 수도 있다.

현행 제도의 문제점

사회제도의 중요성에도 불구하고 모든 사회제도는 늘 비판의 대상이 된다. 사람마다 제도에서 기대하는 것이 다르고, 또 제도가 사회변동의 속도를 따라가지 못하기 때문이다. 그중에서도 교육제도는 다른 어떤 제도보다 많은 비판을 받는다. 교육에 관한한 누구나 많이 알고, 또 누구나 자녀교육의 어려움을 겪고 있기 때문이다.

우선 기능론적 시각에서 보면, 현행 교육제도는 개인에게 필요한 기술과 지식을 제공하지만, 균형 잡힌 전인교육을 못하고 있다. 또한 고급기술에 대한 요구가 커지면서 직업적인 전문교육 수요가 증가되고 있는데, 이에 적절히 대응하지 못하고 있다. 갈등론적 시각에서는 교육이 기존의 불평등 계급관계를 정당화해 주는 수단이 된다고 비판한다. 또한 교육이 지배계층의 이데올로기를 주입하며 불만과 소외를 확산시키는 통로가 된다고도 한다.

그 외에도 현행 교육에 대한 비판은 관점에 따라 다양하다. 우선 전통주의자들은 교육이 지나친 실험적 시도를 지양하고, 기초교육으로 돌아가야 한다고 강조한다. 그러나 개혁주의자들은 교육이 인간을 관료화·비인간화·경직화시킨다고 비판한다. 급진주의자들은 교육이 개인의 잠재능력을 계발하기보다 오히려 **교화**(indoctorination)의 수단으로 이용되고 있다고 비판한다. 인본주의자들은 더 이상 교육이 사회체제 유지의 수단이 아니라 인격형성과 자아완성을 추구해야 한다고 강조한다. 그리고 교육이 사회이동의 수단으로 간주됨으로써, 필요 이상의 **과다교육**

(over-education)이 이루어진다는 비판도 있다. 이러한 비판은 모두 잘못된 현행 교육제도에 대한 비판이지, 교육제도 자체를 부정하는 것은 아니다.

교육제도는 예나 지금이나 사회유지와 존속을 위해 필수적이고 중요한 제도이다. 나아가 교육제도는 미래를 준비함으로써 급격한 변화에 따른 사회적 충격을 줄이는 데도 중요한 역할을 할 수 있다. 교육제도도 다른 제도와 마찬가지로 시대가 변하면 이에 부응하여 바뀌어야 한다. 현행 교육제도는 산업혁명 이후에 형성된 대량생산 공장과 비슷한 **대중교육제도**이다. 어떻게 하면 디지털 시대에 부응하는 창의적 · 자율적 인재를 길러낼 새로운 제도로 혁신할 수 있느냐가 선진 각국이 도전하고 있는 과제이다. 다른 나라보다 앞서 교육제도를 혁신하고 미래인재를 길러낼 수 있는 나라가 미래의 선진국이 될 것이다.

한국의 교육개혁

어떤 사회든 존립에 가장 중요한 변수는 사회적 가치를 공유하는 구성원을 지속적으로 충원하는 일이고, 그것은 사회화과정을 통해 이루어진다. 최근 한국의 사회화과정을 보면 뭔가 잘못돼 있다는 생각을 금할 수 없다. 일차적 사회화의 가장 중요한 대행자(agency)는 가족 · 또래집단 · 학교인데, 이들이 모두 제 기능을 다 하지 못하고 있다. 부모는 자녀들과 대화할 시간이 없어 대행자 역할을 제대로 못하고, 아이들은 유아원부터 각종 학원 다니기에 바빠 또래친구들과 어울려 놀 시간이 없다.

사회화에 가장 큰 영향을 미치는 대행자는 학교이다. 교육은 급속한 사회변동 과정에서 미래충격을 완화하고 연착륙할 수 있도록 하는 가장 중요한 기제이다. 그런데 학교가 학생들의 올바른 인성 형성에 제 역할을 다하지 못하고 있다. 학교는 교과과정의 90% 이상을 지식교육에 할애하면서 화석화된 지식을 외워 오로지 시험 잘 보도록 하는 일에 집중하고 있다. 학생 개개인의 인성이나 지적 성장보다 상급학교 진학이나 세속적 성취를 더 중요시한다.

교육은 사람(또는 사회성원)을 키우는 일이다. 교육의 목적은 오로지 학생에게 올바른 가치와 덕목을 길러주고 잠재역량을 계발하는데 두어야 한다. 교육과정을 통해 특정 집단의 가치를 주입하거나 이익을 도모하는 것은 학생의 인성을 파괴하는 심각한 결과를 초래한다. 교육을 이념의 통로나 다른 사회문제 해결의 수단으로 삼으면, 교육 본래의 목적을 달성할 수 없을 뿐 아니라 편향된 인간을 길러내게 된다.

시대가 변하고 사람이 바뀌면 제도도 바뀌어야 하는데, 한국의 교육제도는 여전히 표준화된 지식을 대량 전달하여 대중노동자를 양산해 내는 산업사회 교육제도에 머물러 있다. 미래창조를 위한 최우선의 과제는 디지털 시대의 인재를 길러낼 수 있도록 교육제도를 개혁하는 일이다.

사회계층은 이기적 본능의 결과이다

💬 사회적 불평등은 언제부터인가?

　　세상 사람들이 모두 상호 대등한 인격적 관계로 평등하게 살아갈 수 있다면 얼마나 좋을까? 그러나 역사상 인간세상 어디에도 그렇게 평등한 사회는 없었다. **불평등**이란 "누구나 갖고 싶어 하는 희소자원이 사회구성원들에게 균등하게 분배되지 못하고 일부 사람들에게 더 많이 분배된 상태"를 말한다. 희소자원이란 돈, 권력, 명예, 학식, 일자리 등을 말하며, 이들에 대한 불평등은 동서고금 어디에나 존재했다.

　　플라톤(Plato, BC 427~347?)의 『국가론』에도 이미 불평등에 관한 내용이 나온다. 그는 불평등이 사유재산 제도에 기인한다고 보았으며, 지배계급의 힘과 강압에 의해 유지되는 것이므로 마땅히 타파돼야 할 현상이라고 했다. 그는 당시 희랍의 사회구조를 비판하는 **진보주의적 불평등관**을 보여주었다. 그는 인간사회의 불평등 현상 자체를 부정하지는 않았다. 다만 완전평등이 아닌 기회의 평등을 강조하며 토지재분배를 주장했다. 플라톤은 사회 안정과 정의실현을 위해 철인 왕이 지배하는 뚜렷한 계급을 가진 사회를 제안했다. 지배계급(ruling group)에 절대권을 주어도 무방한 조건으로서 가족을 폐지하고 자녀를 사회적으로 공유하며, 사유재산제도도 폐지할 것을 제안했다.

아리스토텔레스(Aristotle, BC 384~322)는 불평등에 관한 한 플라톤에 비해 현실주의자였다. 그는 『정치학』에서 당시의 사유재산제, 노예제 등 사회제도를 옹호함으로써 **보수주의적 불평등관**을 보여 주었다. 그는 불평등을 인간과 사회의 본질에 연유하는 자연발생적 현상이라고 보았다. 다만 사회적 분화와 상호작용 과정에서 희소가치가 도덕적 가치기준에 따라 공정하게 배분되도록 해야 한다고 강조했다.

BC 200년경에 쓰인 것으로 알려진 인도의 마누(Manu) 법전에도 불평등에 관한 내용이 들어있다. "성스럽고 스스로 존재하는 자(神)"가 이 세상의 번영을 위해 4개 등급의 인간을 창조했다는 것이다. 신(神)의 입에서 나온 **부라만**(Brahman)은 경전(veda)을 연구하고 가르치는 일을 담당하며(사제·성직자), 신의 팔에서 나온 **크샤트리아**(Kshatriya)는 인간을 보호하고 방어하는 일을 담당하고(귀족·무사), 신의 허벅지에서 나온 **바이샤**(Vaisha)는 목축 등 생산에 종사하고(상인·농민·지주), 신의 발에서 나온 **수드라**(Sudra)는 위 세 등급의 인간들에게 봉사하는 일(소작농·청소부·하인)을 한다고 했다.

　　루소(J. J. Rousseau, 1712~1778)는 불평등을 "인간이 자연 상태를 떠났기 때문에 생긴 죄악에 찬 현상"이라고 보면서, 사유재산이 불평등의 원인이라고 주장했다. 그는 자연적 불평등과 신체적 불평등, 그리고 사회적 불평등과 정치적 불평등을 구분하였다. 이는 불평등의 기원에 대한 최초의 사회학적 분석이라고 볼 수 있을 것이다.

　　불평등의 유형은 지역에 따라 다르고 시대에 따라 변해 왔지만, 역사적으로 널리 알려진 대표적인 불평등 유형은 노예제도, 카스트제도, 신분제도, 계층제도 등이다. **노예제도**는 가장 극단적인 불평등 유형이다. 힘을 가진 집단이 힘없는 집단을 사람으로 취급하지 않고 다른 종류의 인간으로 치부하여 짐승보다 못한 노예로 삼았던 제도이다. **카스트**(Caste)**제도**는 운명적 속성에 의해 지위가 결정되고 다른 등급으로의 이동이 거의 불가능한 제도로서, 고대사회에 주로 존재하던 유형이며 전통적 인도사회가 전형적이다. **신분제도**(Estate)는 중세 유럽이나 조선사회에 있었던 제도로서 법률에 의해 사회적 지위가 규정되며 법에 의해서만 신분 변경이 가능했다.

　　계층제도(stratification)는 누구나 사회적 이동이 가능한 제도이며, 근대사회에 이르러서야 형성되었다. 계층은 타고나는 것이 아니라 자신의 노력 여하에 따라 결정되며, 희소자원을 성취한 정도에 따라 언제든지 계층이 달라지는 열려있는 제도이다. 즉 계층 간 이동이 자유로운 현대 개방사회의 제도를 말한다. 계층 간 이동이 자유롭다는 것은 카스트나 신분제도에 비해 상대적으로 이동의 기회가 크게 열려있다는 뜻이지, 실제로 이동이 완전

히 자유로운 것은 아니다. 세계 어느 나라의 계층제도에서든, 상
류층의 특권세습을 어느 정도 통제할 수는 있지만, 완전히 없애
기는 어려운 것 같다.

　이러한 네 가지 유형은 사회에 따라, 시대에 따라 다양한 모
습으로 등장했던 불평등의 유형을 가장 일반적인 형태로 개념화
한 것이다. 각각은 하나의 이념형(ideal typus)이며, 실제 사회에
이처럼 순수한 형태는 존재하지 않는다. 카스트 사회에도 약간의
이동은 있었으며, 근대 사회라고 하여 모두에게 이동기회가 열려
있는 것은 아니다. 예나 지금이나 인간사회 질서의 모습은 정도
의 차이만 있을 뿐 항상 수직적 분화에 바탕을 둔 불평등 구조였
고, 이러한 불평등은 늘 사회갈등의 원천이 되었다.

　왜 인간사회는 늘 불평등할까? 불평등의 근원은 무엇일까?
사유재산이 불평등을 낳는다고도 하고, 다른 사람 위에 군림하려
는 동물적 지배욕이 불평등 구조를 만들어 낸다고도 한다. 그러
나 그 바탕에 깔린 근본적인 심리는 인간의 본능적 이기심일 것
이다. 누구나 다른 사람보다 자신이 더 많은 희소자원을 갖고 싶
어 하고, 남을 생각하지 않고 자신에게 유리한 환경을 만들고 싶
어 하는 이기적인 생각이 결국 힘의 논리에 따른 불평등 구조를
만들어 내는 것이다. 인간의 본성이 바뀌지 않는 한 인간사회에
서 불평등은 사라지지 않을 것이다.

② 불평등은 어떻게 생기나?

마르크스의 시각

사회적 불평등에 대해 깊이 분석하고, 그 결과로 세계에 가장 큰 영향을 미친 사람은 마르크스(Karl Marx)일 것이다. 그는 사회적 불평등을 주로 경제적 측면에서 분석했는데, 생산수단의 소유와 그에 근거한 잉여가치의 수취가 불평등 구조를 만들어 낸다고 보았다. 그는 생산과정에서 공통적 이해관계를 지닌 사람들의 집단을 **계급**(class)이라고 불렀으며, 계급 간 관계는 생산과정에서 산출된 **잉여가치**(surplus value)를 서로 많이 차지하려고 투쟁하는 갈등적 관계라고 주장했다.

마르크스는 근대 자본주의 사회의 3대 계급으로 자본가·지주·임금노동자를 꼽았다. 그는 자영업자, 사무직 종사자 등의 존재를 인정하면서도 자본가 대 임금노동자 간의 대립이 계급갈등의 핵심이며 사회변혁의 원동력이라고 보았다. 생산과정에서는 통상 생산수단을 소유한 자본가나 지주계급이 노동자 계급의 노동잉여가치를 착취하게 된다는 것이다.

이때 임금노동자들의 계급의식 형성여부가 관건이라고 주장했다. **계급의식**(class consciousness)이란 계급 구성원들이 자신이 속한 계급의 물질적 조건, 타 계급과의 관계, 자기 계급의 역사적 역할 등에 대해 가지는 자의식을 말한다. 계급의식은 다른 계급과 대립하는 과정에서 형성된다. 노동자들의 계급의식은 저절로 나타나는 것이 아니라, 노동운동 과정에서 자본가 계급과의 투쟁이 누적되는 가운데 자각되는 것이다. 이러한 자각에 도달한 의식을 소유한 계급을 **대자적**(對自的) **계급**(Klasse für sich), 의식화되지 못한 계급을 **즉자적**(即自的) **계급**(Klasse an sich)이라고 한다.

마르크스에 따르면, 노동자 계급의식의 핵심은 계급투쟁을 통해 착취와 억압으로부터 인류를 해방시킴으로써 궁극적으로 계급을 없애는 역사적 사명에 대한 자각이다. 이러한 자각은 노동자들의 자연발생적 계급투쟁만으로는 생기지 않으며, 이론적 체계를 확고히 함으로써 자기 계급의 객관적·역사적 위치를 분명히 알아야 가능하다고 주장했다.

베버의 시각

베버(Max Weber)는 마르크스와 달리 사회적 불평등은 보다 다양한 요인들에 의해 다차원적으로 형성된다고 보았다. 예컨대, 마르크스가 주장한 생산수단 외에도 생산과정에서 기술이나 신용, 자격증 등 다양한 요소들을 고려할 필요가 있다고 주장했다. 베버는 계층의 주요한 측면들을 **재산**(property), **특권**(prestige), **권력**(power)이라는 3P로 요약했다. 이들은 계급(class), 지위(status), 정당(party) 등 다양한 모습으로 계층을 만들어 간다.

첫째, **계층**은 재산이나 수입 등 경제적 조건의 차이에 따라 달라진다. 경제적 여건상 시장에서 공통된 상황을 누리고, 그로 인해 비슷한 경제적 이해관계와 생활기회를 갖는 사람들의 집합을 베버는 **계급**(class)이라고 불렀다. 마르크스는 생산수단의 소유여부로 계급을 나누었지만, 베버는 좀 더 포괄적이고 광범위한 경제적 여건이나 부(wealth)의 정도에 따라 계급을 구분하였다.

둘째, 현대사회에서 나타나는 계층화 현상은 직업, 생활양식, 교육기회, 사회적 명예, 위신, 사교범위, **지위상징**(status symbol) 등 여러 가지 사회적 특권으로 나타난다. 이러한 특권을 공유하는 신분을 **사회적 지위**(status)라고 한다. 지위에는 객관적 여건뿐 아니라 자신이나 주위 사람들의 주관적 평가가 중요하게 작용한다.

셋째, **권력**이란 다른 사람의 저항에도 불구하고 자기 뜻을 관철시킬 수 있는 능력을 말한다. 권력을 얻고 행사하기 위해서는 삶의 목적, 인식의 틀과 가치관, 생활환경, 이해관계 등을 공유하는 사람들끼리 집단을 형성한다. 예컨대, 혈연, 지연, 학연, 정치적 신념 등을 매개로 집단을 형성하는데, 대표적으로 **정당**(party)을 들 수 있다.

마르크스는 생산수단이라는 단일한 기준과 계급의식에 따라 '계급'을 정의한 데 비해, 베버는 경제적, 사회적, 인간관계적 측면 등을 모두 고려하여 다차원적으로 '계층'을 정의했다.

계급과 계층

오늘날 대부분 사람들은 '계급'과 '계층'을 특별히 구분하지 않지만, 많은 사회학자들은 이들을 구분해 사용한다. 일반적으로 마르크스주의자들은 '계급'이란 단어를 선호하고, 비 마르크스주의자들은 '계층'이란 단어를 더 많이 사용한다.

계급을 사용할 때 함의는 자본가, 임금노동자, 신중간계급 등으로 구성된 근대자본주의 사회의 경제적 불평등구조를 상정하는 것이다. **계급**(class)이란 화폐를 매개로 하는 계약질서 위에서 생기는 불평등 체계를 의미하며, 계급 간 관계는 경제적 이해관계의 상충으로 인해 반드시 갈등관계로 발전한다고 보는 것이다.

계층(stratum 또는 stratification)은 사회의 희소가치가 성원들 간에 불균등하게 배분되도록 제도화된 체계를 말한다. 계층의 원인은 경제적 재화나 사회적 위신, 정치적 권력 등 다양한 희소자원의 불평등한 분배에 따른 것으로 본다. 계층은 모든 형태의 구조화된 불평등 체계를 일컫는 보편적 개념으로서, 실재하는 집단이라기보다는 연구자가 어떤 기준에 따라 편의상 분류해 놓은 집단이다.

계층은 하나의 연속체를 분석적으로 나누어 놓은 것이며, 분석의 평가기준도 다양하기 때문에 개인의 입장에서 보면 자신의 다양한 계층적 지위가 서로 일치하지 않을 수도 있다. 즉, 계층의 차원은 여러 개이므로 한 개인이 차지하는 다양한 지위들이 동일한 수평적 수준에 있지 않을 수 있는데, 이러한 현상을 **지위불일치**(status inconsistency)라고 한다. 예컨대, 한국사회에서 교수는 사회적으로 상류층에 속하지만, 경제적으로는 대개 중류층에 속한다. 미국사회에서 흑인 변호사는 경제적으로는 상류층에 속하지만, 인종적으로는 하류층으로 여겨진다. 지위불일치 현상이 있을 경우, 개인은 대개 자신의 높은 쪽 지위로 인정받길 바라지만,

사회적으로는 낮은 쪽 지위로 평가되기 쉽다. 그러므로 지위불일
치에 있는 사람들은 지위기대에 대한 심리적 긴장과 갈등을 겪게
된다.

계급과 계층 개념을 좀 더 분석적으로 비교해 보면, 계급은
경제적·객관적 조건에 따른 실체적 존재인 반면, 계층은 생활양
식에 대한 주관적 평가 결과로서 분류상의 개념이다. 계급은 질
적으로 다른 집단이므로 경계가 분명하지만, 계층은 양적 차이에
따른 구분이므로 경계가 불분명하고 연속적이다. 계급은 경제적
속성이라는 단일기준에 따른 집단이므로, 구성원들 간 동류의식
이 강하고 타 계급에 대한 배타성을 지닌다. 그러나 계층은 다양
한 복수 기준에 따른 구분이므로, 동일한 계층 구성원이라 하더
라도 어떤 공통적 가치나 생활양식을 지니고 있을 뿐이다. 동일
'계급'에 속하는 구성원들은 상호 유기적인 관계로 연결되지만,
동일 '계층'에 속하는 구성원들은 단순히 같은 서열에 속해 있을
뿐이다.

계급과 계층 개념의 가장 중요한 차이는 사회적 불평등을 바
라보는 시각 자체가 다르다는 점이다. 계급론자들의 시각에서 보
면, 계급은 사회적 불안정과 갈등을 야기하므로 사회에 역기능적
이며 타파되어야 할 현상이다. 그러나 계층론자들의 시각에서 보
면, 계층은 사회적 다양성을 반영하여 사람들이 조화롭게 일할
수 있도록 하는 제도적 장치이므로 크게 보면 사회에 기능적이
다.

사회계층은 왜 생기는가?

사회구조를 보는 시각의 차이

사회적 불평등 구조를 설명하는 이론들은 많지만, 불평등을 바라보는 관점에 따라 크게 '기능론적 계층이론'과 '갈등론적 계급이론'으로 대별해 볼 수 있다. 계층에 대한 이들 양대 이론은 기본적으로 사회구조에 대한 기능론과 갈등론의 시각 차이에서 비롯된다.

기능론적 시각에서는 사회란 구성원들 간의 합의에 바탕을 두고 있으며, 사회 각 집단은 서로 기능적 조정(functional coordination)을 통해 상호 잘 통합(integration)되어 있고, 사회는 비교적 안정(stability)되어 있다고 본다. 반면에 갈등론적 시각에서는 사회란 합의보다는 힘센 집단의 강압(coercion)에 바탕을 두고 있으며, 사회 각 집단은 상호 갈등(conflict) 관계에 있으므로 서로 분열(disintegration)돼 있고, 사회는 불안정하며 끊임없이 변하고(change) 있다고 본다. 이러한 기본적 시각의 차이로 인해 계층현상을 설명하는 이론도 달라지는 것이다.

기능론적 계층이론

기능론적 계층이론은 생존경쟁과 자연도태를 '사회진화'의 기본 동력이라고 보는 사회다윈주의(Social Darwinism)의 영향을 받아 사회계층 간 갈등을 자연스러운 현상으로 받아들인다. 마르

크스가 주장하는 "계급투쟁에 의한 피착취자 해방"이라는 개념
에는 반대한다.

　기능론적 계층이론에 따르면, 사회가 유지되기 위해서는 모
든 구성원들이 각 분야에서 다양한 기능을 수행해야 하는데, 이
들 기능에는 중요성의 차이가 있다. 그리고 사회구성원들은 저마
다 재능과 능력에 따른 차이를 보이지만, 유능하고 훌륭한 인재
는 희소하다. 사회가 발전하기 위해서는 유능한 인재가 더 중요
한 일을 맡도록 해야 한다. 중요한 일을 하기 위해서는 많은 교육
과 훈련이 필요하고, 이러한 훈련에는 희생이 따른다. 그러므로
희생에 대해 합당한 보상을 제공함으로써 유능한 사람이 중요한
일을 맡도록 인센티브를 주는 것이다. 이러한 보상의 차이가 특
정 계층에 대한 위신과 존경을 낳고, 결과적으로 제도적 불평등
구조를 만들어 낸다.

　요컨대, 사회적 불평등이란 중요한 자리를 유능한 사람들로
채우기 위한 과정에서 자연스럽게 형성된 사회현상이며, 이러한
계층제도는 크게 보면 사회발전에 긍정적으로 작용한다는 것이
다.

갈등론적 계급이론

　갈등론적 계급이론에서는 사회를 계급투쟁의 장소라고 본다.
마르크스에 따르면, 사유재산제도가 생산수단의 불평등한 배분
을 낳고, 이는 특정 집단에게 권력과 특권을 부여하게 된다. 권력
과 특권을 누리는 계급은 지금의 현상을 그대로 유지하려고 노력

하지만, 피지배계급은 이러한 현상을 변화시키거나 타파하려고 한다. 이러한 과정에서 계급 간 갈등이 일어난다는 것이다.

갈등론적 시각에서 보면, 사회의 모든 기능은 다 똑같이 중요한데, 특정 계급이 자기들의 일은 더 중요하므로 더 큰 보상을 받아야 한다고 인식하도록 강요한다는 것이다. 그리고 인재의 희소성에 대해서도 사람의 재능이나 능력은 서로 다 비슷하며, 생득적 차이보다는 성장과정에서 환경의 영향이 더 크다고 주장한다. 사람은 누구나 이기적이며 보상이 크고 편한 일을 하고 싶어한다는 것도 사실은 문화적 허구이며, 사회화 과정에서 교육을 통해 이타적이고 협동적인 인성을 길러줄 수 있다고 본다. 즉 개인이 보상받기 위해 자기 재능을 사용하기보다는 사회 전체의 목적을 위해 사용하도록 할 수 있다는 것이다.

훈련에 따른 개인적 희생을 보상해 줘야 한다는 주장도 반박한다. 예컨대, 의사나 변호사가 되기 위한 훈련과정에서 개인은 심리적 만족감과 미래에 대한 기대감을 누리므로 사실상 희생이 아니라는 것이다. 백 보 양보하여 비싼 등록금과 장기간의 훈련을 희생으로 치더라도 그것은 대부분 부모의 부담이지 본인의 희생은 아니라고 주장한다. 그러므로 의사나 변호사에게 특별히 더 큰 보상을 해줄 필요가 없다는 것이다. 또한 사회적 목표 달성을 위해 정치나 권력의 자리에 유능한 사람이 필요함을 인정하더라도, 그 일을 맡은 사람에게 특권이나 권력 같은 보상을 주지 않고, 스스로 보람을 찾아 사회전체의 목적달성에 헌신하도록 할 수 있다고 주장한다.

기능론과 갈등론에 대한 평가

사회적 불평등에 대한 기능론과 갈등론 양 진영의 논쟁은 앞으로도 계속될 것이며, 결론을 낼 수 없으니 끝없이 계속될 것이다. 양측은 모두가 서로 다른 측면을 지나치게 단순화하여 자기 측이 옳고 다른 측은 틀렸다고 주장하지만, 실제로는 양측 주장이 모두 일부만 맞고 일부는 틀린 것이다. 예컨대, 어느 정도의 공통가치와 합의가 없다면 사회는 아예 형성될 수도 없고, 안정적으로 유지될 수도 없다. 그러나 동시에 어느 사회든지 이해관계를 달리하는 집단 간 갈등은 상존하며, 언제든지 그에 따른 변화의 가능성을 지니고 있다.

기능론자들은 어느 사회에나 완전한 가치합의란 있을 수 없음을 과소평가하고 있다. 또한 기능론적 시각으로는 혁명과 같은 갑작스런 변화나 내부갈등에 의한 변화가 왜 일어나는지 설명하기 어렵다. 갈등론자들은 계층이란 힘을 가진 집단이 자신들의 지위를 영구화하려는 의도에서 강압적으로 구성한 것이라고 비판한다. 그러나 구성원들의 최소한 합의가 없다면 계층은 아예 형성될 수도, 유지될 수도 없을 것이다.

갈등적 계급론은 인간행동의 동기를 간과한 채 사회문화적 환경을 지나치게 강조하는 구조결정론에 치우쳐 있다. 인간의 생득적 능력이나 이기적 본성을 무시한 채, 후천적 환경이나 교육을 통해 인간을 이타적 존재로 키울 수 있다는 것은 현실을 간과한 지나친 이상론이다. 갈등론적 시각으로는 사회가 끊임없는 변화에도 불구하고 어떻게 안정적으로 작용하고 유지될 수 있는지 설명하기 어렵다.

인간의 본성에는 이기심과 이타심이 공존하며, 사회의 속성에는 정적 측면과 동적 측면이 공존한다. 그런데 기능론적 시각은 인간의 이기심과 사회의 안정성에 치우쳐 있고, 갈등론적 시각은 인간의 이타심과 사회의 변동성에 치우쳐 있다. 상반되는 이들 양 측면이 어우러져 인간과 사회를 구성하고 있음을 인정한다면, 어느 한쪽 이론만 맞는다고 주장해서는 안 될 것이다. 사회적 불평등 자체의 옳고 그름을 논할 것이 아니라, 이것이 인간과 사회의 본질에서 나오는 현상임을 인식하고 형평과 조화라는 **분배적 정의**(distributive justice)를 어떻게 구현할 수 있을지 연구해야 할 것이다.

사회계층의 결과와 연구방법

사회불평등의 정도

국가의 경제수준이나 국민들의 생활 수준을 나타내기 위해서는 통상 GDP나 GNI 같은 지표를 사용한다. GDP(Gross Domestic Product, 국내총생산)란 한 국가의 영토 내에서 모든 경제주체가 일정기간 동안 생산한 재화와 서비스의 부가가치 총량을 시장가격으로 나타낸 것이다. GNI(Gross National Income, 국민총소득)란 한 국가의 국민들이 일정 기간 동안 벌어들인 소득의 합계를 말한다. GDP는 국적에 상관없이 한 나라 안에서 살고 있는 사람들이 생산한 총량을 나타내는데 비해, GNI는 어디에 있든지 한 국가의 국적을 가진 사람들이 생산한 총량을 나타낸다. 그러므로 통상 국가경제의 규모나 성장률을 나타낼 때는 GDP를 사용하고, 국민 1인당 소득을 나타낼 때는 GNI를 사용한다.

한국의 1인당 국민소득(GNI)은 1963년에 겨우 100달러 고비를 넘었지만, 2018년에는 3만 달러를 넘어섰다. 이것은 세계 역사에 유례가 없는 빠른 성장이다. 그러나 1인당 국민소득은 평균값이므로 국민총소득이 각 계층에 얼마나 공평하게 분배됐는지 보여주지는 못한다. 국민소득의 분배 정도를 보여주는 대표적인 지표로는 흔히 '지니계수'와 '소득5분위 배율'이 사용된다.

지니계수(Gini Coefficient)란 한 국가의 총소득 중 '불평등하게 분배된 소득'을 '총소득'으로 나눈 값이다. 그러므로 지니계수는 0에서 1까지의 수치로 나타나는데, 값이 '0(완전평등)'에 가까울수록 분배가 평등하고, '1(완전불평등)'에 가까울수록 불평등하다는 것을 나타낸다. 한국의 지니계수는 1995년 이래 0.27~0.31 사이로 나타났는데, 이는 OECD 국가들 중 중간쯤에 해당되며 불평등 정도가 그렇게 나쁘지 않다는 것을 보여준다. 가장 높은 수치인 0.31은 IMF 때인 1999년과 2018년에 기록된 값이다.

국민들의 소득분포를 알기 위해서는 통상 소득수준에 따라 가구(1인 가구는 제외) 수를 10%씩 10단계로 나눈 '10분위별 소득분포'를 분석한다. 10분위별 소득분포는 1에서 10분위까지 10단계로 나누어져 있고, 단계의 숫자가 커질수록 소득이 높은 층임을 의미한다. 즉 1분위가 가장 낮은 소득층이고, 10분위가 가장 높은 소득층이다. 이러한 소득분포를 지표로 나타낼 때는 흔히

소득5분위 배율을 사용한다. 이것은 5분위계층(최상위 20%)의 평균소득을 1분위계층(최하위 20%)의 평균소득으로 나눈 값으로서, 이 값이 클수록 불평등한 것이다. 최근 한국의 소득5분위 배율은 대략 5.2 전후인데, 이것은 상위 20% 사람들의 평균소득이 하위 20% 사람들 평균소득의 5.2배라는 뜻이다.

계층의 결과

사회계층의 유형이 어떤 모습으로 나타나느냐에 따라 사회적으로 엄청난 결과를 초래할 수 있다. 마르크스의 분석에 따르면, 계급 간 이해갈등이 커지고 모순이 심화되면서 중간계급의 일부만 부르주아 계급으로 상승이동하고 대부분은 노동자 계급으로 전락하게 된다. 이처럼 계급이 양극화되면서 노동자들은 대자적 계급의식을 형성하여 프롤레타리아 혁명으로 나간다. 그리고 혁명을 통해 무계급사회인 공산주의 사회로 발전할 것이라고 예언했다. 그러나 다 아는 바와 같이 그의 프롤레타리아 혁명론은 빗나갔다. 생산력에서 비롯된 생산관계가 사회변동의 원동력이 될 것이라는 마르크스의 기본명제는 타당했지만, 그는 이 과정에서 일어날 새로운 테크놀로지의 발달을 전혀 예측하지 못했다. 실제로는 신 중간층이 더 커짐으로써 계급의 양극화가 이루어지지 않았던 것이다.

대부분 사회학자들은 현대에도 사회불평등이 심화되고 계층이 고착되면 급격한 사회변동으로 이어질 수 있다는 데 동의한다. 계층이 양극화되지 않더라고 어떤 지도자(또는 집단)가 등장하

여 계층 간 상이한 이해관계에 대한 의식을 깨우치고 자원을 조
직화하면, 갈등의 강도나 폭력 정도에 따라 완만한 변화 또는 급
진적 혁명으로 이어질 수 있다는 것이다. 다만, 이때 기폭제가
되는 것은 계층의 양극화가 아니라 전시효과나 상대적 박탈감
같은 심리적 요인이라고 본다.

전시효과(demonstration effect)란 어떤 개인이 스스로 필요해서
가 아니라 다른 사람의 행동에 영향을 받아 모방하려는 성향을
말하며, 주로 소비행동에서 많이 나타난다. 특히 매스미디어가 보
편화되면서 상류층의 행동은 일반인들에게 전시효과를 유발하게
된다. 계층 간의 전시효과는 상대적 박탈감으로 이어지기 쉽다.
상대적 박탈감(relative deprivation)이란 어떤 개인이 다른 사람(또
는 집단)과 자신의 조건을 비교함으로써 자기가 누려야 할 것을
누리지 못하고 있는 것처럼 느끼는 감정을 말한다. 매스미디어뿐
아니라 인터넷까지 보편화된 현대사회에서 계층 간의 격차는 하
위 계층 구성원들에게 심각한 상대적 박탈감을 유발할 수 있다.

사회계층이 사회 전체에 영향을 미침은 물론이지만, 개인적
삶의 양식에도 큰 영향을 미친다. 우선 개인은 출생 시 어떤 계층
에 속하느냐에 따라 출산형태부터 신체발육과 지능발달에 이르
기까지 달라지며, 어떤 학교에 다니게 될지, 어느 수준까지 학업
을 계속할지도 달라진다. 계층에 따라 사회이동의 기회, 군 복무
유형과 비율도 다르게 나타난다. 비행률, 질병의 종류와 발병률,
사망률, 기대수명(life expectancy), 심지어 장례식 유형, 무덤의
형태까지도 계층에 따라 달라진다.

어느 계층에 속하느냐에 따라 가치관이나 행동양식, 사회적

태도, 정치의식도 달라진다. 출산율, 출산행위, 육아방법, 취미활동, 사교범위, 혼맥, 조직체 참여, 의식주 등 생활 전반에 걸친 삶의 유형도 다르게 나타난다. 요컨대, 계층은 한 개인의 일생에 걸쳐 삶의 모든 영역에 심대한 영향을 미친다. 극단적으로 말하면, 어떤 계층에 속해 있는지 알면 그 사람의 일생에 대해 상당 부분 예측할 수도 있다.

계층의 연구방법

어떤 사회에 계층이 있는지 없는지, 있다면 어느 정도 불평등한지, 그리고 누가 어느 계층에 속해 있는지 어떻게 알 수 있을까? 사회학자들은 가장 일반적으로 주관적 접근법, 평가적 접근법, 객관적 접근법 등 세 가지 방법을 사용한다. 그 외에도 학자에 따라 전통적인 '계급분류법', 계급과 계층의 개념을 혼용하는 '계급적 계층분류법' 등 다양한 방법을 사용한다. 각 접근방법에는 장단점이 있으므로, 이론적 관심이나 대상의 특성, 연구의 경제성 등에 따라 선택적으로 사용하며, 몇 가지 방법을 보완적으로 함께 사용하기도 한다.

첫째, **주관적 접근법**(subjective approach)이란 연구대상인 사람에게 계층이 존재한다고 생각하는지, 스스로는 어떤 계층에 속한다고 생각하는지 등을 물어보는 방법이다. 예컨대, 연구대상인 사회 또는 지역공동체를 상·중·하 또는 상·중상·중·중하·하 등의 범주로 나누었을 때 자신은 어느 층에 속한다고 생각하는지 물어보는 것이다. 또는 특정 계층에 대한 소속감이나 계층의식을 짐작할 수 있는 질문들을 함으로써 간접적으로 측정할 수도 있다.

이 경우 어려움은 대부분 사람들이 자기는 중층이라고 답하는 것이다. 실제 조사통계들을 보면, 대개 상층은 1~2%에 불과하고, 중층이 60% 이상, 하층은 30~40% 정도로 나타난다. 이러한 결과는 사람들이 상층으로 갈수록 자기를 낮추어 평가하고, 하층으로 갈수록 자기를 높여 평가하려는 성향을 보이기 때문이다. 그러므로 객관적인 신뢰도는 다소 낮을 수 있지만, 주관적인 계급의식 또는 계층귀속의식을 가장 잘 파악할 수 있다는 점에서는 유용한 방법이다.

둘째, **평가적 접근법**(reputational approach)은 어느 지역공동체에서 상층에 속하는 사람들은 누구이며, 하층에 속하는 사람들은 누구인지 응답자들에게 물어보는 것이다. 이것도 역시 주관적 판단에 따르긴 하지만, 평가의 대상이 자신이 아니라 주위 사람들이다. 이 방법은 구성원들끼리 서로 잘 아는 소규모 공동체에서 사용될 수 있으며, 주로 공동체의 상류 계층에 속하는 사람들이 누구인지 알고 싶을 때 사용된다.

평가적 접근법은 구성원들의 상호 친밀도와 지적 수준에 따라 그 결과가 크게 달라질 수 있으며, 주관적 평가인 만큼 신뢰도가 낮을 수 있다. 연구대상이 국가 등 큰 집단일 경우에는 개인을 직접 평가하기 어려우므로, 현대사회에서 계층적 지위 결정에 가장 큰 영향을 미치는 직업을 평가하게 함으로써 직업에 따른 계층적 지위를 연구할 수도 있다.

셋째, **객관적 접근법**(objective approach) 또는 **SES접근법**은 주

관적 평가의 한계를 극복하고 국가와 같은 큰 단위의 계층구조를 연구할 때 가장 널리 사용되는 방법이다. 사람들의 계층적 지위를 결정하는 데 중요한 역할을 하는 변수들을 선정하여 지수(index)를 구성한 후, 그 지수의 값에 따라 응답자의 **사회경제적 지위**(socioeconomic status, 약칭 SES)를 추정하는 것이다. 이때 주로 사용되는 변수는 직업, 학력, 소득 등이고, 그 외에 주택과 부동산, 고가의 가재도구, 사교범위, 활동단체, 혼맥, 가치지향, 계급의식 등의 변수를 사용하기도 한다.

객관적 접근법에서는 연구목적에 따라 적절한 변수를 선정하는 것이 무엇보다 중요하다. 여기서 유의할 점은 재산, 위광, 권력 등은 계층의 원인이 되는 변수들인 반면에, 사교범위, 활동단체, 가치지향 등은 계층의 결과로 나타나는 변수들이라는 점이다. SES지표 구성은 연구자가 자의적으로 하게 되며, 지수의 값은 연속적인데 어느 선에서 계층을 구분할지 경계선을 정하는 것도 연구자의 몫이다. 그러므로 연구자에 따라 계층구조가 다르게 나타날 수도 있다. 또한 SES접근법은 객관적 지표들을 분석하는 것이므로 평면적이고 정태적이라는 비판을 받기도 한다.

사회이동이란 무엇인가?

사회이동의 개념

사회계층을 논할 때 가장 중요한 관심사 중 하나는 계층 간

이동이다. 이동의 가능성이 어느 정도냐 하는 점과 실제로 계층 간 이동을 하는 사람이 얼마나 많은가 하는 점이다. 논의에 앞서 우선 이동의 개념을 분명히 해 둘 필요가 있다. 먼저 이동에는 지리적 이동과 사회적 이동이 있는데, 한 곳에서 다른 곳으로 거주지를 옮기는 지리적 이동은 이주(migration)라 하고, 사회계층 간 변화는 **사회적 이동**(social mobility)이라고 한다. 사회적 이동에는 같은 수준의 계층으로 옮기는 **수평적**(horizontal) 이동과 계층적 지위가 다른 수준으로 옮기는 **수직적**(vertical) 이동이 있다. 수직적 이동은 다시 상층으로 올라가는 상승(upward) 이동과 하층으로 내려가는 하강(downward) 이동으로 구분할 수 있다.

계층의 세대 간 이동(inter-generational mobility)도 주요한 관심 대상이다. 한 세대 내에서의 이동은 세대 내(intra-generational) 또는 경력(career) 이동이라고 한다. **세대 내 이동**은 한 사람이 일생 동안 계층적 사다리를 오르내리는 것을 말하고, **세대 간 이동**은 할아버지, 아버지, 아들의 계층이 수직적으로 어떻게 변했나 보는 것이다. 세대 간 이동이 적으면 그만큼 계층이 대물림된다는 뜻이며, 이는 바람직하지 못한 현상이다.

사회계층에서 주로 관심을 가지는 것은 **사회적 수직 이동**(social vertical mobility)이다. 수직이동이 많을수록 열린 계층제도이고, 사회적 불평등이 완화될 가능성이 큰 것이다. 개별적으로 계층적 지위가 바뀌는 것은 **개인적 이동**(individual mobility), 집단적으로 바뀌는 것은 **집단이동**(group mobility)이라고 한다. 집단이동의 사례로는 시대변화에 따라 어느 한 직업군 또는 여성의 계층적 지위가 달라지거나, 법적 조치에 따라 어떤 인종의 사회적 지위가 달라지는 경우 등을 들 수 있다.

사회이동의 개인적 요인

사회적 상승이동을 도와주는 가장 중요한 요인은 무엇일까? 이것은 수많은 사람들이 궁금해 하는 것이고, 또 학자들의 주요 연구대상이기도 하다. 현대사회에서 상승이동에 첫 번째 중요한 요인은 **교육**이다. 교육을 통하여 직업생활에 필요한 전문지식이나 기술을 익히며 사회생활에 필요한 인격을 도야할 수 있기 때문이다. 그래서 사람을 평가할 때 학벌을 우선적으로 보는 관행이 생겼고, 이것은 잘못된 **학벌주의**를 조장하기도 했다. 교육의 간판인 학벌이 중요한 것이 아니라, 교육을 통해 학습한 내용이 중요하다.

두 번째는 부모의 사회경제적 지위 등 **가족배경**이다. 가족배경에 따라 교육의 기회가 달라지고 학습기간도 달라지기 때문이다. 그러나 가족배경을 바탕으로 특별히 좋은 교육기회를 가지게 되면 사회적으로 공정성의 문제가 제기된다. 최근 한국사회에서도 이른바 일류대학교 입학생들의 가족배경이 갈수록 높아지는데 대한 문제가 제기되고 있다.

셋째, **선천적 지능이나 재능**이다. 타고난 능력에 따라 다른 사람보다 중요한 일을 하고, 많은 보상을 받는 것은 열린 계층제도에서 바람직한 일이다. 일부 뛰어난 천재들의 경우 선천적인 것은 분명해 보이지만, 대다수 사람들의 경우에는 후천적인 노력과 훈련이 더 중요하다. 꾸준한 노력이 타고난 재능의 차이를 극복할 수 있기 때문이다.

넷째, 개인의 능력 못지않게 중요한 것은 **성취동기**(achievement motivation)이다. 어떤 목표를 이루고자 하는 강력한 의지가 일의 성패를 좌우한다. 한때 정신일도 하사불성(精神一到 何事不成)이라는 말이 유행한 적이 있는데, 정신을 한곳에 집중하면 무슨 일이든 이룰 수 있다는 뜻이다. 강력한 동기를 가지고 집중적인 노력을 하면 큰 성취를 이룰 수 있다는 것은 개인뿐 아니라 한 나라에도 적용되는 것으로 분석되었다. 세계 각국의 전래동화나 설화 등에 나타난 성취욕구 점수와 현재 각국의 경제성장 수준을 비교해 보았더니 매우 높은 긍정적 상관관계를 보여주었다고 한다.

다섯째, 성공을 위해서는 **욕구충족의 연기**(deferred gratification)가 중요하다. 자신이 성취하고자 하는 목표를 위해 지금 하고 싶은 욕망을 참고 자제할 수 있어야 한다는 뜻이다. 춥고, 배고프고, 졸리는 것을 참으며 열심히 노력하면 성공할 수 있다는 것은 전래동화에 자주 나오는 이야기이다. 미국에서는 '마시멜로 실험' 이야기가 널리 알려져 있다. 4세 아동들에게 마시멜로를 하나씩 나눠 준 후 15분 동안 먹지 않고 기다리면 하나 더 주겠다고 약속했는데, 잘 참고 기다려 하나씩 더 받은 아이는 30%였다. 15년 후 추적조사를 해보니, 참고 기다렸던 아이들이 못 기다리고 먹어버린 아이들보다 학교생활이나 대학입학자격시험(SAT)에서 훨씬 더 우수하더라는 것이다.

여섯째, **처음 가진 직장 또는 직업**이 중요하다는 연구결과도 있다. 처음에 좋은 직장을 가진 것은 사실 학력이나 집안배경과 연관돼 있는 경우가 많다. 아니면 우연에 의한 행운(luck)으로 돌릴 수도 있을 것이다.

끝으로, 가장 중요한 요인은 **정직·성실·노력** 등의 덕목이다. 모든 사회생활은 인간관계에 바탕을 두고 있으며, 다른 사람들에게 비친 좋은 이미지는 성공적인 업무수행에 대단히 중요하다. 한 사람의 평판과 이미지는 사소한 일상의 일들로부터 오랜 세월에 걸쳐 자연스럽게 형성되는데, 정직, 성실, 노력은 좋은 이미지를 만드는 데 가장 중요한 요인이다.

사회이동의 구조적 요인

개인의 수직적 사회이동은 위에서 논의한 개인적 요인들에 의해 이루어지는 것만은 아니다. 개인적 요인들은 사회구조적 틀 내에서 제한적으로 작용할 뿐이며, 계층이동은 사회구조의 성격에 따라 크게 달라진다.

앞에서 설명한 대로 계층제도의 성격에 따라 사회이동의 가능성은 아주 다르게 나타난다. 노예제도는 말할 것도 없고 카스트제도에서도 수직적 상승이동은 거의 있을 수 없다. 신분사회에서는 법에 따른 최소한의 수직적 상승이동만 허용될 뿐이다. 근대 계층제도에서는 자신의 노력 여하에 따라 수직적 상승이동이 자유롭게 이루어질 수 있다. 그러나 현실적으로는 출신이나 가족 배경 등에 따른 제약이 여전히 남아있다.

과거에는 개인이 강고한 사회구조적 틀을 깨뜨리는 것은 거의 불가능했다. 그러나 인터넷이 보편화된 디지털사회에서는 과거에 상상조차 할 수 없었던 일들이 이루어지고 있다. 시골 어느

소년이 유튜브를 통해 갑자기 세계적 스타로 떠오르는가 하면, 철옹성 같던 사회적 인습이 인터넷 여론에 의해 하루아침에 힘없이 무너지기도 한다.

지난 세기 세계를 휩쓸었던 산업화의 물결은 계층구조에 큰 변화를 가져왔다. 산업기술은 단순히 생산방식만 바꾼 것이 아니라, 사회 전 분야에 걸쳐 생활양식과 의식구조까지 크게 바꾸어 놓았다. 산업화에 수반된 도시화는 수많은 인구의 지리적 이동뿐 아니라 대규모 직업이동을 가져왔다. 그리고 직업구조가 바뀌는 과정에서 수많은 수직적 상승이동이 이루어졌다. 또한 생산성이 크게 향상되면서 물질적 희소자원의 절대량이 크게 증가하여 새로운 분배가 이루어진 것도 계층이동에 기여했다.

무엇보다 계층제도에 가장 큰 영향을 미친 것은 사회 전반에 걸친 가치관의 변화였다. 전통사회에서는 **귀속적 지위**(ascribed status)가 중요하게 평가됐지만, 산업사회 이후로는 **획득적 지위** (achieved status)가 더 중시되고 있다. 과거의 신분이나 집안 배경 대신 개인의 능력과 성취업적, 경력 등이 계층이동에 더 중요한 요소로 작용하게 된 것이다. 21세기 이후의 새로운 디지털 기술은 산업화의 거대한 물결보다 더욱 획기적으로 계층제도에 영향을 미치고 있다. 여기서 주목할 것은 디지털기술이 반드시 사회적 불평등을 줄이는 방향으로만 작용하는 것은 아니라는 점이다.

사회 전반에 걸친 거대한 변동의 물결이 아니더라도 일시적이고 급격한 사회변동은 사회이동에 큰 영향을 미친다. 예컨대, 일제식민지나 한국전쟁을 통하여 구 지주계급이 몰락하고 신흥 상공인들이 새로운 상류계층을 형성했다. 5.16군사혁명은 한국

사회의 지배엘리트들을 완전히 바꾸는 결과를 초래했다. 1980년
대 이후 민주화과정을 거치면서는 이른바 386세대가 사회 각계
각층에서 새로운 지배계층을 형성했다.

　최근 사회는 더욱 빠르게 변하고 사회이동의 가능성도 더 커
졌다. 적어도 법적으로는 계층제도가 완전히 개방돼 있다. 그러
나 변동의 속도가 빠르고 그 범위나 깊이가 심대하다고 해서 수
직적 사회이동도 그만큼 획기적으로 늘어나지는 않는다. 기득권
층의 부와 권력, 특권 등이 이기적 방어기제로 작동하기 때문이
다. 최근 한국에서 젊은이들이 **공정성**(fairness)을 요구하며 분노
하는 것도 바로 기득권층의 불법 부당한 특권 지키기에 대한 것
이다.

사회는 어떻게
변하는가?

PART 04

일탈행동은 개인과 사회의 충돌이다

1 일탈이란 무엇인가?

'일탈'이란 단어 뜻 그대로 보면 정해진 길이나 영역을 이탈한 것으로 궤도에서 벗어났다는 '탈선'과 비슷한 말이다. 사회학에서 **일탈**(逸脫, deviance)이란 사회적 규범이나 기대에서 벗어난 행동(deviant behavior)을 말한다. 사회적 규범이란 도덕, 전통, 관습, 예의는 물론 법률까지 포괄하는 매우 광범위한 개념이다. 따라서 일탈행동도 비행, 마약, 알코올중독, 도박, 성적(性的) 탈선, 자살, 폭력은 물론 상식에 벗어난 과격한 언동까지 포함할 정도로 매우 다양하다. 그중에서도 특히 법으로 금지된 일탈행동은 '범죄'라고 한다.

사회적 규범에 따른다는 것은 다른 말로 하면 대다수 사회구성원들의 행동에 동조(同調)한다는 뜻이다. 이러한 동조행동이 사회질서를 가능하게 한다. 그러나 인간은 규칙에 순응하지만, 동시에 규칙을 파괴하기도 하는 존재이다. 대부분 규범을 지키지만 일부 사람들은 자율의지에 따라 규범을 어기는 행동을 하기 마련이며, 이러한 일탈행동에 대해서는 반드시 사회적 통제가 가해진다. 가벼운 일탈행동에는 따가운 눈총이나 비난이 따르지만, 심한 경우에는 법적인 처벌까지 가해진다.

일탈행동이란 어떤 절대적 기준에 따라 규정되는 것이 아니라 상대적인 개념이다. 즉, 같은 행동이라도 시간과 장소에 따라 일탈로 간주될 수도 있고 안 될 수도 있다. 예컨대, 사랑하는 남녀가 진한 애정을 표현하는 것은 호젓한 곳에서는 아름다운 일이지만, 공공장소에서는 일탈행동이다. 요즘 청춘남녀가 팔짱을 끼고 다정하게 걷는 것은 보기에도 흐뭇한 모습이지만, 60여 년 전만 해도 심각한 일탈행동이었다. 여성이 운전을 한다든지 축구경기장에 가는 일 등은 많은 나라에서는 너무나 일상적인 행동이지만, 일부 나라에서는 심한 일탈행동으로 간주되기도 한다.

② 일탈은 왜 생기는가?

개인적 특성에 따른 설명

인간은 사회화 과정을 통해 동물적 존재에서 사회적 존재로 바뀐다. 이 과정에서 누구나 사회적 규범을 내면화함으로써 규범에 동조하도록 배운다. 일탈행동은 개인의 행동이 사회규범과 충돌한 결과이며, 다수가 공유한 사회질서의 규칙에 대한 도전이다. 어떤 사람은 왜 일탈행동을 하는가? 19세기 이전까지는 주로 일탈을 개인적인 행위로 보았으며, 일탈의 원인도 두개골 모양이나, 체격, 염색체 등 생물학적 특성에서 찾고자 하였다.

범죄학자들은 오래전부터 어떤 사람이 범죄를 저지르는가에 대해 많은 연구를 해 왔다. 이탈리아의 의학자인 **롬브로소**(Cesare Lombroso, 1835~1909)는 범죄학의 아버지라 불린다. 그는 범죄자는 보통 사람들과 다른 신체적 특징을 지니고 있다고 주장했다. 즉, 범죄자의 두개골 383개를 해부하고 5,907명의 체격을 분석한 결과, 범죄자의 두개골에는 비정상적인 흔적(stigmata)이 있으며 그 외에도 일정한 신체적 특징들이 있었다는 것이다.

롬브로소는 범죄자와 그렇지 않은 사람들을 유형화했다. 범죄자의 신체적 특징으로 남성의 경우 Y염색체를 하나 더 가지고 있다거나, 튀어나온 이마, 고르지 못한 치열, 들어간 턱, 나이에 비해 많은 주름살, 문신 등과 같은 다양한 특징을 들었다. 이러한 특징을 지닌 사람은 선천적으로 범죄자가 될 수밖에 없다는 극단적인 주장까지 했다. 그는 생물학적 결정론에 따라 **생래적 범죄자** (anthropological criminology)의 개념을 대중화하였다. 그의 이론은 범죄자의 생물적, 유전적 특이성을 찾아내고자 하는 과학적 범죄연구의 시발점이 되었다.

흔히 경찰이 불심검문을 통해 무작위로 사람을 골라내는 것은 외형에 따라 범죄자를 인식하는 것과 비슷하다. 우리나라에서도 옛날부터 신체적 특징을 행동예측의 지표로 삼는 일이 많았다. 예컨대, "키 크면 싱겁다", "눈이 크면 겁이 많다", "발이 크면 도둑놈이다" 등과 같은 말들에서 알 수 있다. 마치 어떤 신체적 특성을 지닌 사람은 어떤 특정 행동을 할 가능성이 큰 것으로 여겼던 것이다.

개인의 신체적 특징 외에 심리적 상태에 따라 일탈행동을 설명하려는 접근법도 있다. 심리학적 접근은 성장과정에서 어떤 특수 경험에 의해 자아형성 과정에 문제가 있었거나 욕구불만이나 긴장상태에 있는 사람들이 일탈행동을 하는 것으로 본다. 예컨대, 프로이드(Sigmund Freud, 1856~1939)는 일탈이란 자아형성 과정에서 id, ego, super-ego 등이 조화를 이루지 못할 때 나타나는 심리적 반응이라고 주장했다. 콜버그(Lawrence Kohlberg, 1927~1987)는 도덕성이 제대로 발달하지 못해 사회규범을 어겨도 양심의 가책을 느끼지 못하는 사람이 일탈행동을 한다고 보았다.

그러나 이처럼 개인의 신체적 · 심리적 특성에서 일탈의 원인을 찾는 것은 경험적으로 입증되기 어렵다. 만약 이 주장이 맞는다면, 일탈은 어느 사회에서나 어느 시대에나 비슷한 비율로 나타나야 할 것이다. 그러나 실제로는 어떤 사회나 어느 시기에 유난히 일탈자의 비율이 높거나 낮은 것으로 나타난다. 이것은 일탈이 단순히 개인적 특성 때문에 발생하는 것이 아니라, 뭔가 다른 사회적 요인에 의해 발생하는 것임을 시사한다.

사회학적 접근

일탈행동의 발생 원인을 단순히 개인적 요인으로 보지 않고 사회학적 시각에서 설명하려는 이론들도 많은데, 그중에서 가장 널리 알려진 몇 가지만 소개한다.

① 사회통제론

사회통제론(Social Control Theory)은 "어떤 사람들이 왜 일탈행동을 하는가?"라는 질문 대신 "왜 대부분 사람들은 일탈행동을 하지 않을까?"라는 질문으로 접근한다. 즉 일탈행동의 반대 측면에 주목하여 일탈이 일어나지 않도록 하는 조건이 무엇인지 분석하는 것이다. 사회구성원들이 왜 규범을 잘 지키는지 이해하게 되면 비행이나 일탈의 원인도 알 수 있을 것으로 보는 것이다.

사회통제론에 따르면, 대부분 사람들이 일탈행동을 하지 않는 것은 사회적 통제 메커니즘이 효과적으로 작동하고 있기 때문이라고 한다. **사회적 통제**란 법적 처벌이나 동료들의 비난 등을 말하는데, 대부분 사람들은 법에 의한 처벌이나 주위의 비난을 피하려고 일탈행동을 하지 않는다는 것이다. 가족 간의 유대가 강하면 부모님의 기대에 어긋나지 않기 위해 또는 가문의 명예를 더럽히지 않으려고 스스로 일탈행동을 억제한다. 학교생활에 잘 적응하고 있는 학생은 선생님과 친구들을 실망시키지 않기 위해 일탈행동을 하지 않는다. 반대로 말하면, 사회통제 기제(mechanism)가 이완되어 제대로 작동하지 않을 때 일탈행동이 발생한다는 것이다.

사회통제론에서는 개인이 일탈행동을 하지 않는 것은 사회통제를 피하기 위해서라고 본다. 그러나 사실은 대부분 사람들이 사회통제 여부를 의식하면서 행동하는 것은 아니다. 사람들의 대부분 행동은 사회통제를 피하기 위해서가 아니라 스스로 내면화한 규범에 따라 이루어진다. 새벽에 아무도 없는 텅 빈 거리에서도 사람들은 빨간 신호등 앞에 멈춰 서서 신호가 바뀔 때까지 기다린다. **내면화된 규범**이란 양심이나 도덕, 윤리 등과 같이 스스로 지키는 규칙이며, 대부분 사람들은 외부의 통제보다는 이러한 내면의 소리에 따라 행동한다.

② 아노미 이론

아노미란 말은 무규범, 즉 규범이 없는 상태(normlessness)라는 뜻이다. 그러나 규범이 없는 사회란 있을 수 없기 때문에 사실은 규범이 미약하거나 혼란스러운 상태를 의미한다. **뒤르켐**(Emile Durkheim)에 따르면, 아노미는 사회변동 과정에서 한 사회를 지배하던 가치관이 약화되고 다른 새로운 가치관이 등장할 때 발생한다. 아노미 상태에서 개인은 어떤 가치관을 따라야 할지 혼란을 겪게 되며, 지배적 가치나 규범에서 벗어난 일탈행동을 할 가능성이 커진다. 아노미 이론(Anomie Theory)은 일탈행동의 원인을 사회구조와 개인의 관계에서 찾는다.

예컨대, 자본주의가 급속히 발달하는 과정에서 사회해체 현상이 나타나고 사회질서가 무너지면서 아노미 현상이 나타난다. 무엇보다 돈을 중시하는 가치관이 만연하면서 보험사기가 늘어나고, 재산을 둘러싼 가족 간 범죄도 늘어난다. 또한 최근 한국사회의 예를 보면, 예전에는 경력을 속이면 안 된다는 규범을 잘 지켰지만, 좋은 대학 '진학'이 무엇보다 중시되면서 경력을 부풀리거나 위조하여 대학에 진학하는 일탈행동이 나타난다. 경력을 위조하여 진학한 학생은 규범이 혼란스러운 사회구조적 상황 속에서 큰 죄책감 없이 그러한 행동을 하는 것이다.

머튼(Robert Merton)은 뒤르켕의 아노미론을 더욱 발전시켜 사회적·문화적으로 인정된 목표와 수단 간에 괴리 또는 균열이 있을 때 아노미 상태가 된다고 주장했다. 그러면서 일탈행동을 두 가지로 구분했다. 첫째, **탈선적 일탈자**는 공중도덕이나 법을 어기지만 스스로 자신의 도덕적 가치를 주장하지는 않는다. 반면에 두 번째 유형인 **비동조적 일탈자**는 자신의 일탈행동에 도덕적 가치를 부여함으로써 기존의 가치와 규범에 도전해 이를 변화시키려고 한다. 이러한 행동이 집단화되면 사회운동으로 발전할 수도 있다.

머튼은 아노미 상태에서 사람들이 **문화적 목표**와 **제도적 수단** 사이에서 보이는 다양한 적응양식을 분석하였다. 머튼이 분석한 개인의 적응양식은 크게 다섯 가지로 구분된다.

첫째, **동조형**(conformity)은 문화적으로 제시된 목표와 제도화된 수단을 모두 받아들이는 적응양식이다. 이것은 대부분 사람들이 취하는 보편적 적응양식이며, 사회통합의 근원이 된다. 예컨대, 돈 많이 버는 것을 중요한 목표로 받아들이면서, 그러기 위해서는 근면·검소·절약해야 한다는 수단도 받아들이는 것이다.

둘째, **혁신형**(innovation)은 문화적 목표를 받아들이면서도 제도화된 수단은 거부하고 새로운 방법으로 그 목표를 달성하려는 적응양식이다. 예컨대, 돈을 벌기 위해 위험성이 큰 투기를 한다거나, 선거에서 당선을 목표로 불법적인 선거운동을 하는 것 등이다. 사회적으로 가치 있는 목표를 제도에서 벗어난 새로운 수단으로 달성하려는 대부분의 일탈행동이 여기에 속한다.

셋째, **의례형**(ritualism)은 문화적 목표를 도외시하고 제도화된 수단만 수용하는 적응양식이다. 예컨대, 조직의 목표보다도 수단적 절차나 규칙 엄수에 치중하는 관료들이나, 신도들의 영혼구원이라는 목표보다 교세확장이나 성전건축에 집착하는 종교지도자 등이다.

넷째, **도피형**(retreatism)은 문화적 목표와 제도화된 수단을 모두 거부하고 사회로부터 도피하는 적응양식이다. 염세주의자나 떠돌이, 알코올중독자, 마약상습자 등이 여기에 속한다.

다섯째, **반역형**(rebellion)은 문화적 목표와 제도화된 수단을 모두 거부하면서 새로운 목표와 수단으로 대체하려는 적응양식이다. 급진적 사회변혁 운동이나 혁명을 꿈꾸는 사람들의 경우가 여기에 속한다.

머튼은 이러한 다섯 가지 적응방식 가운데 혁신형에 가장 큰 관심을 보였다. 이것은 중상류층에 비해 합법적인 기회를 갖기 어려운 하류 계층의 일탈행동이 많은 이유를 설명하는 논리적 근거로 여겨지기도 한다. 또한 계층과 범죄율의 상관관계를 설명하는 이론적 근거로도 많이 사용된다.

아노미이론은 일탈을 단순히 개인적 행위로 보지 않고, 문화와 사회구조 속에서 파악하려 했다는 점에서는 높이 평가할 만하다. 그러나 사회는 가치합의에 바탕을 두고 있다는 기능론적 가정을 전제함으로써, 가치체계가 대립할 때 약한 쪽이 일탈자가 될 수밖에 없는 과정을 소홀히 다루었다. 또한 일탈이 반드시 아노미 상태에 대한 반응으로 나타나는 것만은 아니며, 개인 간 상호작용의 결과로서 나타날 수도 있음을 고려하지 못했다.

③ 차별교제론

미국의 사회학자 **서더랜드**(Edwin H. Sutherland, 1883~1950)는 어떤 사람이 원초집단이나 준거집단 등을 통해 다른 사람의 일탈행동과 지속적으로 접촉하면서, 사회규범에 동조적인 행동과 멀어지게 되면 일탈행위자가 된다고 주장했다. 그는 일탈행동도 사회화의 결과이며 학습된다고 본 것이다. 차별교제론(Differential Association Theory)에 따르면, 다른 일탈자 또는 일탈 집단과 상호작용하는 빈도가 높으면 일탈자가 될 가능성이 커진다.

"친구 따라 강남 간다"는 한국 속담이나 "유유상종(類類相從)"이라는 사자성어는 이러한 가능성을 잘 보여주고 있다. 실제로 범죄자들은 교도소에 있는 동안 다른 재소자로부터 새로운 범죄 기술을 배우거나 출소 후 함께 공모하여 범행을 저지르기도 한다. 그러므로 일탈행동은 누구와 교제하며 무엇을 학습하느냐에 대한 차별적인 상황에서 이루어지는 상호작용의 결과라고 볼 수도 있을 것이다.

차별교제론은 일탈의 원인으로 상호작용과 학습과정을 지나치게 중시한다는 비판을 피하기 어렵다. 일탈자와 계속 접촉한다고 해서 반드시 일탈자가 되는 것은 아니기 때문이다. 예컨대,

경찰이나, 검사, 변호사 등은 늘 일탈자와 접촉하지만, 그 결과로서 일탈자가 되지는 않는다. 또한 교묘한 경제사범이나 다혈질인 사람의 폭행과 같은 일탈은 학습된 행동이라고 보기 어렵다. 실제로 일탈행동의 원인은 상호작용이나 학습 외에도 여러 가지 다른 경로를 통해 나타난다.

④ 낙인이론

사회통제론은 사회통제 기제가 일탈행동을 억제하며, 통제가 이완되면 일탈이 늘어날 것이라고 했다. 그런데 낙인이론은 오히려 사회통제가 일탈을 유발한다고 본다. **낙인이론**(Labeling Theory)에 따르면, 일탈이란 상대적 개념이며, 행동 그 자체의 속성에 의해 결정되는 것이 아니라 사회통제의 힘을 가진 측이 적용하는 기준에 따라 결정된다. 즉 통제하는 측이 일탈로 규정하면 일탈자가 되는 것이고 규정하지 않으면 일탈자가 안 된다는 것이다.

낙인이론은 주로 갈등론적 시각의 학자들(H. Becker, K. Erikson, E. Lemert 등)에 의해 주장된다. 엄밀히 말하면 일탈이란 어떤 행위의 내용 때문이 아니라 그 행위자에 대해 사회통제가 적용된 결과이며, 일탈자는 낙인이 성공적으로 적용된 사람이라는 것이다. 일탈행동이란 사람들이 일탈이라는 '딱지'를 붙인 행동을 말하며, 일탈자란 이처럼 교묘하게 딱지가 붙여진 사람을 뜻한다는 주장이다.

이들은 일탈을 어떤 행위의 속성으로 이해하지 않고, 다른 사람의 반응, 반작용, 딱지 붙이기 등 일탈자와 비일탈자 간 상호

교류의 결과로 해석한다. 예컨대, 어린아이가 친구 물건을 훔치거나 남의 밭에서 주인 몰래 수박을 따 먹는 등의 행위는 주의나 변상 등으로 가볍게 지나갈 수도 있다. 그러나 여기에 사회통제가 가해지면 그 행위자는 "일탈자"로 낙인찍히게 되며, 주변 사람들에게 늘 범죄 가능성이 큰 사람으로 인식된다. 이후 그는 다양한 사회적 제약이나 불이익을 받을 뿐 아니라 낙인 때문에 취업도 힘들어진다.

어떤 행동이 사회적으로 낙인찍히면 곧 일탈이 된다. 이해관심이 다른 집단 간의 갈등과정에서는 주로 힘없는 집단 구성원들이 일탈자로 낙인찍히기 쉽다. 특히 기존의 규범에 도전하는 행위는 곧 일탈로 간주되므로, 사회적으로 취약한 하류계층이 낙인찍히기 쉽다. 일탈이란 입법·사법·행정 등 공식기관이 법을 제정하거나 해석하는 과정에서 힘 있는 사람들에 의해 규정되기 때문이다.

상황에 따라 누구에게나 발생할 수 있는 경미하고 일시적이며 쉽게 덮어질 수도 있는 일탈행동을 **일차적** 또는 **원초적 일탈**(primary deviance)이라고 한다. 이러한 행동이 발각되고 사회적으로 낙인찍히는 과정(stigmatization)을 거치면서 스스로 일탈자임을 인정하게 되면 자아개념으로까지 발전하게 된다. 스스로 일탈자라는 자기정체성에 따라 행동하면서 점차 습관화된 행동을 **이차적 일탈**(secondary deviance)이라고 한다. 예컨대, 전과자는 교도과정을 통해 교화되어야 하지만, 반대로 낙인찍힘으로써 오히려 일탈행동을 더 하게 되는 결과로 나타나기도 한다. 이처럼 스스로 믿고 있는 자기 정체성에 의해 스스로 그러한 결과를 구현하게 되는 현상을 **자기실현적 예언**(self-fulfilling prophecy)이라고 한다.

낙인이론은 누가 어떤 과정을 거쳐 일탈자가 되는가에 초점을 맞추는 대신, 누가 어떻게 그를 일탈자로 규정하는가에 초점을 둔다. 일탈이 상대적 개념임을 강조하면서 낙인찍는 자와 찍히는 자 간의 이해관계와 갈등을 부각시킨다. 그리고 일탈을 갈등이론에서 말하는 지배-피지배 계층 간의 문제 또는 사회구조적 문제로 파악하는 것이다.

낙인이론은 일탈행동의 원인을 개인의 문제가 아니라, 사회적 상호작용이나 사회구조에서 찾는다는 점에서 새로운 시각을 보여준다. 그러나 일탈행동이 모두 상대적인 개념은 아니며, 강도, 살인 등 어떤 문화에서나 절대적으로 금지되는 행동들이 분명히 있다. 또한 낙인이론은 일탈자에게 지나치게 동정적이라는 비판을 피하기 어려우며, 자칫하면 일탈행동을 정당화해 주는 명분을 제공할 수도 있다. 실제로 알코올중독이나 동성애 관련 사회운동단체들은 그러한 일탈행동을 용인하거나 조장하는 효과를 나타내기도 한다.

낙인이론의 또 다른 문제점은 모든 일탈자가 반드시 사회적 낙인 때문에 일탈행동을 하는 것은 아니라는 점이다. 사회적으로 낙인찍히지 않았는데도 일탈행동을 하는 사람은 왜 그러는지 전혀 설명할 수 없다. 그리고 어떤 사람은 자신의 행위를 반성하며 이를 극복하는데 어떤 사람은 왜 일탈행동을 계속하는지, 또 어떤 사람은 낙인찍히지 않았는데도 왜 상습적으로 일탈행동을 계속하는지 설명하기 어렵다.

사회는 왜 일탈을 통제하는가?

사회통제의 뜻

일탈의 원인은 개인에 따라, 상황에 따라 수없이 다양하다. 하나의 일탈행동을 놓고도 그것을 설명하는 학자들의 관점은 다양하고 이론도 많다. 일탈에 관한 이론은 많지만, 일탈이 왜 일어나는지 설명할 수 있는 단일이론은 없다. 하나의 관점, 하나의 이론은 어떤 일탈의 특정한 유형을 이해하거나 설명하는데 기여할 수 있을 뿐이다. 일탈의 원인을 분명하게 알기는 어렵지만, 어떤 일탈행동도 하나의 원인에 의해 발생하는 것이 아니라는 점은 분명하다.

일탈이 왜 발생하는지 관계없이 모든 사회는 일탈행동을 통제하며, 발생한 일탈에 대해서는 어떤 형태로든 제재를 가한다. 일탈을 방치하면 사회가 무질서해지고 혼란스러워지며, 궁극적으로는 사회가 해체될 수도 있기 때문이다. 일탈을 통제하는 이유는 바로 사회의 질서유지와 존속을 위해서이다. **사회통제**란 "한 사회가 그 성원들로 하여금 사회적 규범에 동조하도록 유도하고 일탈하지 않도록 규제하는 기제"를 말한다. 달리 말하면, "규범의 집행을 통해 일탈을 예방, 제재, 재사회화 시키려는 과정"이라고 정의할 수도 있을 것이다.

사회통제는 일탈에 대한 제재를 통하여 다른 사람들이 유사한 행위를 하지 않도록 억제하는 예방효과도 거두게 된다. 그러나 일탈행동을 사전에 차단하는 가장 좋은 방법은 개인의 사회화

과정에서 그 사회의 문화를 학습하여 수용하도록 하는 것이다. 사회화 과정에서 개인에게 내면화된 문화는 모든 행동의 기준을 제공하기 때문이다.

사회통제의 종류와 역기능

일탈에 대한 사회통제는 다양한 차원에서 다양한 방법으로 이루어진다. 가장 포괄적이고 영향력이 큰 방법은 **규범의 내면화**이다. **내면화**(internalization)란 "외부의 지식이 개인 내부로 들어와 재구성되는 과정"을 말한다. 인간은 사회화과정을 거치면서 그 사회의 문화를 내면화한다. 문화는 사회구성원들이 공유하는 규범, 인지양식, 태도, 가치관 등을 담고 있다. 따라서 문화를 습득하면서 자연스럽게 도덕이나 양심을 내면화하여 규범에서 벗어나는 일탈행동을 하지 않게 되는 것이다.

어느 사회에서나 규범에 벗어난 행동을 하면 **비공식적 사회통제**가 가해진다. 예컨대, 흉을 보거나 나쁜 소문이 만들어지고, 심하면 비웃음, 따돌림, 훈계 등으로 이어지기도 한다. 반대로 사회적 기대에 부응하는 행동에 대해서는 칭찬, 인정 등을 통한 격려가 이루어진다.

구성원들이 꼭 지켜야 할 중요한 규범은 법으로 명문화되며, 법을 위반하는 행위에 대해서는 **공식적 사회통제**가 가해진다. 이는 공식기관이 가하는 제도적 제재이다. 예컨대, 경찰, 교도소, 소년원, 정신병원, 법원 등의 기관을 통해 경찰관, 교도관, 정신과의사, 판사 등이 통제력을 행사하는 것이다. 공식적 사회통제는 크게 두 가지 차원에서 이루어진다.

첫째는 일탈자를 사회로부터 격리시키고 처벌함으로써, 범죄가 상습화·악성화되거나 확산되는 것을 막는 것이다. 사회통제의 가장 극단적 형태는 사형이다. 사형제도에 대해서는 한국뿐 아니라 세계 각국에서 끊임없는 논쟁이 이루어지고 있으며, 이미 절반 정도는 사형제도를 폐지했다. 한국에서 사형제도는 합헌이지만, 실제로는 1997년 12월 30일 이후로 사형 집행이 이루어지지 않고 있다.

두 번째는 일탈자에 대한 **재사회화**를 통해 다시는 일탈행동을 하지 않을 선량한 시민으로 교정하는 것이다. 교정의 목적은 수감자 스스로 잘못을 인정한 후 교정담당자의 도움을 받아 범죄행위에 상응하는 반성적 행위를 하게 하는 **전환**(diversion)에 둔다. 범죄의 정도에 따라 다양한 방법이 사용된다. 예컨대, **보호관찰**은 일정기간 동안 선행을 행하고 바르게 살며 규칙적으로 당국에 보고하도록 하는 것이다. **보석감시**는 최종 판결이 있을 때까지 책임기관의 감시 하에 교도소 밖에 머무르게 하는 것이다. 재소기간 동안 수감자가 모범적인 수형생활을 보일 때는 **가석방**하기도 한다.

현대의 교도행정은 과거의 격리·처벌 위주에서 재사회화로 바뀌어가는 추세이다. 외국에서는 감옥 대신 **개방형교도소**를 운영하는 나라도 있고, 한국에서도 이미 시범적으로 운영하고 있다. 재사회화 교도행정은 여러 가지 장점을 지니고 있지만, 가장 큰 문제는 비용이 많이 든다는 점이다. 그리고 수형생활을 마치고 사회로 복귀한 범법자를 포용하지 못하고, 전과자로 냉대함으로써 다시 범법자로 전락하게 만드는 사회적 분위기도 문제이다.

사회통제가 일탈행동을 예방하고 억제하는 것은 분명하다. 그러나 사회통제가 오히려 다음과 같이 사회에 미치는 역기능을 한다는 것도 사실이다.

첫째, 사회통제는 기존의 규범과 질서를 지키도록 강요함으로써 사회변동의 가능성을 억제한다. 모든 사람이 기존의 규범대로만 행동한다면 새로운 시도를 할 수 없고 새로운 변화도 없을 것이다.

둘째, 낙인이론에서 주장하는 것처럼 사회통제가 오히려 낙인찍기로 일탈자를 만들어내는 결과를 초래할 수도 있다.

셋째, 사회통제는 모든 일탈자에게 공정하게 적용되기 어려우며, 일부에게만 또는 불공정하게 적용되기 쉽다. 이때 남들도 많이 하는데 자기만 불공정한 통제를 받았다고 느끼는 사람은 억울하다고 생각하며 통제에 승복하지 않을 것이다.

특히 희생자 없는 범죄, 화이트칼라 범죄 등의 경우에 이러한 일이 많다. **희생자 없는 범죄**란 도박, 성매매 등 쌍방 간 합의된 범죄를 말하며, **화이트칼라 범죄**(white-collar crime)는 어느 정도 사회적 존경과 지위를 가진 사람이 직업 과정에서 금전적 동기로 저지르는 비폭력적 범죄를 말한다. 예컨대, 뇌물, 내부자 거래, 사기, 횡령, 사이버 범죄, 저작권 침해, 돈세탁, 신분도용, 위조 등을 들 수 있다

일탈행동은 다 나쁜 것일까?

사회규범과 집단 내부의 응집력 강화

일반적으로 일탈행동은 반(反)사회적이고 사회질서를 혼란케 하는 나쁜 행동이라고만 생각하기 쉽다. 그러나 사회적 차원에서 생각하면 일탈행동이 반드시 역기능적인 것만은 아니다. 개개인의 일탈행동은 비정상이지만, 사회에 내재하는 일탈행동 자체는 보편적이고 정상적인 현상이다. 즉 일탈행동은 어느 사회에나 다 있으며, 반드시 나쁜 것만도 아니다. 일탈자는 다른 사회성원들에게 허용가능한 행동의 영역을 알게 해주고, 이를 어기면 안 된다고 경고하는 기능을 한다.

17세기 미국 동부 청교도 사회에서는 공동체에 잘 동화되지 못하는 여자들에게 마녀(witch)라는 이름을 붙여 수십 명을 화형에 처했다. 이러한 마녀사냥은 옳고 그름을 떠나 나머지 구성원들 간에 응집력을 강화하고, 사회적 정당성을 증가시키는 효과를 나타냈다. 실제로 어느 사회에서든 의도하지 않더라도 일탈자를 제재함으로써 다른 구성원들로 하여금 사회적 규범을 준수하게 하고 동류의식을 강화하는 효과를 얻게 된다.

사회변동의 근원

오늘의 일탈행동은 다음 세대의 새로운 규범이 될 수도 있다. 모든 사람이 한 치의 어긋남도 없이 모든 규범을 준수한다면, 사회는 변하지 않고 그대로 유지될 것이다. **코페르니쿠스**는 당시 모든 사람들이 믿고 있던 우주관을 뒤엎는 **지동설**(地動說: 태양중 심설)을 주창하였다. **갈릴레이**는 코페르니쿠스의 지동설을 확립 하기 위한 저술을 했지만, 이 책은 교황청에 의해 금서로 지정되 었고 그는 이단행위로 재판을 받았다. 코페르니쿠스와 갈릴레이 는 당시로서 결코 용인될 수 없는 일탈자였지만, 그들의 일탈행 동은 근대과학 발전의 토대가 되었다.

사회규범은 고정돼 있는 것이 아니라 시대에 따라 달라진다. 1970년대 한국에서 젊은 남자들이 머리를 길게 기르는 이른바 '장발'은 엄청난 일탈행동으로서 경찰의 제재 대상이었다. 지금 은 누가 장발이든 그것은 단순한 개성의 표현일 뿐 아무도 이상 하게 보지 않는다. 과거에는 남자가 연상의 여인과 결혼하는 것 이 별난 일로 여겨졌지만, 지금은 서로 사랑하는 사이라면 그럴 수 있다고 당연시한다. 과거의 수많은 일탈자들이 사회규범을 바 꾸어 놓은 것이다.

규범은 사회에 따라 다르다. 일상의 사소한 규범은 말할 것도 없지만, '살인하지 말라' 같은 불변의 규범조차 사회에 따라 다르 게 나타난다. 예컨대, 요르단·이집트·예멘 등 이슬람권에서는 집안의 명예를 더럽혔다는 이유로 가족 구성원을 죽이는 **명예살 인**(honor killing)을 허용하는 관습이 있었다. 법으로 금지한 지금 까지도 이슬람권에서는 한 해에 수백 명의 여성들이 명예살인으 로 죽어간다고 한다. 이러한 낡은 규범도 앞으로 일탈자가 늘어 나면서 점차 바뀌어 갈 것이다.

집합행동은 어떻게 사회를 바꾸는가?

집합행동이란 무엇인가?

집합의 종류

인간은 언제나 혼자 살 수 없으며 늘 다른 사람과 함께 하는 사회적 존재다. 인간의 모든 사회생활은 집단(group)과 조직(organization)을 통해 이루어진다. 집단이나 조직은 비교적 체계적이고 정해진 형태를 지니지만, 인간은 그와 달리 비정형적인 형태로도 다른 사람들과 함께 집합(또는 군집) 행동을 한다.

집합이란 원래 "어떤 조건에 따른 같은 성질을 지닌 요소의 모임"을 나타내는 수학용어이다. 사회학에서 **집합**(collectivity)이란 "많은 사람들이 한데 모여 있는 무리"를 나타내며, 통상 아래세 가지 무리를 통칭하는 개념이다.

첫째, **군중**(crowds)이란 "우연히 같은 공간에 모이게 된 최소

306 PART 04 사회는 어떻게 변하는가?

한의 친화관계를 가진 개인들의 집합"을 말한다. 즉, 군중은 어떤 공통의 관심사항을 매개로 같은 물리적 공간에 일시적으로 모이게 된 사람들의 집합이다. 군중은 피암시성, 동조성, 사회적 전염성이 강해서 감정적 · 충동적 군중행동에 휩쓸리기 쉽다. 이 개념은 프랑스의 의사출신 사회심리학자 르봉(Gustave Le Bon, 1841~1931)이 그의 저서 『군중심리』(1895)에서 처음 사용하기 시작했다.

둘째, 대중(mass)은 "넓은 지역에 확산되어 있지만 매스미디어를 통해 공통의 사고방식과 행동양식을 보이는 개인들의 집합"을 말한다. 20세기 매스미디어의 발달과 더불어 형성되기 시작했으며, 군중에 비해 규모가 훨씬 더 크다. 사회 전역에 흩어져 있지만 소비양식이 비슷한 장기적 생활 집단이다. 행동은 개인의 선택에 따라 자율적으로 하지만, 매스컴의 영향을 많이 받으므로 수동적이고 유행에 따르는 경향이 강하다.

셋째, 공중(public)은 "넓은 지역에 확산되어 있지만 어떤 특정 관심사에 대해 스스로 뚜렷한 주체적 의견을 지닌 개인들의 집합"이다. 공통 관심사인 사회적 쟁점이 지속되는 동안 동일한 사회적 공간에서 형성된다. 공중은 주체적이고 이성적인 행동을 통하여 여론을 형성한다. 공중은 통상 인쇄술 발달 이후 형성되었다고 보며, 프랑스의 판사출신 사회학자 타르드(Gabriel Tarde, 1843~1904)가 처음 사용하기 시작했다고 한다.

군중 · 대중 · 공중은 그 형성과정이나 존재형태는 서로 다르지만, 몇 가지 공통점을 지니고 있다. 첫째, 조직화된 통제력이 없는 비조직적 집단이라는 점이다. 둘째, 성원들 간에 특정한 지위와 역할의 분화가 없다. 셋째, 구성원들 간에 고정적이고 영속적인 집단의식이 없다. 군중·대중·공중의 특징을 비교·정리해 보면 〈표 11-1〉과 같다.

표 11-1 군중·대중·공중 비교

구분	군중(群衆)	대중(大衆)	공중(公衆)
형성 기간	일시적 집단	장기적 생활집단	쟁점이 지속되는 동안
형성 계기	공통의 관심 사안	동일한 소비양식	공통의 사회적 쟁점
존재 공간	동일한 물리적 공간	사회 전역에 분산	동일한 사회적 공간
존재 양식	익명적 존재	익명적 존재	개별적 존재
집단의 성격	상대적으로 동질적	아주 이질적	공통관심
반응 양식	피암시성·동조성 / 사회적 전염	수동적/ 매스미디어의 영향	주체적/ 자신의 판단 중시
행동 양식	감정적·충동적	개인적 선택	이성적 행동
집단 행동	군중행동	유행	여론 형성

집합행동의 의미

대부분 사람들은 일상적 규범에 따라 예측 가능한 행동을 한다. 규범에서 벗어난 개인의 행동을 일탈행동이라고 한다. **집합행동**(collective behavior)이란 "일상적인 규범에 따라 좌우되지 않는 집합의 행동"을 뜻하며, "집단적 차원의 일탈"이라고 볼 수 있다. 집합에 속한 사람들이 함께 행동을 하더라도 일상적 규범에 따른 제도화된 행동을 하는 경우에는 집합행동이라고 부르지 않는다. 일반적으로 집합행동이란 제도적으로 확립된 일상적인 질서를 벗어난 군중의 행동을 말한다.

집합행동은 일시적이고 비조직적이며, 자발적 참여로 이루어진다. 그러므로 대개 비합리적이고 감정적으로 행동하기 쉬우며, 불안정한 경향을 보인다. 이러한 특성 때문에 사회학자들은 집합행동에 많은 관심을 기울인다. 무엇보다도 우선 제도에서 벗어난 집합행동을 야기하는 사회구조적 여건이 무엇인지 이해하기 위해서이다. 두 번째는 집합행동을 연구함으로써 참여자들이 무엇에 대해 불공정하다고 느끼는지 이해할 수 있게 된다. 셋째, 집합행동은 사회제도나 구조를 변화시키는 계기로 작용할 수 있다. 역사적으로 보면, 실제로 집합행동이 사회를 변화시키는 계기나 동력으로 작용한 사례는 수없이 많다. 기득권층은 집합행동에서 드러난 사회적 모순이나 불만을 제도적으로 흡수하기 위해 어쩔 수 없이 기존의 제도를 바꾸게 되는 것이다.

군중의 집합행동

집합의 대표적인 유형은 군중이며, 집합행동의 전형도 군중
행동이다. 르봉은 19세기 말의 세기말적 상황을 '군중의 시대'라
고 비판적으로 규정했다. 그는 군중을 "개인의 합리성을 상실하
고 맹목적 감정에 따라 행동하는 인간집합체"라며 부정적으로 보
았다. 개인은 군중의 일원이 되면 개별적인 의식과 인격을 완전
히 상실하고, 마치 영아상태인 양 조종자의 암시대로 행동하게
되는 **군중심리** 상태로 변한다는 것이다.

르봉은 산업혁명 이후 두드러진 사회현상의 특징이 사람들을
더욱 이와 같은 군중상황으로 몰아넣는다고 보았다. 그리고 군중
의 집합행동은 단독으로 행동하는 개인의 합리성과는 달리 맹목적
인 감정에 떠밀려 지적·도덕적으로 퇴행적 모습을 보인다고 주장
하며, 장차 도래할 대의민주주의에 대해 회의적 입장을 보였다.

같은 공간에 모이게 된 원인에 따라 군중은 다양한 모습을
띄게 된다. 첫째, 길 가다가 약장수나 공연 같은 구경거리가 있을
때처럼 우연히 한 장소에 모인 사람들을 **임시적 군중**(casual
crowds)이라고 한다. 이들은 구경이 끝나면 그냥 흩어진다. 둘째,
스포츠 경기나 어떤 일회적 행사에 참석하기 위해 모인 사람들은
인습적 군중(conventional crowds)이라고 한다. 이들은 임시적 군
중보다는 행동에 최소한의 규칙과 체계가 확립돼 있는 편이다.
셋째, 인습적 단계에서 감정이 격화되어 이를 분출하고자 하는
사람들은 **표출적 군중**(expressive crowds)이라고 한다. 스포츠 경
기를 관람하며 함성을 지르거나 종교집회에서 울부짖는 모습들

을 연상하면 될 것이다.

넷째, 집단적인 감정을 극단적 행동으로 표현하는 사람들은 **능동적 군중**(active crowds)이라고 한다. 통상 '군중심리'나 '집합행동'이라고 할 때는 대개 이 능동적 군중의 행태를 말한다. 정서적으로 깊이 자극되어 폭력행위로까지 나가는 군중은 **폭도**(mobs)라고 부른다. 폭도는 자기들이 원하는 심판이나 승부의 번복 등 최소한의 제한적 목표를 이루기 위해 과격한 행동을 하지만, 집단의 새로운 규범에 따른 최소한의 원칙은 지키는 편이다.

더 나아가 최소한의 규범이나 질서도 없이 비조직적·비통합적·무차별적으로 난동을 부리는 집합행동은 **폭동**(riots)이라고 부른다. 폭도나 폭동 행위의 표적이 특정 개인에게 향하게 되는 것은 **테러**(terror)라고 한다. **공황**(panic)은 조금 다른 유형의 집합행동인데, 집단적 위협에 당황하여 집합적으로 기존 질서를 회피하거나 도주하는 현상을 말한다.

② 어떻게 군중행동이 가능할까?

군중은 개인의 집합이고 개인은 이성을 가진 합리적 존재인데, 어떻게 군중행동은 그처럼 비이성적이고 불법적으로 전개될 수 있을까? 많은 학자들이 이에 대해 궁금해 하며 이론적 설명을 하려고 노력했다. 대표적인 이론을 몇 가지만 소개하면 다음과 같다.

심리학적 접근

심리학적 설명은 개개인의 심리상태를 중시한다. 르봉은 군중을 단순한 개인의 합이 아니라 개개인과는 별개의 개체라고 설명한다. 그는 이성적 개인이라도 일단 군중 속에 뒤섞이면 이성적인 생각과 판단력을 상실하며, 개별적 퍼스낼리티가 소멸된다고 보았다. 그 대신 군중은 집합체로서의 새로운 정신 상태를 갖게 되는데, 르봉은 이것을 **집합심성**(collective mind)이라고 명명했다.

집합심성을 갖게 된 군중은 병균이 전파되는 것처럼 **피암시성**(suggestibility)에 의한 심리적 전염에 예민하며, 불합리하고 충동적이며 위험한 존재로 변한다. 군중 속의 개인은 도덕적 책임을 집단에 이양해 버리기 때문에 쉽게 흥분하고 비이성적인 행동을 할 수 있게 된다. 르봉의 주장에 따르면, 군중은 개인보다 열등하며, 군중의 집합행동은 통제하기 어려운 나쁜 행동이다. 르봉이 군중을 이처럼 부정적으로 본 것은 그 당시 프랑스의 무질서한 사회적 상황이나 귀족이라는 그의 출신배경과도 무관하지 않을 것이다.

프로이드(Sigmund Freud)도 르봉과 비슷하게 군중행동의 원인을 개인의 심리상태와 연관 지어 설명했다. 프로이드는 집합행동을 개인의 무의식 속에 잠재되어 있는 기본적 욕구의 표현으로 본다. 개인이 군중 속에 들어가게 되면 **심리적 퇴영**(退嬰) **현상**이 일어나 영아와 같은 상태가 되며, 무의식적·본능적 충동을 억누르던 통제력이 소멸된다고 한다.

프로이드의 개념으로 표현하면, 군중 속의 개인은 사회화 이전의 영아일 때처럼 **충동적 자아**(libido)가 **초자아**(super-ego)를 압도하게 된다는 것이다. 영아상태의 군중은 집단의 지도자에게 모든 것을 위임하고, 개개인의 **자아 이상**(ego-ideal)까지 위탁하게 된다. 비합리적·충동적 유아기로 돌아간 군중은 지도자가 선동하면 쉽게 감동하고 휩쓸리게 되므로 군중행동이 발생한다는 것이다.

사회심리학적 접근

사회심리학적 접근이란 어떤 현상을 설명하기 위해 사람들 사이에 일어나는 상호작용의 심리적 과정과 기제(mechanism)를 중시하는 방식을 말한다. 미국의 사회학자 **블루머**(Herbert Blumer, 1900~1987)는 **상징적 상호작용론**이라는 그의 이론으로 군중행동을 설명했다. 어떤 군중행동이 발생하는 것은 우발적이고 돌발적인 것 같지만, 사실은 다음과 같은 네 단계를 거치며 서서히 진행된다고 보았다.

첫째, 어떤 사회적 쟁점에 대해 구성원들 간에 **사회적 불안**(social unrest) 같은 모호한 느낌이 팽배하게 된다. 어떤 문제에 대해 분명하지는 않지만 뭔가 잘못되었으며 개선되어야 한다는 막연한 느낌 같은 것을 대다수 사람들이 공유하게 되는 단계이다.

둘째, **순환반응**(circular reaction) 단계이다. 통상적으로 개인은 다른 사람이 하는 행동의 의미를 주의 깊게 숙고하고 타당한 해석을 한 후에, 논평이든 행동이든 어떤 반응을 보이게 된다. 이러한 과정을 **해석적 반응**(interpretative reaction)이라고 한다. 그러나 군중 속의 개인은 **순환반응**을 하게 된다. 다른 사람의 행동을 의미 있게 해석하거나 숙고하지 않고, 단순히 받아들이거나 모방함으로써 순환적으로 전염된다. 이러한 순환반응 과정에서 어떤 자극이나 흥분이 비합리적으로 군중 전체에 급속히 확산될 수 있다는 것이다.

셋째, **집합적 흥분**(collective excitement) 단계이다. 순환반응에 따른 감정의 파도가 휩쓸고 지나가면, 군중은 집합적 흥분상태에 빠져 비판력을 상실하게 된다.

넷째, **사회적 전염**(social contagion) 단계이다. 집합적 흥분이 전체에게 전염되면 군중은 무비판적 흥분상태의 절정에 이르게 된다. 이 단계에 이르면 군중은 지도자가 지시하는 대로 또는 선동하는 대로 무조건 따르는 비이성적·폭력적 행동을 하게 되며, 심한 경우에는 폭도로 변할 수도 있다.

사회학적 접근

사회학적 접근이란 어떤 현상을 설명할 때, 개인의 심리상태나 개인 간 상호작용 등에서 원인을 찾기보다 역사적·문화적·사회구조적 배경을 총체적으로 분석하는 시각을 말한다. 예컨대, **마르크스**는 집합행동의 원인을 양극화에 따른 계급 간 갈등이라는 경제적·사회구조적 맥락에서 설명했다.

미국의 경제사회학자인 **스멜서**(Neil Smelser, 1930~2017)는 경

제학의 **부가가치** 개념을 원용하여 집합행동을 설명했다. 이 개념은 생산의 단계가 진행될수록 제품은 완제품에 가까워지면서 그 가치가 점점 더 커진다는 것이다. 예컨대, 원목, 제재소를 거친 목재, 책상의 부분품으로 가공된 나무, 조립된 책상, 페인트를 칠한 책상, 최종 완성된 책상에 이르기까지 각 단계에서 원래 나무의 값이 점점 더 커지는 과정을 생각해 보면 부가가치의 개념을 쉽게 이해할 수 있을 것이다.

스멜서는 원료가 여러 과정을 거치면서 점차 변하여 제품으로 완성되듯이, 집합행동도 이와 비슷한 일련의 단계를 거치면서 사회적 긴장이 점점 높아져서 발생하게 된다고 설명했다. 그래서 스멜서의 이론을 **부가가치이론**(value-added theory) 또는 **사회적 긴장이론**(social strain theory)이라고 한다. 그는 다음과 같은 여섯 단계를 거치면서, 다양한 사회구조적 여건이 어떤 현상의 사회적 긴장을 계속 높이게 되면 결국 집합행동으로 이어진다고 했다. 만약 어느 단계에서든 사회적 긴장이 완화되거나 소멸되면 집합행동은 일어나지 않는다는 것이다.

첫 번째 단계는 **구조적 유발성**(structural conduciveness)이다. 집합행동이 유발되기 위해서는 우선 어떤 쟁점에 대해 비교적 동질성을 지닌 군중이 집결하기 쉬운 공간적 여건(spatial proximity)이 갖춰져야 한다. 예컨대, 뉴욕이나 LA 폭동은 모두 흑인밀집지역에서 발생했는데, 이처럼 사회구조적, 문화적 요건을 갖춘 밀집지역이 없었더라면 집합행동이 일어날 여지도 없었을 것이다.

두 번째는 **구조적 긴장**(structural strain) 단계이다. 어떤 집단적 거주지에 빈곤이나 인종차별, 불평등이나 불공정 같은 모순이 상존하는데도, 권한을 가진 당국이 이러한 문제를 해결하지 못하거나 해결할 의지조차 없다면, 구조적으로 긴장이 높아지게 된다. 이러한 긴장이 해소되지 못하면 집합행동이 발생할 가능성은 더 커진다.

셋째, **일반화된 신념**(generalized belief) 단계이다. 구조적 모순이나 차별 등이 분명히 존재하며, 현재 시스템으로는 해결되기 어렵다고 다수의 사람들이 인식을 공유하는 단계이다. 객관적 상황을 주관적으로 정의하고 해석함으로써 뭔가 바꿔야 한다는 생각이 확산된 상태이다.

넷째, **촉발요인**(precipitating factors)이 있어야 한다. 구조적 모순과 긴장이 존재함을 다수가 믿더라도 바로 집합행동이 발생하는 것은 아니다. 응축된 불만에 불을 붙여줄 어떤 계기나 사건이 있어야 한다. 뉴욕이나 LA 폭동의 경우에는 경찰이 흑인소년을 잡아갔다거나 흑인 운전자를 폭행한 경찰에 대한 무죄판결 등이 촉발요인으로 작용했다. 촉발요인은 우연히 일어난 사건일 수도 있지만, 경우에 따라서는 유언비어나 조작된 사실일 수도 있다.

다섯째, **행동을 위한 참여자의 동원**(mobilizing of participants for action) 단계이다. 모순에 대한 일반화된 신념이 있고, 촉발요인이 될 만한 사건이 있더라고 다수의 참여자와 자원을 동원할 역량이 없으면 집합행동은 일어나지 않는다. 치밀한 대규모 조직은 아니더라도 사람들을 동원할 수 있는 최소한의 조직과 지도력, 의사소통 수단이 있어야 한다.

여섯째, 집합행동 여부를 결정짓는 마지막 단계는 **사회통제 기제의 작용**(operation of social control)이다. 사회통제는 주로 경찰, 법원, 언론, 입법, 지역사회 지도자 등에 의해 이루어진다. 사회통제 기제가 효율적으로 작용하거나 강력한 경우에는 집합행동이 억제된다. 그러나 당국의 사회통제가 미약하거나 비효율적일 경우에는 오히려 집합행동을 더 부추길 수도 있다.

스멜서에 따르면, 집합행동은 위의 여섯 단계를 거치면서 각 단계에서 소멸될 수도 있고, 점점 가능성이 더 커지면서 결국 집합행동으로 이어질 수도 있다. 부가가치이론에 대한 비판자들은 이 이론이 지나치게 구조기능적으로 접근하고 있으며, 모든 사회적 긴장을 부정적 시각에서만 보고 있다고 지적한다.

🗨 매스미디어와 집합행동

대중에 의한 집합행동

대중이 형성되기 위한 몇 가지 전제조건이 있다. 첫째, 경제적으로 수많은 사람들이 같은 형태의 제품을 사용할 수 있을 정도로 대량생산이 이루어져야 한다. 산업혁명 이후 공장출현, 도시화, 인구증가, 신 중간층 형성 등으로 대중적 기반이 형성되었다. 둘째, 기술적으로 수많은 사람들에게 동일한 메시지를 전달할 수 있는 매스미디어가 보급돼 있어야 한다. 셋째, 문화적으로 대량소비의 생활유형이 나타나고, 대규모 오락자본이 형성되어야 한다. 넷째, 정치적으로 개인이 자유를 구가할 수 있는 자유민주주의와 보편적 정치참여를 보장하는 대의민주주의가 정착되어야 한다.

20세기 중반 이후 이러한 전제조건들이 충족되면서 대중이 형성되고, 대중에 의한 집합행동이 나타났다. 대중의 집합행동은 군중의 경우처럼 우발적이고 비이성적이거나 퇴행적이지는 않다. 대중의 집합행동은 다양한 형태로 나타난다. 예컨대, 대중은 별로 중요하지 않은 피상적인 활동이나 언어의 표현, 즐기는 음식 등에 쏠리는 경향이 있는데 이런 집합행동을 **도락**(fads)이라고 한다.

유행(fashions)은 주로 의복이나 액세서리 등 문화의 어떤 측면에 관한 대중의 집합행동을 말한다. **열광**(crazes)은 대중이 보다 값비싼 활동에 더욱 강렬하게 집착하는 행위이다. **대중히스테리**(mass hysteria)는 특정사건이나 시대에 대한 불안이 합리적 근거도 없이 공포심으로까지 발전한 상태를 말하는데, 불합리하고 충동적인 신념과 행동이 전염되면서 나타나게 된다. **희생양 만들기**(scapegoating)도 대중적 집합행동의 일종인데, 다수의 욕구불만이나 파괴적 충동을 특정의 약자에게 표출하는 현상을 말한다.

공중에 의한 집합행동

공중이 하는 집합행동은 여론 형성인데, 이것은 군중에 의한 집합행동과는 질적으로 다르다. 공중의 행동은 이성적이고 논리적이며, 개별적 판단의 결과로 이루어진다. 다수의 행동이란 면에서 여론형성을 공중의 집합행동이라고 했지만, 사실 여론은 개별적 행동이 집합적으로 나타난 것이다.

여론의 개념은 근대 시민국가 성립 이후 **루소**(J. J. Rousseau)가 처음 사용했다고 한다. **여론**(public opinion)이란 "특정한 사회의 구성원들이 사회 전체의 이해에 관련된 공통관심사에 대해 형성하는 집합적 의견"이다. 여론이란 어떤 사회의 다수 구성원들이 해결돼야 한다고 생각하는 사회문제가 있을 때 형성된다. 여론은 단순한 구성원들 의견의 총화가 아니라, 자유로운 의사소통의 결과로 형성된 다수 구성원들의 통합된 의견을 말한다.

여론이 형성될 수 있는 조건은 구성원들의 '주체적 의견'과 '언론의 자유'이다. **공중**(public)이 되기 위해서는 먼저 구성원들이 어떤 쟁점에 대해 각자 자신의 주체적 의견을 가질 수 있어야 한다. 주체적 의견을 갖지 못한 구성원들은 공중이 아니며, 대중에 불과하다. 그리고 다양한 주체적 의견들이 여론으로 형성되기 위해서는 서로 자유롭게 토론할 수 있는 **언론의 자유**가 보장되어야 한다.

여론 형성에는 매스미디어의 역할이 무엇보다 중요하다. 매스미디어는 객관적 보도를 통해 어떤 공적 쟁점에 대한 의견교환의 광장을 제공하기 때문이다. 그리고 개인의 잠재성을 활성화시킴으로써 그 쟁점에 대한 주체적 의견을 가질 수 있게 한다. 또한 뉴스에 대한 해설 기능을 통해 구성원들의 기존 생각을 바꾸게 하거나 의견을 하나의 방향으로 유도하는 기능을 하기도 한다.

선입견과 고정관념

매스미디어는 공중의 여론 형성에 중요한 기능을 할 뿐 아니라, 군중이나 대중의 집합행동에도 큰 영향을 미친다. 매스미디어가 없다면 다수의 커뮤니케이션이 이루어질 수 없고, 상호 커뮤니케이션이 없다면 집합행동도 일어날 수 없기 때문이다. 그런데 매스미디어가 반드시 집합행동에 긍정적인 기능을 하는 것만은 아니다.

　매스미디어는 사실을 객관적으로만 보도하는 것이 아니다. 어떤 사실을 어느 정도로 보도하느냐 하는 데서부터 미디어 또는 기자의 가치관이 개입된다. 더욱이 기사에 대한 해설은 자연스럽게 독자들의 생각을 어느 한 방향으로 유도하게 된다. 의도했든 안 했든 결과적으로는 독자들에게 선입견이나 고정관념을 심어줄 수도 있다.

　선입견이란 "어떤 대상에 대해 이미 마음속에 가지고 있는 경직된 관념이나 관점"이다. **고정관념**이란 "어떤 개인이나 집단의 사람들에 대한 단순하고 지나치게 일반화된 생각들"을 말한다. 대부분 사람들은 자신의 경험이나 가치관에 따라 어떤 사람이나 사물에 대해 약간의 선입견이나 고정관념을 갖게 마련이지만, 매스미디어가 개입되면 이야기가 달라진다.

　매스미디어는 다수의 사람들에게 동일한 관념과 관점을 갖게 함으로써 **집단적 선입견**(collective preoccupations)을 갖게 할 수 있다. 매스미디어가 객관적 사실과 다른 편향된 내용을 전할 경우에도 대중은 그대로 믿기 쉬우므로, 집단적 선입관은 사회에 해악을 끼치는 심각한 결과를 가져올 수 있다. 집단적 선입견은 군중이나 대중을 오도할 뿐 아니라, 집합행동을 일으키는 중요한 근원이 될 수도 있다.

여론조작과 선전

여론은 민주주의를 지탱하는 기둥이다. 민주국가의 지도자는 여론의 지지에 힘입어 선거로 선출된다. 그리고 선출된 지도자는 여론에 따라 주요 정책을 결정한다. "국민의, 국민에 의한, 국민을 위한" 정부란 바로 여론에 따라 정책을 결정하고 집행하는 민주주의 원리를 압축해 나타낸 말이다.

여론(public opinion)이란 대다수의 공중(public)이 지지하는 공통된 의견(opinion)을 뜻한다. 주체적 의견을 가진 사람들이 토론을 통해 여론을 형성하기 위해서는 무엇보다 자유롭게 자신의 생각을 밝힐 수 있어야 한다. 그들의 발언이 권력이나 다른 사회적 압력에 의해 부당하게 간섭받거나 억압되지 않아야 한다. 언론자유가 보장되지 않으면 올바른 여론이 형성될 수 없다. 권력이 무언의 압력을 가하거나 매스미디어가 공정하지 못하면 여론은 왜곡되며, 이것은 민주주의의 비극이다. 권력자의 정치적인 의도가 여론으로 포장되어 민주주의를 압살하기 때문이다.

권력자가 여론을 조작하여 합법적으로 민주주의를 무너뜨린 경우는 역사적으로 허다하다. 독일의 히틀러나 이탈리아의 무솔리니, 베네수엘라의 차베스 등 독재자들도 '합법적' 절차를 통해 대중의 열광적인 지지를 받으며 권좌에 올랐다. 그리고 모든 정치행위를 '합법적'으로 했지만, 결과적으로는 인류 최대의 독재자가 되었다. 그들은 매스컴을 통해 대중을 선동하고 여론을 조작했던 것이다. 이것이 바로 **포퓰리즘**(populism)을 경계해야 하는 이유이다.

여론조작이란 "어떤 사적 목적이나 특정집단의 이익을 위해 사실을 교묘하게 포장하거나 허위사실을 널리 유포함으로써 여론을 자기 의도대로 몰아가는 행위"를 말한다. 최단기간에 산업화와 민주화를 이룩했다고 스스로 자랑스러워하는 한국에서도 선거 때만 되면 여론조작이 횡행한다. 평소에도 특정 언론사가 자기집단의 이익을 위해서, 또는 어떤 정당이나 정권이 비리를 은폐하거나 파당적 이익을 위해 여론을 조작하는 행위를 흔히 볼 수 있다.

여론조작은 일시적으로 이익을 취하거나 승리를 얻는 방편인 듯 보이지만, 궁극적으로는 자신을 파멸시킬 뿐 아니라 공동체를 무너뜨리는 무서운 결과를 초래한다. 흔히 "한 나라의 정치수준은 바로 그 나라 국민의 의식 수준"이라고 말한다. 스스로 국가지도자라 생각하는 정치인이라면 국민의식 수준을 높이는 데 기여해야지, 결코 여론을 조작하고 이용해서는 안 될 것이다.

여론을 조작하는 데는 여러 가지 수법이 사용된다. **선전**(propaganda)은 "여론에 영향을 미치기 위한 의도를 가지고 계획적으로 정보를 전파하는 것"이다. '프로파간다'는 16세기 로마에서 신앙의 보급을 위한 교단(데 프로파간다 피데)이라는 라틴어에서 유래되었다고 한다. 선전의 특징은 우선 대중이 이해하기 쉽도록 슬로건이나 이미지 등의 형태로 단순화하되, 거기에 '민족'이나 '개혁', '평화', '평등' 같은 상징을 덧붙이는 것이다. 과거에는 주로 신문이나 인쇄물을 통해 선전이 이루어졌지만, 요즘은 방송이나 영화, 인터넷 등을 통한 이미지화가 널리 이용된다.

선전은 그 자체로서 반드시 좋거나 나쁜 것은 아니다. 선전은 효과적인 커뮤니케이션 수단으로서 자유시장이나 민주주의를 가능하게 하는 수단이 될 수도 있다. 다만 선전을 간악한 의도나 불법적 방법으로 이용할 경우에 문제가 되는 것이다. 특히 아무 근거도 없이 조작된 사실로 상대편을 중상모략하거나 그 내부를 교란시키기 위해 악의적으로 거짓정보를 전파하는 것은 **흑색선전**(black propaganda)이라고 한다. 이러한 거짓정보를 **마타도어**(matador: 마지막에 소의 정수리를 찌르는 투우사를 뜻하는 스페인어)라고도 한다.

비슷한 말로 **유언비어**(流言蜚語, rumors)란 "정보원도 분명하지 않고 전달과정도 비공식적으로 아무 근거 없이 널리 퍼진 뜬소문"을 말한다. 유언비어는 오해에 의해 우연히 생겨나기도 하지만, 누구를 음해하기 위한 불순한 의도로 만들어지기도 한다. 특히 선거철이면 출처 없는 유언비어들이 난무하는데, 그것을 퍼뜨리는 사람은 언젠가 자신도 그 덫에 걸릴 수 있음을 알아야 한다.

세뇌(洗腦, brainwashing)란 "개인의 사상이나 가치관 등을 다른 방향으로 바꾸게 하거나, 새로운 사상·주의·교리 등을 받아들이도록 설득하는 체계적인 노력"으로서, '사상개조'나 '재교육'이라고도 한다. 1950년대 중국 공산당에서 반대파나 연합군 포로들을 대상으로 많이 활용했는데, 수면박탈, 정보통제, 심리적 조작, 보상, 고문 등 다양한 방법을 동원한 것으로 알려졌다. 오늘날에는 세뇌라는 말이 포교활동이나 선전, 광고에까지 좀 더 폭넓게 사용되기도 한다.

광고와 PR

광고나 PR은 선전에 비해 좀 더 긍정적인 의미로 사용된다. 광고(advertisement)란 세상에 널리 알린다는 뜻인데, "주로 상업적인 목적을 가지고 상품이나 서비스에 대한 구매욕을 자극하기 위한 정보를 대중에게 널리 알리는 활동"을 말한다. 그 정보를 과장하거나 왜곡한다면 과대광고로 비난받거나 법적 제재까지 받을 수 있지만, 그렇지 않는 한 하나의 유용한 생활정보 제공으로 받아들여진다.

PR(Public Relations)은 목적이나 활용매체, 방법 등에서 광고보다 훨씬 더 포괄적이다. PR은 기업뿐 아니라 정부 공공기관이나 민간단체, 언론사 등이 일반 국민이나 고객, 지역사회 구성원 등 공중(Public)과의 관계(Relations)를 좋게 하기 위한 커뮤니케이션 활동을 의미한다. 예컨대, 정부나 공공기관의 각종 간행물 발간, 방문객에 대한 친절한 안내, 기관의 다양한 지원활동 소개 등 고객을 포함한 일반 대중에게 제공되는 설명과 편익은 모두 PR에 속한다.

PR의 대상은 대단히 광범위하여 각각 그 내용과 범위가 다르지만, 기본적으로는 '공중의 이익'과 관련된다는 점에서 광고와 구별된다. 그러나 일반적으로는 광고를 포함하는 개념으로 사용하기도 한다. 또한 선전은 이기적 목적으로 커뮤니케이션 대상을 자의적으로 설득하는 데 비해, PR은 상호이익을 위해 선의로 정보를 제공하는 것이다. 그러므로 PR은 "먼저 내부적으로 조직발전을 위한 개선이나 혁신을 이룬 다음, 그러한 객관적 사실을 있

는 그대로 널리 알림으로써, 공중의 인식과 관계를 개선하고자
하는 활동"을 말한다.

4 사회운동이란 무엇인가?

개념과 특성

사회운동(社會運動, social movement)이란 "어떤 사회문제의
해결을 시도하거나 사회를 변화시키기 위해 지속적으로 행하는
다수의 집단적 행동"을 말한다. 집합행동이 우연히 사회를 변화
시키는 계기로 작용하기도 하지만, 사회운동은 사회를 변화시킬
목적으로 다수가 의도적이고 조직적이며 지속적으로 행동하는
것이다.

전통적인 사회운동의 특징을 보면, 집합행동과는 달리 지도
자와 추종자의 역할 구분이 분명하다. 그리고 대개는 자유·평
등·박애 등과 같은 인류 보편의 가치와 이념을 내세운다. 그래
야 사회의 기존 제도나 절차를 변화시키려는 운동을 정당화하기
쉽기 때문이다. 사회운동이 보다 많은 인원을 동원하고 실질적
성과를 거두기 위해서는 대개 운동의 목표를 분명하게 제시하며,
구체적인 행동 프로그램도 가지고 있어야 한다. 그리고 참여자들
의 열의와 단결을 고취하기 위해 **의식**(rituals)이나 **슬로건**(slogan),
노래 등을 공유한다.

발전단계

어떤 사회운동이든 최초에는 어느 한 개인이나 집단의 뚜렷한 문제의식과 목적에 의해 시작된다. 그러나 모든 사회운동이 다 계속 진행될 수 있는 것은 아니다. 사회운동의 전개과정은 여러 단계를 거치는데, 어느 단계에서나 실패하여 더 이상 진행되지 못할 수 있다. 사회운동은 대개 다음과 같은 단계를 거친다. 이 모든 단계를 거쳐 소기의 목적을 달성하는 것은 결코 쉬운 일이 아니다.

첫째, **초동단계**는 사회운동의 시초 또는 준비하는 예비단계이며, 본격적인 운동으로 나가기 이전 시기이다. 많은 사람들이 어떤 사회문제나 쟁점에 대해 뭔가 잘못됐다는 문제의식을 가지기 시작하며, 불만이나 소외감을 느끼는 상태이다. 어떻게든 문제를 해결하거나 개선해야 한다는 기대가 상승하여 상대적 박탈감이 형성되는 단계이다. 이때 대중의 기대에 부응하는 지도자가 나타나 문제의식을 자극하거나 해결에 앞장서면 사회운동의 토대가 마련된다. 그러나 아직은 감정적 유대가 형성되었을 뿐 조직적인 행동에 나설 수 있는 단계는 아니다.

둘째, **대중화 단계**는 다수 대중이 문제의식과 불만을 각성하고 공유하는 단계이다. 이 단계에서는 대중적 지도자가 나타나 문제를 개선하기 위한 사회운동의 이념과 목표, 그리고 이것을 달성할 수 있는 문제해결의 방향과 구체적 프로그램을 제시한다. 추종자들 간에 친화감과 정체성이 형성되고, **우리집단**(we-group) 의식이 형성된다.

셋째, **사회운동 형성단계**이다. 핵심 참여자 간의 토론을 거치면서 문제의식에 대한 공감대가 어느 정도 이루어지고 집단의식이 형성되면, 자연스럽게 주도자 또는 리더가 나타난다. 운동의 이념을 정립하고 논리를 제공하는 지적 지도자도 중요하지만, 집단을 조직화하고 구체적 목표를 설정함으로써 조직을 이끌어가는 행정적 지도자도 필요하다. 이처럼 사회운동이 공식화·조직화되는 단계를 거치면서 본격적인 활동이 시작된다.

넷째, **영향단계**이다. 사회운동은 기존 제도에서 부족한 부분이나 잘못된 내용을 지적하고 개선을 요구하는 것이므로, 대개는 기득권층이나 정부에 항의 또는 비판하는 형식으로 진행된다. 일부 집단의 활동이 거대한 기득권층을 설득하기는 매우 어려우므로, 사회운동은 대개 많은 어려움과 고초를 겪는다. 시위나 무력으로는 결코 제도권 권력을 이길 수 없기 때문이다.

일단 제도권 권력은 사회운동에 대해 기존 질서를 유지하기 위한 **사회통제**로 대처한다. 지도자를 억압하거나 회유하기도 하고, **포섭**(cooptation)이나 반대논리의 운동(counter-movement)으로 무력화시키기도 한다. 그러므로 사회운동은 형식적으로는 제도권 권력에 항의하고 요구하는 것이지만, 실제로는 뒤에서 보고 있는 일반 대중의 지지를 받는 것이 더 중요하다. 사회운동이 성공하려면, 그 이념과 가치에 대한 다수의 공감과 지지를 얻음으로써 사회적 영향력을 확보할 수 있어야 한다. 그러기 위해서는 강경한 투쟁보다 다양한 전략을 사용하는 것이 더 효과적이다.

다섯째, **제도화 단계**이다. 사회운동이 성공한다는 것은 이 단계까지 이어져서 목적으로 삼았던 내용들이 제도화되는 것을 의

미한다. 예컨대, 초기 여성운동이 추구했던 여성참정권이나 남녀
차별금지법 등이 법제화된 것을 들 수 있다. 구체적 목적이 달성
되고 나면 추구하던 이상주의나 열정이 퇴색되고 사회운동도 지
속할 동력을 잃게 된다. 이 경우 사회운동은 종료되지만, 새로운
목표를 세우거나 범위를 확대하여 지속될 수도 있다. 사회운동의
지속여부는 운동의 종류나 성격에 따라 달라진다.

사회운동의 종류

사회운동은 수많은 분야에서 여러 가지 모습으로 발생할 수
있으므로 그 성격도 매우 다양하다. 수많은 사회운동을 몇 개의
범주로 구분하기는 어렵지만, 그 목적에 따라 크게 구분해 보면
다음과 같다.

첫째. **개혁적 사회운동**인데, 대부분의 사회운동이 여기에 속
한다. 기본적으로는 기존의 사회제도와 질서를 받아들이지만, 일
부 내용에 대해 보다 전향적으로 개선하기를 원하는 운동이다.
예컨대, 노동운동, 여성운동, 인권운동, 사형제도 폐지 운동 등은
모두 기존 사회제도의 틀 안에서 특정 쟁점에 대한 개선을 요구
하는 운동들이다. 즉, 현 체제를 유지하는 범위 내에서 불합리한
부분을 합법적으로 점차 개선해 나가자는 운동이다.

둘째, **반동적 사회운동**이다. 사회운동은 대부분 미래지향적이
고 전향적인데 비해, 반동적 사회운동은 오히려 급격한 사회변화
에 저항하며 기존의 질서를 고수하려는 사회운동이다. 전형적인
예로, 미국의 비합법적 백인우월주의 비밀결사단체인 'Ku Klux

Klan'을 들 수 있다. KKK단은 남북전쟁 직후 인종차별주의적 극우비밀조직으로 결성되었는데, 백인을 상징하는 흰 복면과 가운을 몸에 두르고, 백인우월주의, 반유대주의, 인종차별, 동성애 차별, 기독교 근본주의 등을 주장한다. KKK단은 두 차례나 해체되었으나 1960년대에 재건되어 지금도 미국 각지에서 수많은 테러사건을 일으키고 있다.

셋째, **표출적 사회운동**은 개인감정의 표현을 목적으로 한다. 이러한 운동은 참여자에게 기존 사회에서는 얻을 수 없는 새로운 믿음이나 가치, 규범 등 내적 감정을 표현할 도구를 제공함으로써 심리적 안정과 기쁨을 누릴 수 있게 한다. 예컨대, 세계적으로 유명해진 미국 그레이엄(Billy Graham) 목사의 종교운동을 들 수 있다.

넷째, **혁명적 사회운동**은 기존의 사회체제나 질서로는 문제 해결이 불가능하다고 판단하여, 기존 사회조직과 구조를 완전히 새로운 것으로 대체하고자 근본적·급진적 변혁을 추구하는 운동이다. 과거 중국이나 러시아 혁명이 그러한 경우가 될 것이다. 혁명적 사회운동은 안정된 사회에서는 일어나지 않으며, 혹시 일어나더라도 성공하기 어렵다. 혁명은 권력이 정당성을 상실하거나 부정부패가 만연하는 등 불안정한 사회에서 일어난다.

혁명은 사회운동의 가장 극단적 형태이며, 급격한 사회 내부의 소요를 통해 지배체제를 바꾸려는 것이다. **고전적 혁명이론**은 주로 혁명의 사회적 조건을 분석하는 데 초점을 두었으며, 계급 간 불평등이나 경제적 격차가 혁명을 유발하는 것으로 보았다. 그러나 **현대 혁명이론**에서는 사회문제보다 개인의 생존문제에 더 관심을 보이며, 절대적 빈곤보다 상대적 박탈감에 주목한다.

　미국의 역사학자 **브린톤**(Crane Brinton, 1898~1968)은 **세계 4 대 혁명**(영국 청교도혁명, 미국 독립전쟁, 프랑스 대혁명, 러시아혁명)을 비교·분석하면서(『The Anatomy of Revolution』) 혁명이 일어나는 조건들을 정리했다. ① 절대적 빈곤보다 오히려 어느 정도 발전한 경제상태, ② 계급 간 반목, ③ 지배계급으로부터 지식인의 이탈, ④ 정부의 무능과 비효율성, ⑤ 지배계급의 자신감 결여, ⑥ 정부의 재정적 파탄, ⑦ 저항세력에 지나친 무력 사용 등을 혁명의 공통적 상황요인으로 꼽았다. 그는 이러한 조건들이 혁명을 일으키는 충분조건은 아니지만, 일반적으로 혁명 직전의 공통적 상황이라고 설명했다.

신 사회운동

　전통적 사회운동은 일반적으로 정치적 이념이나 권리 쟁취를 위한 정치운동, 경제적 불평등에 저항하는 노동운동, 국가나 민족의식 고취 등 거대담론을 중심으로 이루어졌다. 그러나 1960년대 이후 서구 사회에서는 이러한 기존의 사회 운동에서 벗어나, 환경 보전, 여성의 권리, 평화 등 새로운 가치를 추구하는 운동이 일어나기 시작했는데, 이들을 **신 사회운동**(New Social Movement)이라고 한다. 신 사회운동은 다원적 가치를 중시하며 다양한 분야의 쟁점을 대상으로 한다. 인권, 장애인이나 소수자 권리, 반전, 반핵 등 현대의 대부분 시민운동이 여기에 속한다. 또한 인류와 지구의 미래, 우주공간 등에 관련된 문제에도 관심을 보인다.

  신 사회운동은 다음과 같은 몇 가지 점에서 전통적인 사회운동과 구별된다.

  첫째, 운동의 발생 배경과 추구하는 가치나 이념이 다르다. 구 사회운동이 주로 산업화 과정에서 발생한 구조적 불평등 문제에 초점을 맞추었다면, 신 사회운동은 대중의 소비생활과 서비스·지식·정보 등을 중심으로 한 탈산업사회로의 시대적 전환기를 배경으로 발생한다. 산업사회의 성장주의·물질주의에서 배태된 개인적 자유와 시민권의 문제 등에서 출발한다.

  둘째, 운동의 쟁점에서 차별성을 보인다. 구 사회운동이 계층(또는 계급) 간 경제적 불평등이나 취약 계층의 복지 문제에 초점을 맞추었던 반면에, 신 사회운동은 과학기술 문명의 발달과 권위주의적, 관료제적 지배에 따른 병폐와 시민적 자율성의 침해에 대한 저항, 탈 물질주의적인 삶의 질과 대안적 삶의 추구, 다양성과 정체성의 인정 등에 주목한다.

  셋째, 운동의 주체라는 측면에서 보면 구 사회운동은 주로 노동자계급 중심이었다. 그러나 신 사회운동에는 전문직, 자유직 등의 신 중간계급과 학생, 여성, 일반시민 등 다양한 층이 주체적으로 참여하고 있다.

무엇이 세상을 바꾸는가?

🗨 사회변동을 알아야 할 이유

　동서고금을 막론하고 어떤 사회든 끊임없이 변한다. **사회변동**(social change)이란 "사회제도나 구조가 새로운 질서, 새로운 모습으로 바뀌어 가는 과정 또는 그 결과"를 일컫는 말이다. 시대나 사회에 따라 변동의 속도나 범위, 깊이와 성격 등에 정도의 차이는 있지만, 모든 사회는 지속적으로, 그리고 누적적으로 변한다. 앞선 변화의 결과들을 바탕으로 하여 계속 끊임없이 변해간다.

　사회변동이론은 사회를 이해하는데 다음과 같은 점에서 대단히 중요하다. 첫째, 변동이론을 통해서 사회가 어떻게 변하는지 그 과정을 설명하거나 결과를 예측할 수 있다. 둘째, 미래를 예측함으로써 미래에 일어날 수 있는 일에 대해 미리 대비할 수 있도록 해 준다. 그러나 사실은 이보다 더 중요하면서도 흔히 간과하기 쉬운 세 번째 이유가 있다. 사회변동이론은 구성원들에게 변화의 과정을 보여주고 바람직한 미래사회의 모습에 대한 공감대를 형성함으로써, 단순한 전망을 넘어 그러한 미래를 함께 창조해 나가는데 기여할 수 있다.

먼저 사회변동이론이 학문적으로 어떻게 형성되고 변해 왔는지 그 흐름을 간략히 정리해 본 다음, 최근 이론에 따라 미래사회를 전망해 본다. 그리고 바람직한 미래사회를 창조해 나가기 위해 무엇을 해야 할지 생각의 실마리를 찾아보고자 한다.

② 고전적 사회변동이론

사회변동에 대한 관심은 고대부터 있었다. 그것은 주로 미래에 대해 알 수 없는 불안감 때문이거나, 또는 현재의 혼란과 불안정을 극복하고 새로운 질서와 안정을 찾고자 하는 데서 비롯되었다. 미래에 대한 불안감에서 나온 이론은 주로 19세기 이전의 고전적 사회변동 이론들에서 볼 수 있다. 고전적 사회변동이론은 대부분 인간의 이성에 바탕을 둔 철학적 사유와 추론의 산물로서 문명사적·거시적 접근을 하였다. 이들은 현재 시각에서 보면 분석적 이론이라기보다는 일종의 소박한 믿음이었다. 즉, 사회제도나 구조 등의 구체적 변화보다는 대개 문명의 변화에 대한 거시적 논의였는데, 크게 보면 순환론과 진화론으로 구분될 수 있다.

순환론

고대에 지배적인 변동이론은 자연현상이나 생물의 생성소멸과 같이 사회도 흥망성쇠를 반복하는 것으로 본 순환론(Cyclical Theories)이었다. 예컨대, 그리스 시대의 자연론적 사회관, 고대 중국의 주역이나 태극사상 등은 인간사회의 흥망성쇠도 생물의 생성과정처럼 반복되는 것이라고 보았다. 순환론은 문명사적으로 거시적인 접근을 통하여 문명의 성장과 쇠퇴 과정을 설명하고자 했을 뿐, 사회구조 자체의 변화를 논하지는 않았다.

칼둔(Ibn Khaldun)의 베두인(Bedouin)족(族) 연구는 사회변동에 대한 최초의 사회학적 접근이라고 볼 수 있다. 그는 정착민의 안일과 부패, 유랑민의 유대와 결속 강화라는 측면에서, 두 부족이 120년(3세대)을 주기로 서로 흥망성쇠를 달리하는 문명의 순환을 보여주었다. 그 외에도 세 가지 문화유형(**감각형·관념형·이상형**)이 순환한다고 보았던 **소로킨**(Pitirim A. Sorokin)의 사회문화변동론, 역사적으로 여우형과 사자형의 엘리트가 순환한다고 설명했던 **파레토**(Vilfredo Pareto)의 **엘리트순환론** 등도 순환론에 속한다.

『서구사회의 몰락』을 저술한 **스펭글러**(Oswald Spengler)는 문명을 생물학적 유기체에 비유하여 문명도 생애주기에 따라 자연스럽게 번영하고 쇠락한다고 설명했다. **토인비**(Arnold Toynbee)의 명저『역사의 연구』는 스펭글러의 순환론을 더욱 정교화했다. 그는 문명을 단순한 생애로 보기보다 반복현상으로 파악하였다. **도전과 응전**(challenge and response)이 주기적으로 순환하면서 문명은 더욱 완벽한 형태로 진보해 간다는 것이다.

진화론

영국의 생물학자인 **다윈**(Charles Robert Darwin, 1809~1882)은 1859년에 발간된 『種의 起源』에서 최초로 **진화론**과 **자연선택설**을 주장했다. 생물의 변화과정에 일정한 법칙과 방향성이 있음을 가정한 것이다. 이 책은 발행되자마자 수많은 공격을 받았으나 결국에는 역사상 가장 중요한 책 중 하나로 꼽히게 됐으며, 생물뿐 아니라 사회변동을 설명하는 데도 큰 영향을 미쳤다. 사회변동에 관한 보다 체계적 이론인 **사회 진화론**(Evolutionary Theories)은 바로 생물학적 진화론의 영향을 받은 것이었다.

대혁명 이후 혼란한 프랑스 사회를 보며 **콩트**(Auguste Comte)는 사회질서와 안정을 이루기 위해 사회에 관한 이론적 과학을 구상했다. 그는 인류 역사가 중세 이전의 **신학적 단계**, 중세의 형**이상학적 단계**를 거쳐, 19세기 이후 **실증적 단계**로 진화해 왔다고 분석했다. 사회발전에 따라 지식의 생산도 신에게 의지하는 신학적 단계, 이성과 사유를 통한 형이상학적 단계를 거쳐, 이제는 실증적·과학적 단계로 나가야 한다면서, 그는 사회현상을 실증적으로 분석하고 연구하기 위해 **사회학**을 창립해야 한다고 주장했다.

사회를 생물학적 유기체에 비유하여 설명한 **스펜서**(Herbert Spencer)의 **사회유기체론**도 진화의 개념에 바탕을 두고 있었다. 그는 유기체가 세포분열을 통해 성장하는 것처럼, 사회구조도 분화와 통합의 과정을 거치며 단순한 **군사형 사회**에서 복잡한 **산업형 사회**로 진화해 간다고 주장했다. **뒤르켐**(Emile Durkheim)은 사회가 작고 단순할 때는 집합의식과 강압적 제재에 바탕을 두지만, 그 규모가 커지고 인구밀도가 높아지면 분업과 상호의존적 관계로 변한다고 보았다. 그리고 사회조직의 원리도 **기계적 연대**(mechanic solidarity)에서 **유기적 연대**(organic solidarity)로 진화해 간다고 주장했다. 하부구조가 상부구조를 규정하고, 상부구조의 모순이 계급갈등을 야기하여 종국에는 무계급사회로 나아간다는 **마르크스**(Karl Marx)의 **변증법적 변동론**도 기본적으로는 진화론에 속하는 것으로 볼 수 있다.

생물학적 진화론을 사회에 원용한 것은 사회변동이론 형성에 큰 영향을 미쳤다. 그러나 사회진화론은 몇 가지 중요한 논쟁점을 지니고 있다. 첫째, 진화론은 사회가 발전해 나간다는 방향성을 내포하고 있는데, 사실 모든 사회가 같은 방향으로 발전해 나가는 것은 아니다. 서구사회가 겪어온 역사가 사회변동의 유일한 방향은 아니며, 반드시 최선의 방향이라고 볼 수도 없다. 둘째, 사회변동이 곧 진화는 아니다. 인류역사를 보면 제도적으로나 도덕적으로 퇴행한 역사도 분명히 있었다. 예컨대, 핵가족 제도는 효율성의 증대를 가져왔지만, 이전의 확대가족에 비해 가족 간 고립이나 노후문제 등을 야기하기도 한다. 셋째, 사회의 규모가 커지고 복잡해지며 국민소득이 늘어나는 것이 곧 행복한 삶의 수준을 높이는 것은 아니다. 절대적 빈곤보다 상대적 빈곤이 더 큰 문제일 수도 있기 때문이다. 넷째, 사회변동을 단일 직선상의 진화로 가정하는 것은 문화적 상대주의를 거부하는 제국주의적 발상이다.

요컨대, 사회 진화론은 복잡다단한 사회변동 과정을 지나치게 단순화했으며, '사회는 계속 발전한다'는 낙관적 시각으로만 바라보고 있다. 사회변화란 언제, 어디서나 더 좋은 쪽으로 이루어진다는 단일 방향을 가정하고 있으므로, 사회진화론은 현실적으로 나타나는 사회·문화적 쇠퇴 현상을 설명할 수가 없다.

고전적 변동이론의 시각

고전적 변동이론은 순환론이든 진화론이든 실증적 자료를 분석하기보다 일반적 지식이나 경험을 바탕으로 직관과 사유에 의존하고 있으며, 대부분 다음과 같은 시각을 지니고 있다.

첫째, 사회변동은 자연현상이나 생명의 성장과정처럼 자연스러운(natural) 현상이라고 전제한다. 사회변동은 그다음 단계로 나아가는 필연적 움직임이라고 보는 것이다.

둘째, 변동은 자연스러울 뿐 아니라 필요한(necessary) 것이라고 생각한다. 자연 상태에 적응하기 위한 진화의 법칙처럼, 변동은 사회가 더 나은 상태로 나가는데 필요한 과정이라고 본다.

셋째, 사회변동은 어떤 외부적 요인이 아니라 사회자체의 속성 또는 내재적(immanent) 원인에 의해 일어난다고 전제한다.

넷째, 변동은 일정단계를 거치며 단절 없이 계속적으로(continuous) 이루어진다.

다섯째, 사회변동에는 일률적(uniform)인 규칙성이 있다. 거시적 관점에서 보면 어느 사회에나 일반적으로 적용되는 변동의 법칙이 존재한다는 것이다.

🅱 현대 사회변동이론

고전적 사회변동 이론이 거시적 차원에서 변화의 이행단계에 관심을 가졌던 데 비해, 20세기 이후 현대 사회변동 이론은 다양한 경험적 변수들을 검증함으로써, 변동의 구체적 원인과 과정을 밝히는 데 주력하였다. 다시 말하면, 현대이론은 맹목적으로 법칙성을 찾으려 하기보다 사회변동의 원인이나 변동에 영향을 미치는 경험적 변수들을 탐구함으로써 인과법칙을 밝혀보려는 과학적 접근을 시도하였다.

사회변동의 요인

현대사회 변동이론은 워낙 다양하고 많아서 일일이 거명하기 어렵지만, 이들이 주장한 변동의 요인들은 크게 문화, 사회구조, 환경, 인간의식 등으로 구분될 수 있다.

문화적 접근(Cultural Approach)을 하는 학자들에 따르면, 각 사회는 그 사회의 고유한 문화적 요소에 따라 서로 다른 변동의 길을 가게 된다. 예컨대, **문화적 전통과 가치**의 영향력이 사회변동의 요인임을 강조하거나(Raymond Williams) **사회제도**를 중시(Norman Jacobs)하기도 한다. 그리고 **문화지체**(cultural lag) 현상을 강조한 **옥번**(William Ogburn)이나 **문화전파**를 중시한 로저스(E. M. Rogers), **문화접변**(acculturation)을 강조한 무어(Wilbert Moore) 등도 여기에 속한다.

　　구조주의적 접근은 변동의 원인을 사회구조 자체의 성격에서
찾는 이론들로서, 사회체계론, 신진화론, 갈등론 등을 들 수 있
다. **파슨스**(Talcott Parsons)의 **사회체계론**은 사회 내 패턴변수들
(pattern variables)의 역학관계에 주목했다. 사회구조의 분화과정
에서 이들 간에 균형이 깨지면 사회는 새로운 균형을 모색하기
위해 변한다는 것이다. **신진화론**은 고전적 진화론의 법칙적·단
선적 변동모형에 반대하면서 기술과 문화의 상호작용을 중시했
다. 신진화론은 기술의 중립적 영향을 강조함으로써, 사회변동의
방향이 진화로 갈 수도 있고 자연도태로 이어질 수도 있다고 주
장했다. 그리고 **갈등론적 시각**에서는 사회구조 내의 본질적 성격
인 갈등을 사회변동의 주요 원인으로 보았다.

　　그 외에도 **사회환경론**은 사회변동의 요인들을 인구·사회제
도·리더십 등으로 보았으며, **인간의 의식**을 강조하는 시각에서
는 구성원들의 가치관이나 인식·태도 등에 주목하였다.

근대화이론

　　제2차 세계대전 이후 미국이 새로운 강대국으로 부상하고 수많
은 신생 독립국가들이 생겨나면서, 1950~1960년대에 가장 큰 영
향력을 지녔던 대표적인 사회변동이론은 **근대화이론**(Modernization
Theory)이었다. 근대화이론에 따르면, 사회변동 또는 발전의 주
요변수는 테크놀로지(technology), 근대성(modernity), 그리고 자
본(capital)이다. **근대성**이란 전통사회의 비합리적 사고방식에서
벗어난 합리적이고 과학적인 가치관과 행동양식을 말한다. 구성

원들의 의식이 이렇게 근대화되고 자본을 축적하고 새로운 테크놀로지를 도입하면 어떤 사회든지 이른바 **전통사회**에서 **근대사회**로 발전할 수 있다는 것이다.

근대화이론에 따르면, 테크놀로지와 근대성은 국경이나 이념을 넘어 인접 지역으로 큰 제약 없이 확산(diffusion)된다. 그리고 새로운 테크놀로지의 영향력은 너무나 강력하여 각 전통사회의 문화적 차이에 관계없이 동일한 영향을 미친다. 따라서 근대화된 사회들은 서로 유사하게 변하여 전통이나 문화적 차이에도 불구하고 점차 동일한 형태의 사회로 수렴해 갈 것이라는 **수렴이론**(convergence theory)을 주장했다.

근대화이론은 단순한 사회변동이론이 아니라 개발도상국들에게 근대화의 길을 보여주는 **발전모델**이었다. 미국을 비롯해 경제적으로 성장한 나라들은 근대사회이고, 성장하지 못한 나라들은 아직 전통사회에서 벗어나지 못한 것으로 가정했다. 그리고는 저성장 국가들이 서구 자본주의 사회의 근대적 테크놀로지 및 가치관과 행동양식을 수용한다면, 서구 국가들처럼 발전할 수 있다고 했다. 근대화를 서구화의 개념과 거의 동일시한 셈이다.

종속이론

근대화이론이 서유럽과 미국의 발달과정을 설명하기 위한 선진국 중심의 변동이론이라면, 1960년대에 남미 학자들이 제기한 **종속이론**(Dependency Theory)은 남미 여러 나라의 후진성이나 그 원인을 설명하려는 이론이다. 남미 학자들은 "저발전이란 무엇인가?", "왜 저발전이 지속되는가?" 등에 대한 의문을 제기했다. 이러한 문제의식에 따라 북미와의 국제관계나 무역유형 등을 분석함으로써, 남미지역에 부합되는 변동이론을 형성했던 것이다. 이러한 이론적 틀을 유럽의 역사적 과정에 적용하여 분석한 것이 **월러스틴**(Immanuel Wallerstein, 1930~2019)의 **세계체계론**(World System Theory)이다.

종속이론은 우선 새로운 테크놀로지가 국가 간에 장애 없이 확산된다는 근대화이론의 가정을 부정했다. 국가가 테크놀로지 확산에 개입하여 간섭한다는 것이다. 따라서 우수한 테크놀로지와 인적자원 및 자본을 가진 **중심부 국가**(core country)와 열세의 **주변부 국가**(peripheral country) 간에 무역거래가 계속되면 될수록 주변부 국가의 잉여가치가 중심부 국가로 유출되며, 우수 기술인력도 유출(brain drain)된다고 보았다. 결과적으로 중심부 국가는 더욱 발전하게 되는 반면, 주변부 국가는 오히려 **저발전**(underdeveloped)하게 되며, 국내 계층구조와 소득분배구조도 왜곡된다. 중심부 국가와 주변부 국가의 발전격차는 좁혀지기보다 오히려 갈수록 더 벌어지게(diverge) 된다고 주장했다.

종속이론은 사회변동에 대한 서구 중심의 시각에서 벗어나 제3세계적 입장의 새로운 시각을 제공함으로써, 남미뿐 아니라 1970년대 후반 한국에서도 열렬한 지지층을 형성했다. 세계화의 흐름에 따라 더욱 긴밀해진 국제관계를 사회변동 분석의 틀로 끌어들인 것은 학문적으로 중요한 기여라고 볼 수 있다. 아울러 장기적 시각에서 역사적 자료를 활용하고, 국가 차원의 구조적 자료들을 비교·분석한 것도 높이 평가할 만하다.

그러나 종속이론은 포괄적 이론이라기보다 "대안 없는 비판"이라는 평가를 받았다. 주변 발전국과의 관계를 단절하고 자력갱생 발전을 주장하는 것은 긴밀해진 국제관계를 도외시한 비현실적 제안이라는 것이다. 국가 간 종속관계가 저발전의 원인이라기보다 국가 간 발전의 차이가 종속관계를 야기하게 된 것인데, 그 인과관계를 반대로 해석했다는 비판도 받았다. 이것은 사회과학적 이론이라기보다 자본주의를 비판하고 사회주의를 구현하려는 정치이념에 불과하다는 혹평을 받기도 했다. 그 외에도 능동적 조직체로서 한 국가가 갖는 자율성을 지나치게 경시했다거나, 유통구조론적 교환관계에 치우쳐 정치적·군사적 측면을 도외시했다는 비판도 받았다.

한국에서는 1980년대 초반까지 종속이론에 관한 책들이 금서로 지정되어 대학가 지하서클을 통해 확산되었으며, 반정부 투쟁의 이념적 토대를 제공하기도 했다. 그러나 1985년 서울에서 열린 대규모 종속이론 국제회의에서 공개토론이 이루어지면서, 종속이론은 한국에서 오히려 빛을 잃게 되었다.

현대 사회변동이론의 퇴조

1980년대 후반 들어 세계적으로 냉전의 양극체제가 붕괴되고, 테크놀로지가 급속히 발달하면서 현대 변동이론은 사회적 설득력을 크게 상실했다. 우선 사회변동의 속도가 급격히 빨라지고 범위가 넓어지며, 깊이도 심대해지면서 여러 가지로 이론적 불완전성이 드러났기 때문이다.

현대 변동이론은 대개 특정 시대, 특정 사회의 변동을 사후 설명하는 데 그쳤으며, 역사적 과정을 종합적으로 다루지 못하고, 예측력도 떨어진다는 비판을 받았다. 또한 전반적으로 객관성과 균형을 잃고 **이념적 편향성**을 보인다는 비판을 피하기 어려웠다. 예컨대, 일반적으로 문화주의이론은 일본에 우호적이고, 근대화이론은 미국 등 선진 자본주의 진영의 우파 논리를 대변하며, 종속이론은 제3세계의 좌파 논리를 대변한다는 비판을 받았다.

1970년대 이후 이념이나 가치보다 테크놀로지를 사회변동의 중요한 변수로 보는 **과학기술적 사회변동론**이 등장하기 시작했다. 테크놀로지는 과거에도 물론 사회변동의 주요변수였지만, 이념적 지향이 강했던 냉전시대에 테크놀로지는 여러 변수들 중 하나였을 뿐 지배적인 변수는 아니었다. 1980년대 이후 **정보기술**(information technology)이 획기적으로 발달하고 사회 모든 분야의 변동에 심대한 영향을 미치기 시작하면서. 테크놀로지가 사회변동의 가장 중요한 변수로 부상했다.

4 과학기술적 사회변동론

탈이념과 산업주의

벨(D. Bell)은 사회학자로서 학계와 언론계를 넘나들며 날카로운 직관력으로 사회변동 과정을 분석했다. 그는 『이데올로기의 종언』(1960)이라는 책을 통해 서구사회는 이제 이데올로기적

단계를 벗어났으며, 이데올로기는 사회변동 과정에서 더 이상 중
요한 역할을 할 수 없을 것이라고 전망했다. 이후 그는 산업사회
다음의 새로운 사회가 곧 도래할 것이라고 전망하면서 새로운
사회의 특징들을 제시하였다. 그는 1979년에 출간한 역작『정보
사회』(The Information Society)에서 **정보기술**의 영향력에 주목하
면서 산업사회 이후 도래하게 될 사회에 대해 보다 포괄적이고
구체적인 통찰력을 보여 주었다.

벨의 이러한 논의는 **커**(Clark Kerr)와 그의 동료들에 의해 **산업
주의**(Industrialism) 개념과 **산업인간 가설**(Industrial Man Hypothesis)
로 더욱 구체화되었다. 그들은 산업기술은 단순히 산업체의 생산
방식을 바꿀 뿐 아니라 사회 전반의 변화에 큰 영향을 미친다고
주장했다. 예컨대, 자동차기술 등과 같은 새로운 산업기술은 산
업체의 시설이나 조직 및 경영방식은 물론, 종업원들의 가치관이
나 행동양식을 변화시키며, 나아가 전반적인 사회구조에까지 큰
영향을 미치게 된다는 것이다.

산업인간 가설이란 "동일한 산업기술 환경에서 오래 근무한
노동자들은 그 산업기술의 영향으로 인해 어떤 문화권에 속하는
가에 관계없이 (또는 국적이 다르더라도) 가치관이나 의식 · 태도 등
에서 서로 유사한 유형의 **산업인간**으로 변해간다"는 것이다. 그
리고 궁극적으로 산업화가 세계적으로 확산되면, 서로 상이한 국
가들의 사회제도나 구조, 심지어 정치체제까지도 서로 비슷하게
수렴(convergence)될 것이라고 전망했다. 그 후 커는 장차 산업사
회들이 서로 수렴되면서 자본주의나 공산주의 같은 정치이데올
로기는 영향력을 잃게 될 것이라고도 주장했다.

1980년대 이후에는 **토플러**(Alvin Toffler), **네이스빗**(John Naisbitt), **드럭커**(Peter Drucker) 등 많은 미래학자들이 새로 등장하는 정보기술의 사회적 영향력에 주목했다. 실제로 1980년대 후반 이후 정보기술은 이전에는 상상조차 할 수 없었던 방식으로 세상을 엄청나게 변화시켰다. 정보기술의 사회적 영향력이 워낙 막강하여 이전까지 사회변동에 큰 영향을 미친다고 보았던 다른 변수들은 미미하게 보일 정도였다.

사회기술과 『제3물결』

사회기술(social technology)이란 "사회 전 분야에 걸쳐 큰 영향을 미치는 상호 관련된 기술들의 묶음"을 일컫는 개념이다. 역사적으로 보면 농경기술, 산업기술, 정보기술 등이 사회기술에 속한다. 이들은 각 시대의 생산양식을 획기적으로 변화시켰을 뿐 아니라, 사람들의 가치관이나 일상적인 생활방식, 나아가 사회제도나 구조에까지 심대한 영향을 미침으로써 인류문명을 새로운 차원으로 나아가게 하였다.

사회기술로서의 정보기술에 대한 체계적이고 종합적인 논의를 통해 이러한 내용을 일반인들에게 널리 알리고, 현대 사회변동 이론을 거시적 "물결론"으로 바꾸는 데 결정적 기여를 한 사람은 **토플러**(Alvin Toffler)였다. 세계적 베스트셀러가 된 그의 『제3물결』(1980)은 커의 산업인간 가설과 수렴이론을 거시적 개념으로 확장하고 구체화한 것이었다. 여기서 **물결**(wave)이란 기존 제도와 가치체계를 깨뜨리고 뒤흔들며 사회구조까지 바꾸는 사회변동의 거대한 흐름을 말한다.

　토플러는 인류 역사를 세 번의 큰 물결로 구분하여 설명했다. **제1물결**은 1만 년 전에 시작되어 인류의 역사를 바꾼 **농업혁명**의 물결이다. 수렵·채취 경제에 있던 인류는 곡식 재배 및 가축 사육에 성공함으로써 농업사회로 이행하였는데, 수천 년에 걸친 이러한 과정은 인류사회에 획기적 변화를 가져왔다. **제2물결**은 18세기 중엽 증기기관차, 방적기 등 산업기술의 발달로 시작된 **산업혁명**의 물결이다. 산업기술은 불과 200년이라는 짧은 기간에 수천 년 지속돼 온 농업사회를 전혀 다른 차원의 산업사회로 바꾸어 놓았다.

　제3물결은 1950년대 중반에 시작된 **정보혁명**의 물결이다. 토플러는 반도체의 사용과 함께 등장한 "정보기술"이 사회 전반에 큰 영향을 미치는 새로운 거대한 변화의 물결을 이룰 것이라고 전망했다. 그리고 정보화의 물결은 컴퓨터, 전자공학, 정보처리, 생물공학 등에 기초를 둔 새로운 산업의 번창을 가져올 것이라고 주장했다. 정보화는 생산방식이나 산업조직은 물론 미디어의 탈대중화에 따른 커뮤니케이션 방식과 일상생활 양식까지 변화시킴으로써, 신경망 조직, 사이버 커뮤니티 등 이전의 산업사회와는 전혀 다른 새로운 사회를 형성해 나갈 것으로 예견했다.

제4물결(또는 제4차 산업혁명)

　1980년대 이후 세상은 상상을 초월할 정도로 빠르게 변했다. 어떤 면에서는 토플러가 전망했던 것보다도 더 빠르게 변했지만,

전반적인 변화의 방향은 토플러가 전망한 그대로였다. 『제3물결』 이 세계 수십 개 국어로 번역되어 널리 읽히면서, 사회변동의 주요 원인에 대한 기존의 이론들은 설 자리를 잃었다. 20세기 후반 정보화의 물결이 전 지구적 변화의 흐름을 뒤덮어 버렸기 때문이다. 오로지 정보기술 또는 정보화가 사회변동을 설명하는 시작과 끝이었다.

21세기에 들어서면서 다양한 시각에서 "물결"이라는 제목을 오마주(hommage)한 수많은 책들이 출간되었다. "제4물결", "제5물결" 심지어는 "제6물결"까지 출간되었다. 그러나 이러한 책들은 『제3물결』처럼 새로운 사회기술의 등장에 따른 전반적 사회변화를 종합적으로 분석하지도 않았고, 풍부한 사례를 분석하거나 뛰어난 직관력을 보여주지도 못했다. 단순히 미래 사회변화의 어느 단면을 강조하면서 "물결"이라는 개념만 자의적으로 차용한 것이다.

토플러가 제1·2·3물결이라고 명명한 것과 같은 논리로 본다면, "제4물결"은 과연 무엇일까? 20세기 후반에 정보기술이 사회 전 분야에 혁명적인 변화의 물결을 일으켰다면, 21세기에는 **디지털 기술**(digital technology)이 그러한 영향을 미치고 있다. 디지털기술은 어떤 종류의 정보이든 모두 0과 1의 조합으로 부호화(encoding)하고 또 해독(decoding)할 수 있도록 한다. 이것은 정보의 처리 및 교환을 용이하게 할 뿐 아니라, 미디어의 멀티미디어화를 가능하게 해 준다. 디지털 기술은 지식·시간·공간 등의 개념을 이전과 완전히 다르게 바꾸어 놓음으로써, 이미 사회 전 분야에 혁명적인 변화를 일으키고 있다.

디지털 기술은 정보의 분절화, 시간의 상대화, 공간의 탈지구화를 가능하게 함으로써, 21세기 새로운 문명의 시원이 될 것이다. 디지털 기술은 기업을 **디지털 신경망** 조직으로 바꾸며, 사상적으로는 **포스트 모더니즘**(post-modernism)을 확산시키고, 문화적으로 **다문화주의**(multi-culturalism)를 일반화시킬 뿐 아니라, 권력적 측면에서는 **공동지배**(co-governance)를 가능하게 한다. 요컨대, 디지털 기술은 정보사회를 넘어 새로운 문명의 **융합사회**를 형성해 나가고 있다. 그러므로 제3물결에 이은 제4물결은 가히 디지털 기술에 의한 **디지털혁명**이라고 주장해도 큰 무리가 없을 것이다.

사회적으로 "제4물결"이란 용어는 거의 사용되지 않고, 대신에 **제4차 산업혁명**(The Fourth Industrial Revolution)이란 용어가 널리 사용되고 있다. 이 용어는 2016년 다보스에서 열린 **세계경제포럼**(WEF: World Economic Forum)의 주제였으며, **슈밥**(Klaus Schwab) 회장이 같은 제목의 책을 내면서 특히 한국에서는 유행어가 되다시피 했다. 증기기관으로 대표되는 **기계테크놀로지**에 의한 제1차 산업혁명, 컨베이어 벨트 조립 혁명 등 **전기테크놀로지**에 의한 제2차 산업혁명, 인터넷으로 대표되는 **정보기술**에 의한 제3차 산업혁명에 이어, 이제 **디지털 기술**에 의한 제4차 산업혁명이 시작됐다는 것이다.

제4차 산업혁명은 인공지능(AI), 사물인터넷(IoT), 빅 데이터, 클라우드 컴퓨팅, 모바일 등 지능정보기술이 기존 산업과 서비스에 융합되거나, 3D 프린팅, 로봇공학, 생명공학, 나노기술 등 여러 분야의 신기술과 결합되어, 실세계 모든 제품·서비스를 네트워크로 연결하고 사물을 지능화한다. 이것은 **초연결**(hyperconnectivity)과 **초지능**(superintelligence)을 특징으로 하기 때문에, 이전의 세 차례 산업혁명과 비교할 수 없을 정도로 더 광범위하고 더 빠른 속도로 모든 분야에 큰 영향을 미칠 것이다.

제5물결은 어디서 시작될까?

제5물결은 무엇일까?

인류의 새로운 문명에 대한 기대는 여러 미래학자들의 주요 관심 사항이었다. 제4물결 또는 제4차 산업혁명이라는 **디지털혁명**은 향후 20~30년간 인류의 삶을 그야말로 혁명적으로 바꾸어 놓을 것이다. 그렇다면, 디지털혁명 이후 인류 문명을 다시 한 번 혁명적으로 바꾸게 될 **제5물결**은 무엇일까? 이것은 누구도 확언할 수 없는 미래의 영역이지만, 많은 미래학자들의 논의를 바탕으로 과감한 사회학적 상상력을 발휘해 본다면 "제5물결"은 결국 "인간에 의한 혁명"일 것이다.

많은 미래학자들은 얼핏 보기에 서로 다른 이야기를 하고 있는 것 같지만, 미래사회 전망과 과제라는 시각에서 보면 하나의 일관된 공통점을 보여주고 있다. 즉, 미래사회는 지금과 전혀 다른 새로운 문명을 열어갈 (또는 열어가야 할) 것이라고 전망하면서, "인간"이라는 행위자를 그러한 혁명적 변화의 핵심 요인으로 보고 있다는 점이다.

　『메가트렌드』와 『메가챌린지』의 저자인 **네이스빗**은 "거대한 글로벌 경제의 담당자는 개인", "21세기 경제에서 유일하게 경쟁력을 결정하는 수단은 인재", "개인이 사회의 기반이며, 사회변화의 기본단위" 등의 표현을 쓰면서, 새로운 문명을 향한 거대한 도전에서 인간의 중요성을 강조했다. 네이스빗에 따르면, 미래의 도전적 과제들은 결코 테크놀로지를 통해 극복될 수 없으며, 사람의 변화를 통해서만 극복될 수 있다. 즉, 미래의 과제는 테크놀로지로 해결할 수 있는 문제가 아니라, 사람의 가치관이나 생활양식의 변화를 통해서만 해결할 수 있는 제도적 차원의 문제일 것이라고 전망했다.

　『네트워크 사회』의 저자인 **카스텔**(Manuel Castells)은 "네트워크를 형성하거나 새로운 경제를 구성하는 과정은 기술이 아니라 사람의 문제"이며, "네트워크 연결의 스위치를 조작하는 사람이 결국 권력을 행사하게 된다"고 했다. 네트워크사회가 초래할 수 있는 재앙은 피하고 가능성을 살려 나가기 위해서는 새로운 제도를 만들어 나가야 하며, 이처럼 새로운 제도화를 이루기 위해서는 기존의 틀을 뛰어넘는 창의적이고 독창적인 인재들이 등장해야 한다는 것이다.

　토플러도 각 분야에서 일어나는 변화의 속도 차이를 극복하려면 각 분야 주체들의 의식이 획기적으로 변해야 할 것임을 강조했다. 그 외에도 많은 미래학자들이 새로운 문명을 열어 가는 데 가장 중요한 변수는 인간이라고 보았다. 그중에서도 미래의 **새로운 인간형**에 대해 가장 강력하고 구체적으로 주장한 학자는 **아탈리**(Jacques Attali)이다.

아탈리의 역저 『미래의 물결』(2006)은 먼저 인류문명의 발달 과정을 세계 거점도시 중심으로 개관한 다음, 세계 문명이 앞으로 어떻게 변해갈지 전망하였다. 그에 따르면, 2025년까지 세계는 **다중심사회**로 재편될 것이며, 몇 개의 지배 세력권을 중심으로 시장민주주의가 확대될 것이다. 그러나 이 상태는 오래가지 못하고 민주주의를 배제한 거대한 시장이 형성되면서 새로운 지역 세력들의 야심과 무력충돌로 이어질 위험성이 커진다.

아탈리는 2050년쯤 되면 시장의 압력이 더욱 거세지면서 신기술로 무장한 새로운 체제, 즉 국경을 초월한 **하이퍼 제국**(Hyper Empire)이 등장하게 될 것이라고 주장했다. 하이퍼 제국 간의 치열한 분쟁으로 인해 인류 전체가 멸망할 수도 있지만, 적정한 선에서 절제되고 시장이 비교적 순탄하게 유지되면서 한 차원 더 높은 새로운 민주주의로 제도화될 수도 있다고 전망했다.

인류문명의 파국과 도약의 기로에서 **하이퍼 민주주의**를 창안해 내고 정착시키기 위해서는 새로운 차원의 **미래형 인간**이 나와야 하는데, 아탈리는 이를 **트랜스 휴먼**(Trans Human)이라고 명명했다. 트랜스 휴먼은 미래의 역사에 관심이 많고, 모든 사람이 동등한 권리와 의무를 지닌 세계시민이라는 공동체 의식을 구비한 사람들이다. 또한 "다른 사람이 존재함으로써 내가 존재할 수 있다"는 공생의 원리를 깨닫고, 남을 돕는 이타적 면모를 지닌 사람들이다.

여러 학자들의 이러한 미래전망을 한마디로 요약하면, 머지 않아 인류문명은 파국과 도약의 기로가 될 거대한 도전에 직면하게 될 텐데, 이러한 위기를 극복하고 사회에 혁명적 변화를 가져올 핵심 변수는 "인간"이라는 것이다. 인류문명사를 보면 새로운 테크놀로지가 사회변동을 주도해 온 것 같지만, 사실은 언제나 인간의식과 테크놀로지의 상호작용을 통해 문명이 발전해 왔음을 알 수 있다. 어느 시기에는 인간의 의식이 테크놀로지를 견인하고, 어느 시기에는 새로운 테크놀로지가 인간의 의식과 가치를 바꾸어 온 것이다.

산업혁명 이후 지금까지는 테크놀로지 발달이 인간의 의식을 바꾸어 왔다고 해도 과언이 아니다. 그러나 최근에는 테크놀로지 발달의 속도가 너무 빨라 인간의식이 따라가지 못함으로써 한계에 이르렀다고 보인다. 디지털 문명이 더 높은 단계로 도약하기 위해서는 이제 인간이 변해야 할 차례이다. 요컨대, 우리가 맞이하게 될 미래의 새 물결은 테크놀로지가 아니라, 인간의 지적 능력과 가치관에서 일어날 것이다. 18세기 이후 테크놀로지가 눈부신 속도로 발달하면서 산업혁명(제2물결), 정보혁명(제3물결), 디지털혁명(제4물결)을 주도해 왔지만, 다음의 새로운 미래를 열어 갈 "제5물결"은 **인간혁명**이 될 것이다.

제5물결과 한국

한국은 세계적으로 산업화 시기(제2물결)에 낙오되어 낙후됐을 뿐 아니라, 주권을 잃고 그 결과로 분단의 아픔까지 겪었다. 그러나 1960년대 이후 산업화의 압축적 성장과정을 통해 **한강의 기적**을 이루면서 선진국을 추격하기 시작했다. 1980년대 후반부터 정보화 물결에 뒤늦게 합류하면서 어느덧 선진국의 문턱까지 쫓아왔다. 최근에는 문화예술 분야에서 한류가 세계로 뻗어가면서 한국은 경제강국을 넘어 **문화강국**으로까지 도약하고 있다. 한민족의 우수성과 뜨거운 교육열, 그리고 높은 성취욕구 덕분에 디지털 기술에서 첨단수준에 이르렀다. 조금만 더 노력하면 한국의 미래는 인류의 위대한 성취가 될 것이다.

그러나 최근 한국은 일종의 **문화지체**(cultural lag) 현상으로 어려움을 겪고 있다. 과학기술 분야나 경제 영역에서는 거의 선진국 수준에 이르렀지만, 국민의식이나 정치제도 등의 영역에서 새로운 기술수준을 따라가지 못해 혼란을 겪고 있다. 거기다 초고속 성장과정에서 누적된 사회적 불평등과 세대 차이, 남북분단에서 배태된 이념갈등, 테크놀로지 발달에 뒤처진 법체계, 급격한 변동속도의 충격을 완화하고 새로운 미래에 연착륙하는데 중요한 **교육개혁**의 실패 등이 중첩적으로 작용하여 오늘날 사회체제의 위기를 초래하기에 이르렀다.

한국사회가 오늘에 이르게 된 문제의 근원도 사람에게 있지만, 새로운 미래를 창조해 나갈 열쇠도 사람에게 있다. 그러므로 한국이 당면한 위기를 극복하면서 동시에 미래의 선진국으로 도약할 수 있는 가장 좋은 전략은 "새로운 인간형"에 의한 "제5물결"을 일으키는 것이다. 미래의 새로운 인간형을 길러냄으로써만 오늘의 문제를 해결하고 새로운 미래를 창조해 나갈 수 있을 것이다.

새로운 미래를 창조할 **미래형 인간**은 "다른 사람이 있어야만 나도 존속할 수 있다"는 사실을 깨달은 사람이다. 미래형 인간은 남을 기쁘게 하는 데서 자신의 참된 기쁨을 얻으며, 자신의 필요나 상업적 목적에 따라 일할 때보다 남을 위해 일할 때 더 좋고 더 많은 것을 창조해 낼 수 있다고 믿는다. 따라서 미래형 인간은 언제나 타인을 존중하고 관용하며, 배려하고 지원하는 이타적 지구시민이다. 또한 다른 사람과 승부를 다투며 치열하게 경쟁하기보다 서로의 재능과 서비스를 상호 제공하는 새로운 사회관계의 제도와 범지구적 기구를 형성해 나가려는 "한 차원 더 높은 미래"의 창조자이다.

한국에서 제5물결을 일으키기 위한 최우선의 과제는 교육제도를 혁신하는 일이다. 현행 교육제도는 산업사회의 표준화된 대중 엘리트를 길러내는 제도로서, 아직까지도 여전히 산업사회에 적합한 "산업인"을 길러내고 있다. 한국은 1995년부터 지금까지 국가적 차원에서 교육개혁을 추진해 왔지만, 산업사회 교육제도의 문제점에 대한 대증적 처방에 급급했을 뿐이다. 미래사회에 부응하는 미래형 인간을 길러낼 새로운 제도는 시도조차 하지 못했다. 제대로 된 교육개혁이야말로 한국이 제5물결을 일으키고 미래 선진국으로 도약할 수 있는 첫걸음이 될 것이다.

한국에서는 정치제도가 다른 모든 제도를 제약하고 지배한다. 교육제도도 정치권력의 통제 하에 있다. 그런데 현재 정치제도를 움직이는 엘리트 집단은 아직도 산업사회의 낡은 가치관과 행동양식에서 벗어나지 못하고 있다. 장기적으로는 교육제도를 개혁해야 하지만, 당장 정치 엘리트들을 어떻게 변화시키거나 교체할 수 있느냐가 한국사회 위기극복과 미래창조의 관건이 될 것이다. 이러한 문제의식을 사회적으로 공유하고 여론을 형성해 나갈 수 있는 시민들의 자각과 변혁운동이 사회 곳곳에서 일어나야 한다.

에필로그: 사회적 자유의 10가지 원리

　　인간은 누구나 구속받길 싫어한다. 인간은 자유로운 영혼을 가진 존재다. 자유는 생명보다 소중하다. "자유가 아니면 죽음을 달라(Give me liberty, or give me death)." 미국의 독립운동가 패트릭 헨리(Patrick Henry, 1736~1799)가 남긴 이 명언은 지금까지도 수많은 사람들에게 영감을 주고 있다.

　　인류역사를 보면 신체적 자유나 정치적 자유를 얻기 위해, 또는 그 자유를 지키기 위해 생명까지 바친 사람들이 얼마나 많았던가? 자유를 찾아 목숨 걸고 국경을 넘는 사람들은 지금도 많다. 건강한 사람은 건강의 소중함을 모르듯, 자유를 누리는 사람은 자유의 소중함을 모른다. 우리는 자유를 잃기 전에 소중히 지키고 가꿀 줄 알아야 한다.

　　이 책은 "사회적 자유와 미래를 향한 여정"을 떠나자는 프롤로그로 시작했다. 21세기는 "사회적 자유를 위한 투쟁"을 시작해야 할 때라고도 했다. 그 투쟁은 사회적으로 올바른 가치와 행동양식을 확산시키며, 사회제도를 새로운 시대정신에 부응하도록 변화시켜 나가는 일이다. 그것은 세계적으로 최단기간에 산업화와 민주화를 이룩한 대한민국이 다시 한번 도약할 수 있는 국가적 장기 프로젝트이다.

사회는 개인들로 구성돼 있다. 사회제도는 수많은 개인들 간 상호작용을 통해 형성되며, 지금도 끊임없이 변하고 있다. 그러므로 **사회적 자유**를 위한 투쟁은 국가적 장기 프로젝트지만, 사실은 '개인'으로부터 시작된다. 이 책은 지금까지 다양한 측면에서 인간과 사회의 상호작용에 대해 설명했다. 인간의 본성과 사회의 본질을 깨닫는다면, 개인은 새로운 제도화가 이루어지기 전이라도 제한적이나마 사회적 자유를 누릴 수 있다.

이제 책을 마무리하면서, 개인적으로 사회적 자유를 누릴 수 있고, 사회적으로 자유로운 미래공동체 창조에 기여할 수 있는 기본적 원리를 요약해 보고자 한다. 이러한 원리를 깨달으면 누구나, 정도의 차이는 있겠지만 나름대로 사회적 자유를 얻고 자유로운 미래로 나아갈 수 있을 것이다.

① 나는 귀중한 존재다

인간은 참으로 신비롭고 오묘한 존재다. 인간의 시원(始原)을 밝혀보려고 그간 수많은 철학자, 사회학자, 심리학자, 최근에는 생명과학자까지 노력했지만, 그저 피상적인 설명에 그칠 뿐이다. 인간 생명의 기원, 발달의 신비, 오묘한 심리는 과학적으로 분석할 수 있는 영역 저 너머에 있다.

한 가지 분명한 사실은 지금 내가 존재하고 있고, 77억 세계

인구 중 유일무이한 존재라는 것이다. 똑같은 제품은 수십만 개, 수백만 개 있을 수 있지만, 똑같은 인간은 세상 어디에도 없다. 가치는 희소성의 정도에 따라 결정된다. 그렇다면 나의 가치는 이루 말할 수 없이 크다. 무엇보다 귀중한 보물인 나를 잘 지키고 잘 가꿔야 한다.

　내 존재가 귀한 만큼, 나의 삶도 그만큼 소중하다. 더구나 그 삶은 오직 한 번뿐이다. 기독교인은 부활을 믿고 불교인은 윤회를 믿지만, 사후는 다른 형태의 삶이지 지금 나의 인생은 아니다. 내가 사라지면 내가 아는 우주와 세상없는 중요한 일도 다 사라진다. 그러므로 내 존재는 나에게 우주보다 더 소중하다. 백구과극(白駒過隙) 짧은 삶에서 한순간도 놓칠 수 없다. 순간순간이 한 번뿐인 나의 삶이므로 매 순간 즐기며 삶의 보람을 누려야 한다.

② 인간은 문화의 창조자다

　흔히들 "인간은 사회적 동물"이라고 한다." 누구도 사회를 떠나서는 살 수 없으며, 공동체를 이루어 살아갈 수밖에 없다는 뜻이다. 사회를 삶의 공간이라고 한다면, 문화는 사회를 채우고 있는 내용물이다. 사회생활을 한다는 것은 그 사회의 문화를 호흡하며 문화에 따라 살아가는 것이다. 사실 개인이 하는 모든 행동, 생각이나 가치관, 선악이나 미추의 기준까지도 문화에 따르는 것이다. 스스로 판단하거나 선택해서 결정하는 것은 거의 없다.

　인간이 모든 행동을 문화에 따라 제도적인 틀 속에서만 행한다면, 인간은 문화라는 감옥에 갇혀 있다고 볼 수도 있을 것이다. 그러나 인간은 사회규범과 제도에 따르면서도 늘 자신만의 표현과 행동 양식을 보여주는 자율적 존재이다. 인간은 모든 행동에서 언제나 제도적인 틀에 자신의 흔적을 남긴다. 이러한 흔적들이 쌓이면서 문화가 변하고 문명이 발전하는 것이다.

사람은 문화를 통해 만들어지지만, 다시 그 문화를 창조하는 능력을 지닌 존재이다. 서로 다른 두 개의 문화 사이에 끼어있는 주변인(marginal man)의 위치에서도, 두 가지 상이한 문화의 융합을 통해 한 차원 더 높은 새로운 문화를 창조해 내기도 한다. 인간은 문화의 틀 속에 갇힌 수인(囚人)이 아니라, 언제나 자신의 흔적을 남기는 문화의 창조자다. 인간은 사회적 산물인 동시에 사회를 움직이는 주체임을 항상 기억해야 한다.

③ 사회화가 사람을 만든다

동물적 존재로 태어난 인간은 사회화 과정을 거치면서 사회적 존재로 성장한다. 이 과정에서 생존에 필요한 여러 가지 신체적 능력을 갖추게 되며, 사회생활에 필요한 수많은 행동양식과 가치관을 학습한다. 미래에 대한 열망의 수준과 성취욕구의 정도도 사회화 과정에서 형성된다. 지금 사회적 존재로서 나의 모습은 지나온 사회화 과정의 결과물이라 해도 과언이 아니다.

사회화는 타고난 자질에 따라 달라질 수도 있지만, 어떤 가정에서 태어나 어떤 환경에서 자라느냐에 따라 큰 영향을 받는다. 그러나 타고난 자질과 환경 외에, 당사자가 어느 상황에서 어떤 개인적 선택과 경험을 하느냐에 따라서도 획기적으로 달라질 수 있다. 지금까지 살아온 기간 동안 이 모든 요인들(자질·환경·경험)이 종합적으로 작용한 결과가 현재 나의 모습이다.

사회화 과정은 성장기에서 끝나는 것이 아니다. 어떤 내용은 잊거나 버리고(탈사회화), 어떤 내용은 다시 익히고(재사회화), 어떤 내용은 미리 배우면서(예기적 사회화) 평생 계속된다. 지금 나의 모습을 보면서, 남보다 부족하거나 열등하다고 느끼며 자조하는 것은 참으로 어리석은 일이다. 오늘 나의 생각과 행동이 미래의 나를 결정한다. 미래는 지금 내 안에 있다. 어찌 미래의 희망을 가지지 않을 수 있는가?

④ 사람을 믿지만 인간은 변한다

이 말은 얼핏 들으면 무슨 말장난 같지만, 여기서 '사람'이란 사회적 존재를 말하고, '인간'이란 생물학적 존재를 지칭한다. '사람'은 프로이드가 말한 초자아(super-ego) 또는 미드가 말한 일반화된 타자(generalized others)에 의해 통제되는 인간의 사회적 모습이다. 그러나 '인간'은 마음 깊은 곳에 숨어있는 원초적 모습으로서, 극단적 특수 상황에서는 이기적 본능에 따른 행동을 할 수도 있다.

사회는 구성원들 간에 공통의 가치와 신뢰가 없으면 성립할 수도 없고 유지될 수도 없다. 사람을 믿지 못하면 사회생활 자체가 불가능하다. 그러므로 사람을 믿어야 한다. 그러나 "믿는 도끼에 발등 찍힌다", "열 길 물속은 알아도 한 길 사람 속은 모른다"는 속담처럼 사람을 너무 믿었다가 일을 그르치거나 마음에 상처를 받는 일은 너무나 흔하다.

한 치의 의심도 없이 믿었던 사람에게 어처구니없는 배신을 당하면 그 상처는 이루 말할 수 없이 크다. 그러나 '인간'은 어쩔 수 없는 환경적 요인이나 이해관계에 얽히면 변할 수도 있음을 알아야 한다. "절대 변치 않겠다"는 약속조차 '절대로' 믿어서는 안 된다. 사람을 대할 때 늘 "인간은 변할 수도 있다"는 가능성을 열어두고 믿어야 한다. 그래야 속을 일도 적고, 혹시 속더라도 마음의 상처를 덜 받을 것이다.

⑤ 정신이 육체를 이긴다

인간의 생명은 육체에 있을까? 아니다. 육체와 정신에 같이 들어 있다. 육체에 이상이 생기면 정신도 온전하기 어렵고, 정신에 이상이 생기면 육체도 온전하기 어렵다. 컴퓨터는 하드웨어와 소프트웨어로 구성되는데, 어느 쪽에 이상이 생기더라도 컴퓨터는 제 기능을 하지 못한다. 사람도 마찬가지다. 항상 육체와 정신을 같이 단련하고 가다듬어야 한다.

생명의 측면에서 볼 때 상대적으로 육체와 정신 중 어느 쪽이 더 중요할까? 정신이다. 정신이 약할 때 육체는 감성적 쾌락을 좇아 추한 모습으로 타락하지만, 육체가 약할 때 정신은 오히려 영적으로 더 강해질 수도 있기 때문이다. 산업사회는 물질의 시대였지만, 디지털 사회는 비 물질의 시대다. 생산성의 근원도 육체적 능력보다는 정신적 역량에 더 크게 좌우된다.

"행복은 만족하는데 있다(Happiness consists in contents)"는 영어 속담은 진리이다. 생각을 조금만 바꾸면 세상이 달라진다. 감사할 일도 많아지고, 즐거운 일도 많아진다. 불평·불만이 감사로 바뀌고, 부족함이 풍요로 바뀌며, 불행이 행복으로 바뀔 수 있다. 삶의 활력과 행복의 근원은 육체가 아니라 정신에 들어 있다.

⑥ 자녀는 인생 최고의 선물이다

요(堯) 임금이 화(華)라는 곳의 국경수비장과 나눈 대화 중 "무자식상팔자(無子息上八字)"라는 말이 나온다. 자식이 많으면 걱정이 끊이지 않으니 자식 없는 것이 좋은 팔자라는 뜻이다. 얼마 전까지는 자식 없는 사람을 위로하는 말로 쓰였는데, 요즘은 이 말을 정말로 믿는 사람도 있는 것 같다. 잘못된 생각이다.

인생의 가장 큰 행복은 세상에서 기쁜 일과 즐거운 일을 많이 누리는 것이다. 희로애락(喜怒哀樂)을 깊이 겪어봐야 인생의 참 즐거움을 누릴 수 있다. 그런데, 세상 어떤 일도 자식 키우면서 느끼는 희로애락보다 더 깊은 것은 없다. 자식을 키워보지 않은 사람은 인생의 깊이를 절반도 경험하지 못하는 셈이다.

자녀는 인생의 가장 소중한 보물이다. 자녀를 통해 인생의 온갖 희로애락을 제대로 누릴 수 있다. 삶의 고난을 이겨낼 수 있게 하는 힘도 자녀에게서 나온다. 자녀가 부모 노후까지 기쁘게 한다면 금상첨화겠지만, 부모는 그것까지 기대해서는 안 된다. 자녀의 효도는 어린 시절 삶의 최고 경지를 누리게 해 주고, 삶의 의미와 보람을 느끼게 해 주는 것으로 끝난다. 그 이상의 기대를 하면 사회적 자유를 잃게 된다.

⑦ 세상은 끊임없이 변한다

사회는 예나 지금이나 끊임없이 변한다. 과거에는 사회변동의 속도가 느려서 불과 100년도 못사는 개인은 큰 변화를 느끼기 어려웠다. 그러나 지금은 변동의 속도가 워낙 빨라서 누구나 사회가 변하는 것을 체감하고 있다. 지금까지 인류가 축적해온 모든 지식의 95% 이상은 바로 지난 50년 동안 만들어진 것이라 해도 과언이 아니다.

과거에는 학교에서 배운 지식을 거의 평생 활용하며 살아갈 수 있었지만, 지금은 학교에서 배운 지식의 대부분이 사회에 나오면 벌써 낡은 것이 되고 만다. 그러므로 끊임없이 새로운 지식과 테크놀로지를 학습하며 수용해야 한다. 조금만 현실에 안주하거나 새로운 테크놀로지 수용의 노력을 게을리하면, 시대에 뒤떨어지고 만다.

시속 5km로 굴러가는 달구지 운행자는 먼 산 바라보며 한눈팔고 있어도 아무 문제가 없다. 그러나 시속 300km로 달리는 스포츠카 운전자는 잠깐만 방심해도 큰일 난다. 지금 세상은 급변하고 있으므로 늘 한 걸음 앞서 나가 새로운 테크놀로지를 받아들이며, 끊임없이 변화에 적응해 나가야 한다. 시대변화를 따라가지 못하면 사회생활에서 낙오자가 된다.

⑧ 미래는 생각과 상상의 실현이다

미래는 멀리서 다가오는 것이 아니라 지금 만들어지고 있는 중이다. 미래는 아직 확정되지 않은 상태이므로 미리 알 수는 없다. 과거의 추세와 현재의 일들을 보며 앞으로 어떻게 전개될지 추론함으로써, 미래의 추세를 전망할 수 있을 뿐이다. 미래는 현재 사회구성원들의 가치관과 선택에 따른 행동의 결과로 창조되는 것이다.

현재 속에 미래의 씨앗이 들어 있다. 현재의 테크놀로지도 중요하지만, 지금 사회구성원들이 어떤 생각을 하며 어떤 행동을

하는지, 어떤 미래를 상상하는지에 따라 미래는 달라진다. 미래
는 바로 다수 구성원들의 생각과 상상이 실현되어 나타나는 결과
이다. 상상을 통해 새로운 테크놀로지가 만들어지기도 하고, 생
각에 따라 새로운 제도가 형성되기도 한다.

⑨ 꿈은 행복과 열정을 낳는다

꿈이란 원래 "잠자면서 사물을 보고 듣는 정신현상" 또는 "실
현될 가능성이 거의 없는 헛된 기대"를 뜻하지만, 여기서는 "실
현하고 싶은 희망이나 이상" 또는 "비전"을 의미한다. 미국의 킹
(Martin Luther King Jr., 1929~1968) 목사는 "I have a dream"이라
는 유명한 연설로 인종차별 없는 미국의 비전을 보여주었다.
1960년대에 한국은 5천 년 가난에서 벗어나자는 "조국근대화"의
꿈을 꾸었고, 그 결과 오늘을 이루었다.

꿈(비전)이란 "자신의 가능한 모든 인적·물적 자원을 최대한
효과적으로 동원하여, 성취할 수 있다고 판단하는, 가장 바람직
한 상태의 모습"을 말한다. 꿈은 삶의 목표가 되고, 나아갈 방향
을 비추는 등대가 된다. 꿈을 가진 사람은 희망에 벅차고, 그 꿈
을 이루기 위한 열정으로 넘친다. 꿈은 현실의 어려움을 극복할
수 있는 삶의 원동력이 된다. 사람은 꿈을 가져야 하고, "꿈은
이루어진다"는 희망을 잃지 말아야 한다.

⑩ 미래항해의 선장은 자신이다

지금 세상은 디지털 기술이 만들어가는 새로운 도전의 시대
다. 급격한 질적 변화를 쫓아가지 못하는 사람에게는 위험과 모

순이 가득한 세상으로 보일 수도 있다. 그러나 낙관적이고 강력한 비전으로 도전하는 사람에게는 새로운 기회의 시대이다. 과거에 개인은 제도와 조직의 도움을 받았지만, 글로벌 네트워킹의 디지털 사회에서는 제도나 조직의 힘이 약화되고, 개인의 역량이 대폭 강화된다.

새로운 시대의 주역은 바로 개인이다. 누구나 미지의 환경에서 어떻게 생각하고 활동할지 배워야 한다. 새로운 테크놀로지에 대한 강한 호기심, 혁신적 아이디어를 수용하는 진취적 자세, 그리고 새 삶의 방식에 적응하려는 적극성이 중요하다. 역설로 가득하고 선택의 폭이 넓어진 세상에서, 위기를 기회로 바꾸기 위해서는 모험정신과 적극적 학습의지를 가져야 한다.

21세기 미지의 바다를 헤쳐나가야 할 개인은 자기 인생의 '선원'이 아니라 '선장'이 되어야 한다. 스스로 나침판을 보고, 해로를 찾고, 풍향을 분석하며, 미지의 항로를 개척해 나가야 한다. 그리고 끊임없이 자신을 재발견하고 재창조하며 재확인해야 한다.

미래의 도전적 환경에 성공적으로 대응하기 위해서는 유연성을 갖고 변화를 즐길 줄 알아야 한다. 끊임없이 나타나는 불확실성에 당황하지 말고. 변화를 친구처럼 편하게 여겨야 한다. 예측할 수 없는 혼돈상황에서는 일견 상호 대립되는 것 같은 개념들 사이에서 균형점을 찾을 수 있어야 하므로, 항상 균형과 조화의 감각을 유지하는 것이 중요하다.

색 인

저자 소개

배규한(裵圭漢)

現在 국민대 사회학과 명예교수. 백석대 석좌교수, 경희대 객원교수

주요경력
- 서울대학교 문리과대학 사회학과 및 동 대학원 졸업
- University of Illinois at Urbana−Champaign (Ph. D. in Sociology)
- 국민대학교 사회학과 교수·학생처장·사회대 학장
- 中國靑年政治學院 客座敎授
- 한국연구재단 초대 사무총장, 한국학술진흥재단 이사장 직무대행
- 청소년보호위원회 위원장, 한국청소년정책연구원 원장
- 대통령자문 21세기위원회 위원, 대통령직속 미래기획위원회 위원
- 교과부 자체평가위원회 위원장, 교육부 소식지 편집자문위원장
- 『미래사회학』『사회학적 통찰과 상상』 등 저서 22권
- 「한국사회학」, 「청소년정책」, American Sociological Review, Social Forces, Pacific Affairs 등에 논문 51편

자유로운 미래를 위한 사회학

초판발행	2021년 3월 2일
중판발행	2023년 1월 30일
지은이	배규한
펴낸이	안종만 · 안상준
편 집	김효선
기획/마케팅	오치웅
표지디자인	박현정
제 작	고철민 · 조영환
펴낸곳	(주) **박영사**
	서울특별시 금천구 가산디지털2로 53, 210호(가산동, 한라시그마밸리)
	등록 1959. 3. 11. 제300–1959–1호(倫)
전 화	02)733–6771
f a x	02)736–4818
e-mail	pys@pybook.co.kr
homepage	www.pybook.co.kr
ISBN	979–11–303–1250–7 93330

정 가   17,000원